미래 유망직업을 위한 학생부 완성

간호·보건계열 진로 로드맵_심화편

미래 유망직업을 위한 학생부 완성
간호·보건계열 진로 로드맵_ 심화편

펴낸날 2021년 4월 20일 1판 1쇄

지은이 배수정·김채화·정유희
펴낸이 김영선
책임교정 이교숙
교정·교열 양다은
경영지원 최은정
디자인 박유진·현애정
마케팅 신용천

펴낸곳 (주)다빈치하우스-미디어숲
주소 경기도 고양시 일산서구 고양대로632번길 60, 207호
전화 (02) 323-7234
팩스 (02) 323-0253
홈페이지 www.mfbook.co.kr
이메일 dhhard@naver.com (원고투고)
출판등록번호 제 2-2767호

값 16,800원
ISBN 979-11-5874-113-6 (43370)

미래 유망직업을 위한 학생부 완성

간호·보건계열

심화편

진로
로드맵

배수정
김채화
정유희
지음

미디어숲

추천사

　입학사정관 활동을 하면서 눈길이 가는 생활기록부와 자기소개서가 있는가 하면 활동이 부족한 경우도 많았습니다. 대학에서는 많은 것을 원하는 것이 아니라 학생들이 고등학교에서 학업 외에 열심히 노력한 열정을 보고 있습니다. 2~3개의 심화 활동에서 진로역량을 나타내어 지원대학의 관심을 사로잡을 필요가 있습니다. 이 책은 학생들이 관심 있게 읽을 최근 기사 및 도서를 활용하여 심화활동을 잘 제시하고 있어 적극 추천합니다.

국민대학교 입학사정관팀 조은진 사정관

　학력 수준이 비슷한 학생들이라도 대학입학 후 전공과목을 소화해내는 능력에서는 차이가 납니다. 고등학교 때 자신의 진로에 맞는 다양한 심화활동을 한 학생은 어려운 프로젝트가 주어져도 재미있어 하며 발전하는 모습을 보입니다. 학생들이 쉽게 접할 수 있는 시사나 도서, 학교활동 등에 '관심이 있다'에서 그치지 않고 심화 역량을 키운다면 자신의 꿈을 좀 더 쉽게 이룰 수 있습니다. 이 책에 실린 솔루션들이 그 꿈에 다가설 수 있도록 도와줄 것입니다.

경상대학교 물리학과 정완상 교수

　〈진로 로드맵 시리즈〉는 단순한 입시 서적이 아니다. 자신의 적성에 맞는 진로 로드맵을 체계적으로 그려가는 것이다. 이번에 출간되는 〈진로 로드맵_심화편 시리즈〉는 학생들의 지적 호기심을 충족시키는 데 있어서 한 걸음 더 나아가는 모습을 보인다. 학생들의 진로 도우미로서 이 책은 한층 더 많은 인사이트를 제공할 것으로 확신한다.

서정대학교 대외협력처장 조훈 교수

미래 비전과 함께 학생들이 선호하는 간호·보건계열의 경쟁률은 치열할 것이라 예상합니다. 진로 로드맵을 짤 때, 다른 학생들과의 차별화된 학생부와 면접, 자기소개서 준비를 어떻게 구성할지 한번 정도 생각해볼 필요가 있습니다. 학교활동에 시사, 논문 그리고 노벨수상자까지 탐구하여 심화된 역량을 나타낼 수 있다면 보다 수월하게 자신을 표현할 수 있을 것입니다. 심화학습이 필요한 학생들은 꼭 참고해야 할 책입니다.

호서대학교 정남환 교수

인문, 자연계 학생들이 선호하는 학과로 간호·보건계열에 대해 자세한 정보를 얻을 수 있다. 교과성적뿐만 아니라 교과활동 등을 통해 전공 적합성에 맞는 비교과 활동을 얼마만큼 수준 높게 갖췄는지가 결정적인 변수가 될 것이다. 학생부 기재글자수가 줄어들면서 다른 학생들과 차별화된 심화활동이 꼭 필요하다. 입시를 여러 해 동안 겪어본 교육컨설턴트로서 이 책은 정말 유용하게 활용할 가치가 높다고 평가한다.

종로하늘교육 임성호 대표

이번에 출간되는 〈진로 로드맵_심화편〉은 사회 이슈 기반의 탐구, 논문 기반의 탐구, 노벨상 수상자 탐구를 시작으로, 학생부와 독서, 마지막으로 자소서와 면접으로 마무리되는 학생부종합전형을 위한 종합서이다. 이 책은 의학생명계열 진로 로드맵의 심화버전으로 간호·보건계열 전공에 대한 역량이 한 단계 높아질 것으로 기대한다.

오늘과 내일의 학교(봉사단체) 정동완 회장

대학입시에 큰 변화가 생기는 이 시점에서 학생들이 가장 집중해야 하는 부분은 바로 학생 개인의 특성과 탐구능력을 잘 나타내는 학생부를 만드는 것이다. 이러한 측면에서 〈진로 로드맵_심화편〉 책을 잘 활용한다면 차별적이면서도 심화된 전공적합성과 탐구능력을 나타낼 수 있는 유용한 활동을 진행할 수 있을 것이다. 또한 이를 잘 녹여내 학생부에 나타낸다면 최상의 학생부를 만들 수 있을 것이다.

대구 영남고 진로부장 김두용 교사

"꿈을 정하래서 정했는데, 그다음엔 어떻게 해야 할지 모르겠어요." 진로진학의 중요성은 계속해서 강조되고 있지만, 맞춤형 진로진학은 교사에게도 학생에게도 어려운 일이다. 잘 짜인 진로 로드맵은 이런 학생들에게 단비와 같은 책이 될 것이다. 아직도 진로에 대한 방향성이 불투명하다면 오아시스와 같은 이 책을 읽고 꼭 꿈을 이룰 수 있기를 바란다.

청주외고 김승호 교사

최근 인공지능과 로봇의 발전으로 간호, 보건계열 인기도 날로 높아지고 있다. 이런 움직임에 따라 인공지능을 활용하여 코로나 백신을 개발하고, 3분 진단키트를 개발하는 등 인공지능 활용능력이 더욱 중요해졌다. 이 책은 코로나로 인한 등교일 감소와 학생부 기재 축소로 어떤 부분의 역량을 채워야 할지 고민인 학생, 학부모, 교사들의 좋은 지표가 될 수 있을 것이라 기대가 되는 책이다.

거창고 진로진학부장 손평화 교사

학생부종합전형을 준비하면서 학부모, 학생이 겪는 가장 큰 어려움은 '어떻게 준비하지?'라는 것입니다. 누구도 자세히 알려주지 않기 때문입니다. '언제, 무엇을, 어떻게' 해야 하는지에 대한 명쾌한 매뉴얼인 이 책을 통하여 학종을 준비하기 바랍니다. 특히 학생들에게 선호도가 높은 간호·보건계열에 대하여 탐구활동, 학생부관리, 독서, 자기소개서, 면접까지 완벽하게 안내해주는 이 책을 적극 추천합니다. 이 책은 제가 컨설팅을 맡은 학생들에게 처음 선물해 주고 싶은 책이 될 것 같습니다.

코스모스과학학원 원장, 위즈컨설팅 컨설턴트 이범석

학생들이 학생부의 중요성은 알지만, 실제 어떤 방식으로 자신의 탐구활동을 심화시켜나갈지 막막해 하는 경우들이 많습니다. 이 책은 간호·보건계열의 주요 주제들과 학습법을 담고 있어, 학생들의 자기주도적 활동을 친절하게 가이드해줄 수 있을 것이라 생각합니다. 나아가 학생들이 자신의 심화활동을 대학 입시와 연결시키는 전략적 사고를 형성하는 데도 도움이 될 수 있을 것입니다. 이 책은 간호·보건 분야에 관심을 두고 있는 학생들의 지적 호기심을 충족시키고 동시에 맞춤형 진로 로드맵을 작성하는 데 훌륭한 길잡이가 되어 줄 것이라 기대합니다.

부산대학교·부산교대 이도영 교수

과학고등학교에서 근무하면서 가장 어려운 업무가 학생들의 입시지도였습니다. 대부분의 아이들이 학생부전형으로 가기 때문에 수업을 할 때에도 아이들에게 발표를 시킬 때 어디까지 심화한 내용을 제시해야 할지 몰라서 난감한 적이 많았습니다. 이 책이 조금만 더 빨리 나왔다면 조금 덜 고생했을 것 같고 아이들에게 좋은 정보를 줄 수 있었을 것이라는 생각이 듭니다. 특히 최신 뉴스와 논문 소재로 트렌드에 맞춘 면접문항을 제시한 것이 정말 좋았습니다.

대전동신과학고 전태환 교사

간호·보건계열을 희망하는 학생들에게 직접 진로 관련 심화 내용을 찾아 탐구하는 것은 갈수록 어려워지고 있습니다. 이 책에서는 그런 학생들에게 필요한 자료를 바로 찾아 활용할 수 있도록 신문기사, 논문, 노벨상 수상자 탐구활동, 권장도서 등을 엄선하여 제시하고, 그에 따른 학생부 기록 사례, 자기소개서, 면접문항까지 학생들에게 필요한 모든 것을 담았습니다. 이 책은 진로 로드맵 심화편으로 학생들이 성장할 수 있도록 돕는 정말 좋은 길잡이가 될 것으로 기대합니다.

경북교육청 교육과정컨설턴트 노병태 교사

한국창의재단 교사 및 컨설턴트로 중·고등학교 인공지능을 활용한 간호·보건 관련 강의 시 심화된 활동을 하고 싶다는 질문들이 쏟아졌지만 1:1로 솔루션을 주기에는 한계가 있었습니다. 이 책을 읽어보니 생명과학 교사로서도 흥미로운 부분들이 많았고, 학생들 스스로 심화된 내용을 찾아 수행평가나 과제탐구보고서를 쓸 수 있을 것 같습니다. 학생, 교사, 학부모님께 도움이 되는 책을 출간해 주셔서 감사합니다.

고성고 생명과학 정재훈 교사

이 책은 간호·보건계열을 희망하는 학생들에게도 도움이 되겠지만 과학고를 진학하고자 하는 학생들이 진로를 탐색하고 면접을 대비하는 데도 도움이 되는 책입니다. 학교생활기록부의 중요성이 날로 커져가고 있는 이때 〈진로 로드맵_

심화편〉 책은 교과별 특기사항을 메타인지 독서 및 시사와 연계하여 다양한 수행평가 보고서를 작성하는 데 크게 도움이 될 것입니다. 또한 특성화고등학교 학생들이 공사나 대기업 취업 면접 대비할 때에도 도움이 되는 매우 좋은 책이라 적극 추천합니다.

항동중 진로진학상담 노성빈 교사

미래정보사회에서는 학생 스스로 자아정체성과 자신감을 가지고 자신의 삶과 진로에 필요한 기초적 능력과 자질을 갖추어 자기 주도적으로 살아갈 수 있는 자기관리 역량이 필요하다. 간호·보건계열에 적합한 진로 로드맵 안내서는 학생들의 교내외 활동을 통한 폭넓은 기초 지식을 바탕으로 다양한 전문 분야의 지식, 기술, 체험을 체계적으로 활용할 수 있도록 도와줄 것이다. 학생들의 장점을 잘 이끌어내는 기록이자, 학생의 꿈과 끼가 최대한 잘 드러나도록 성장을 담는 구체적이고 신뢰성 있는 이력서를 갖출 수 있도록 훌륭한 길잡이가 될 것이다.

익산 남성여고 진로부장 이용환 교사

2015개정 교육과정이 학교현장에 정착되고 실제 자신들이 진로에 맞는 과목을 선택하면서 느끼는 가장 큰 고민은 교과별 관심있는 학습단원을, 전공하고자 하는 학과와 관련하여 어떻게 참고문헌을 검색하고 활용할 것인지에 있다고 볼 수 있습니다. 이러한 현장의 목소리에 부응하여 이 책은 실제 학생부종합전형을 준비하는 많은 수험생들과 학부모님들에게 탐구활동을 하는 데 매우 유용하면서도 질적으로 높은 수준의 자료들을 가이드하고 있습니다. 또한 이러한 자료들을 활용하여 기재되는 학교생활기록부 예시와 자기소개서 작성까지 보여주어 진로선택에 따른 입시로드맵을 찾는 분들에게 필독을 권하고 싶습니다.

강대마이맥 입시전략연구소장 전용준

빠르게 변화하고 있는 시대,
진로를 정하기 막연하고 두려운 이 시기
어떤 교육이 필요한가

　최근 통계청이 발표한 '2019년 생명표'에 따르면 우리나라 기대 수명이 83.3세로 OECD회원국 중 5번째로 높은 장수국가에 속하는 것으로 나타났다. 이는 20년 전과 비교하면 7·8년이 증가한 것으로 급격한 증가세를 보이고 있는 것이다. 여기에 최대 사망원인인 암이 정복된다면 기대수명은 약 4년 더 증가할 것으로 분석되었다. 이처럼 기대수명은 늘어났지만 우리나라 65세 이상 노인인구의 51%가 3개 이상의 만성질환을 앓고 있다고 한다.

　또한 우리는 몇 년 전부터 '100세 시대'라는 말을 들어오고 있고, 의료기술의 발달로 인해 100세 시대의 현실화를 목전에 두고 있다. 대다수의 사람들은 건강하게 오래 사는 '무병장수'에 많은 관심을 가지고 헬스케어에 많은 시간과 비용을 투자하고 있다. 그리고 4차 산업기술과의 접목을 통해 헬스케어 및 간호·보건 분야에서도 큰 변화가 일어나고 있다. 특히 전문인력에 대한 수요는 급증하고 있는데, 그 상승폭을 따라가지 못해 인력 수급에 어려움을 겪고 있다.

치료 중심의 서비스에서 건강관리와 예방 중심의 의료 서비스로 변화되는 만큼 간호사, 물리치료사, 작업치료사, 방사선사, 임상병리사 등의 기존 보건 직종뿐만 아니라 4차 산업기술과의 접목을 통해 헬스케어컨설턴트, 원격진료코디네이터 그리고 치매관리사, 보험심사평가사, 요양보호사 등 보건 분야에서 다양한 직종이 생겨나고 있다.

이 책은 이러한 분야를 희망하는 친구들에게 보다 깊이 있는 지식을 제공하고자 집필되었다. 막연히 간호·보건 관련 직종을 꿈꾸는 것이 아니라 '내가 알고 있는 작업치료사는 어떤 일을 하는지?', '병원행정사가 되기 위해서 필요한 지식은 무엇인지?', '미래 유망 의료·보건 분야 기술은 어느 수준까지 발전되고 있는지?' 등을 학생들과 같이 고민해보았다.

대부분의 학생들은 본인이 원하는 직업을 갖기 위해 '대학 입학'에 초점을 맞추어 고등학교 생활을 하고 있다. 하지만 진로 설계를 위해서는 중학교 때부터 진로 탐색 및 체험활동을 통한 구체적인 진로 로드맵을 그려나가는 게 좋다.

학생들이 대학에서 원하는 역량들을 어느 정도나 준비할 수 있을까?
대학에서는 학업 역량도 중요하지만, 전공에 대한 이해도와 관심을 바탕으로 본인의 진로를 스스로 결정하기를 원한다. 이 책은 앞으로 유망한 계열별 진로를 더욱 심층적으로 살펴보고자 한다.

• 약대바이오계열 진로 로드맵
• 의·치·한의학계열 진로 로드맵
• 간호·보건계열 진로 로드맵

- AI·SW·반도체계열 진로 로드맵
- 화공·에너지·로봇계열 진로 로드맵

위 5가지 계열별 입시 로드맵은 진로·진학 설계를 위한 최근 시사 및 논문을 활용한 탐구, 노벨상 수상자의 탐구활동, 합격한 선배들의 창의적 체험활동과 교과 세부능력 및 특기사항 엿보기, 독서, 영상, 다양한 참고 사이트 등을 소개하여 진로를 결정하고, 선택된 진로를 구체화할 수 있도록 자세하게 안내하고 있다.

저자 배수정, 김채화, 정유희

일러두기

이 책에 실린 내용들을 다 공부해야 하는 것은 아닙니다. 관심 있는 분야 2~3개를 심화학습해 전공적합성을 드러내면 됩니다. 또한 이 책을 통해 추가적으로 관심을 가지고 있는 분야를 확장시킬 수 있는 여러 사이트를 살펴보고 이를 활용한다면 충분히 우수한 학생으로 평가받을 수 있을 것입니다.

신문을 활용한 탐구활동

관심 있는 기사는 읽어보고, 인터넷을 이용하여 추가된 기사를 더 찾아보고, 이 사건이 지금은 해결이 되었는지, 연구결과는 나왔는지 확인해보면서 더 심화된 학습을 할 수 있습니다.

논문을 활용한 탐구활동

아직도 논문을 이용한 활동은 어렵다고 생각하나요? 논문은 심화활동을 할 때 기초자료로 활용하면 좋습니다. 또한 가고 싶은 대학의 학과 실험실에서 본인이 하고 싶은 연구가 어느 정도 진행되고 있는지도 확인할 수 있습니다. 우선 이 책에서 관심 있는 논문을 읽어보고 궁금하거나 더 알고 싶은 내용은 논문을 더 찾아보는 것도 좋은 방법입니다.

노벨상 수상자 탐구활동

간호·보건학 계열의 친구들은 2011년부터 지금까지의 노벨상에 관심을 가져야 합니다. 학생부 연관 활동에도 많이 쓰이고, 노벨상 수상자의 강연을 직접 듣고 활용하는 학생들이 이미 많이 있습니다. 특히 면접에서도 그해 노벨상 수상자 질문은 많이 등장합니다. 수상한 연구의 논문이라면 원문 전체를 찾아보고 깊이 있는 학습을 하는 것도 추천합니다.

창의적 체험활동 기록

나의 생활기록부에 있는 활동을 확인하고, 이전 학년에 했던 활동을 심화활동으로 확장시킬 수 있습니다. 더 알아보고 싶은 점은 다음 학년 탐구활동의 주제로 활용합니다. 이 책에 그 질문하는 방법과 심화 내용들이 잘 구성되어 있으니 이를 활용한다면 자신이 전공하고 싶은 분야와 연계할 수 있을 것입니다.

교과 세특 기록 사례

대학에서 학업 역량을 확인할 때 교과 세특을 많이 반영합니다. 특히 교과별 위계성이 있는 과목들은 학년이 올라갈수록 심화 있는 활동이 필요합니다. 선배들의 학생부 기록을 참고해 본인의 학생부 세특을 확인하여 질문을 통한 심화학습으로 연계하여 탐구하면 좋습니다.

독서로 심화

독서활동은 학생들이 활용할 수 있는 가장 좋은 방법입니다. 교과와 진로에 관련된 독서를 하고, 발표나 토론, 프로젝트에 활용하면 좋습니다. 요즘은 독서 후, 심화활동으로 또 다른 독서를 하거나 논문, 대학강의를 시청하는 학생들도 많아졌습니다. 독서활동 후 반드시 궁금한 내용을 질문으로 만들어 스스로에게

물음을 던지는 과정이 필요합니다.

자소서를 통한 활동

선배들의 합격 자소서를 확인하여 본인의 활동을 점검하는 시간으로 활용할 수 있습니다. 그리고 학생들의 부족한 활동들을 보완하는 시간을 확보할 수 있습니다. 특히 대학에서 할 수 있는 활동을 확인하여 미래를 설계하는 것도 좋은 방법이 될 수 있습니다.

부록 활용법

실전 면접에서 활용할 수 있는 특급 노하우를 알려줍니다. 면접 때 급하게 준비하기보다는 평소에 심화내용들을 정리한다면 실전 면접에 잘 대비할 수 있으며 좋은 결과를 얻을 수 있을 것입니다.

*이 책의 링크주소들은 블로그에 바로가기 클릭으로 편리하게 이용할 수 있습니다.

자료 모음 블로그 : https://blog.naver.com/youhee77

차례

PART 1 사회 이슈 기반 탐구

학생부 기록 사례 엿보기

창의적 체험활동 기록 사례 _088

교과 세특 기록 사례 _118

독서 심화 탐구

PART 4 자소서 엿보기

부록

사회 이슈
기반 탐구

신문을 활용한
탐구활동

 초고령화 사회와 헬스케어

초고령화 사회와 헬스케어 개요

한국이 2025년 초고령화 사회 진입이 예상됨에 따라 건강관리와 예방에 대한 관심이 높아지고 있다. 또한 향후 지능형 맞춤 건강검진과 예방 관리 방안이 중요해지고 있다. 고령화로 인한 저성장 심화라는 굴레를 벗어나기 위해서는 스마트 헬스케어와 로봇과 같은 신산업을 육성해야 한다. 고령자가 많아지면서 스마트폰으로 만성질환을 관리해주는 기술 및 노인 돌봄·간병을 수행하는 로봇 등의 수요가 급증하고 있다. 특히, 2019년 출시된 '삼성봇 케어'는 실버세대의 건강과 생활 전반을 종합적으로 관리한다. 사용자의 혈압, 심박, 호흡, 수면 상태를 측정하는 등 건강 상태를 지속적으로 확인하고, 복약시간과 방법에 맞춰 약을 복용했는지 관리해준다. 가족, 주치의 등 사용자가 승인한 사람이 스마트폰을 통해 건강관리 일정을 설정하고 모니터링하여 차별화된 서비스를 제공한다. 위급 상황을 감지하면 119에 연락하고 가족에게 알린다.

보도자료	관련 영상
삼성전자, 인공지능 프로젝트 '삼성봇', 웨어러블 로봇 등 공개 https://newsis.com/view/?id=NISX20190107_0000523133&cID=13001&pID=13000 디지털 헬스, 고령화 시대 해법 제시하나? https://health.chosun.com/news/dailynews_view.jsp?mn_idx=299151	"사랑해요" "약 드세요"… 노인 마음 돌본 'AI 로봇 효돌' https://youtu.be/vMCmA4whyP4 

▶ **초고령 사회의 판단 기준은 무엇이며, 우리의 생활에는 어떤 변화가 찾아오나요?**

초고령 사회는 UN 기준으로 총인구 중에 만 65세 이상 노인 인구가 20% 이상인 사회입니다. 2018년 우리나라는 고령사회로 진입했으며, 2026년 초고령 사회로 진입할 것으로 예측하고 있습니다. 특히 출산율 감소와 더불어 의료, 보건 기술이 발전하며 기대수명이 늘어나 고령화 속도가 빨라졌습니다. 이는 생산 주체 인구가 감소한다는 것이므로 장기적으로는 국가 경제에 악영향을 미칠 수 있습니다.

이러한 초고령 사회에서는 사회적으로 많은 변화가 예상됩니다. 우선, 고령자들의 신체적, 인지적 능력이 퇴화되어 적절한 돌봄 서비스가 요구됩니다. 또한 고령화 시대에 발맞춰 사회복지 전문가, 의료보건 종사자 등의 수요가 증가하고, 고령자를 돌보는 로봇, 의료 산업들이 활발할 것입니다. 또한 노인일자리와 복지산업의 증가로 경제활동이 가능한 실버 세대를 대상으로 재취업을 위한 노인교육 전문가의 수요도 늘어날 것입니다. 다양한 변화 속에서 우리는 모든 세대가 공존하며 지속가능한 초고령 사회를 만들어나갈 필요가 있습니다.

▶ **4차 산업혁명 기술의 발달과 초고령 사회 등으로 바이오 헬스케어 분야의 전망은 어떠한가요?**

고령화 사회로 진입하면서 우리는 평균수명이 연장되었으며, 젊음을 유지하려는 욕구가 늘어나고 있습니다. 이러한 실버세대의 욕구를 충족시키기 위한 바이오 헬스케어 분야의 전망은 매우 밝습니다. 따라서 건강관리를 위한 다양한 제품 연구와 사업들이 활발히 진행되고 있으며, 고령자의 삶의 질 개선을 위한 방안들이 마련되고 있습니다.

특히 인공지능, 빅데이터 등 4차 산업혁명의 기술을 바탕으로 스마트 헬스케어 산업이 발전하고 있습니다. 의료와 IT기술의 융합으로 의료 데이터를 기반으로 한 서비스를 제공하며, 개별 건강 상태를 시공간의 제약 없이 관리하는 맞춤형 의료서비스를 제공하고 있습니다. 이렇듯 질병 예방과 건강 증진을 위해 바이오 헬스케어 분야는 미래 산업으로 주목받을 것입니다.

 임신 14주까지 낙태 허용 사건

임신 14주까지 낙태 허용 개요

2019년 4월 11일, 66년 만에 낙태죄가 헌법불합치라는 판결이 나왔다. 헌법재판소 결정 당시에 단순 위헌 의견을 낸 헌법재판관 3명이 14주를, 헌법불합치 의견으로 다수 의견을 낸 4명이 22주를 임신한 여성의 건강 및 자기 결정권을 보호하기 위해 적당한 기간이라고 설명했다. 2020년 10월 07일 정부가 1년 6개월 만에 개정안을 내놨지만, 형법에 있는 낙태죄를 유지하고 단순 위헌 의견을 따라 임신 14주까지는 예외적으로 허용하기로 한 걸 놓고 반발이 커지고 있다. 인공 임신 중절 수술에 대한 문제는 여성의 자기 결정권과 태아의 생명권 중 어떤 권리가 더 중요한가에 대한 논쟁이다.

2019년 4월 11일 헌법재판소가 낙태죄 헌법불합치를 결정하면서 2021년부터 낙태죄가 사실상 폐지됐다. 수술로만 낙태가 가능했던 과거와 달리 미프진 등 낙태약을 이용할 수 있는 길이 열렸다. 하지만 국회가 낙태약 사용을 합법화하는 낙태죄 대체 입법안을 2020년 12월 31일까지 통과시키지 못했고, 여전히 낙태약 사용은 불가능하다.

관련 단원	보도자료
통합사회_4단원 인권보장과 헌법_현대사회에 새롭게 등장한 인권, 인권보장을 위한 헌법의 역할 생활과윤리_2단원 생명, 성, 가족윤리_삶과 죽음의 윤리 정치와법_1단원 민주주의와 헌법_정치와 법, 헌법의 의의와 기본원리	임신 14주까지 낙태 허용… 낙태죄는 유지_법무부 https://url.kr/2na3up 정부, 낙태죄 관련 입법개선 절차 착수_법무부 https://url.kr/ryeOpY

지식채널e	관련 영상
어떤 두 줄 – 내 몸에는 그와 연결된 관이 달려 있었다 https://url.kr/1vp5kW	"임신 14주까지 낙태 전면 허용"…정부, 법 개정 착수 https://youtu.be/DIyvkVWX9Nw

▶ **낙태죄 대체 입법이 늦어지게 되면 어떤 문제가 발생하나요?**

2021년 1월 1일부터 낙태죄는 사라지게 되었지만, 대체 입법을 둘러싼 논의가 늦어지면서 법적 공백 상태가 되었습니다. 개별 의사의 신념에 따라 낙태 시술을 할 수도, 거부할 수도 있습니다. 또한 임신 14주 이하인 경우에는 조건 없이 임신중절수술이 가능합니다. 그리고 24주까지도 전문가의 소견 후 낙태가 가능해졌습니다. 하지만 낙태를 원하는 임신부와 의료기관 간의 갈등의 소지가 크고, 불법 낙태약 복용으로 인한 위험도 증가 등의 문제가 발생할 수 있습니다. 임신부 및 태아의 생명과 관련된 민감하고도 중대한 의료문제가 무방비 상태에 놓이게 된 만큼, 빠른 시일 내 입법이 마무리되어야 합니다.

▶ **낙태약을 통해 낙대가 가능하다는데, 우리나라에서 사용이 가능한가요?**

네, 임신 6주부터 10주까지 가능합니다. 특히, 임신 7주 이전에는 먹는 낙태약을 활용하는 것이 수술보다 확실하고 안전한 방법이라고 합니다. 먹는 낙태약에는 대표적으로 미프진, 미페르펙스 등이 있습니다.

이 약은 자궁 내 착상된 수정체에 영양공급을 차단해 자궁과 수정체의 분리를 유도하고 궁극적으로 분리된 수정체를 몸 밖으로 배출하도록 하는 역할을 합니다. 지금까지는 국내에서 법적인 문제로 유통 및 판매가 금지되었지만, 국내 허가 절차가 마무리되어 약 복용을 통해 낙태를 할 수 있게 되었습니다. 미 식품의약국(FDA)에서는 마지막 생리일 기준으로 70일, 임신 10주차 이내일 때만 약 복용을 허용합니다.

유형	미프진	미페르펙스
약 성분	미페프리스톤	미소프로스톨
복용 방법	첫날 미페프리스톤 600mg 섭취 24~48시간 내 추가 복용	첫날 알약 200mg 물과 섭취 24~48시간 내 200mg 4알 녹여 섭취 (양 볼에 2개씩)
		복용 후 2~4시간 사이 출혈 시작
부작용	심한 출혈, 두통, 현기증, 구토, 골반통증	

 코로나19로 인한 병상 부족

코로나19로 인한 병상 부족 개요

국내 신종 코로나바이러스 감염증(코로나19) 확진자가 급증하면서 음압 병상 부족이 현실화되었다. 전국의 음압 병상은 793개 병실의 1,077개 병상뿐이고, 국가지정 입원치료병상(음압 병상)은 161개 병실, 198개 병상에 불과하다. 코로나19 지역사회 감염이 늘어나 지역 곳곳에서 환자가 발생하면 이들을 수용할 음압 병상도 모자라게 된다.
이와 같은 음압 병상 부족 현상을 해결하기 위해 한국과학기술원은 고급 의료설비를 갖춘 음압 격리 시설로 신속하게 변형하거나 개조해 사용할 수 있는 중증환자용 '이동형 음압병동(모바일 클리닉 모듈, MCM)'을 개발했다. 이는 완구 레고처럼 모듈형으로 만들어 이동과 보관을 편리하게 활용할 수 있다.

세계 최초로 개발된 것으로 음압시설을 갖춘 중환자 돌봄용 전실과 4개의 음압병실, 간호사용 공간과 탈의실, 의료장비 보관실 및 의료진용 공간으로 구성되어 있다. 전실과 병실로 구성된 MCM의 기본 구성은 모듈들이 준비된 상태라면 단 15분 만에 조립이 가능할 뿐만 아니라 기존 조립식 병동으로 증축할 경우와 비교해 비용을 80% 정도 줄일 수 있다. MCM 음압병동의 가장 큰 장점은 사용하지 않을 때 무게와 부피를 70% 이상 줄인 상태로 군수품처럼 보관했다가 긴급하게 사용할 수 있다는 것이다. 모듈화한 패키지는 항공 운송도 가능해 병동 전체를 수출하거나 제3세계에 지원할 수 있다.

보도자료	관련 영상
감염방지를 위한 입원실·중환자실 시설기준 대폭 강화된다_보건복지부 https://han.gl/0KEkA 카이스트, 코로나 중증환자용 이동형 음압병동 개발_문화체육관광부 http://www.kocis.go.kr/koreanet/view.do?seq=1036929	설치 쉬운 '이동형 음압병실'…병상 부족 숨통 트이나_JTBC 뉴스룸 https://youtu.be/JChnzF3lmn0 남은 병상이 없다…"확진받고 사흘째 자택 대기"_MBCNEWS https://youtu.be/kZxkhnGK_cs 

▶ **음압병실이란 무엇인가요?**

음압병실은 병원 내부의 병원체가 외부로 퍼지지 않도록 차단하는 특수 격리 병실로, 중증 감염병 환자를 일반 환자와 외부로부터 분리하여 수용하고 치료하기 위한 병실입니다. 병실 내부의 공기압을 낮추는 방식으로 공기가 항상 병실 안쪽으로만 흐르도록 설계되어 바이러스나 세균 등으로 오염된 내부 공기가 밖으로 새는 것을 방지합니다. 결핵, 홍역, 독감 등과 같은 공기를 매개체로 하는 감염병을 막기 위한 필수시설입니다.

▶ **음압병실의 음압 기준이 궁금해요.**

음압기준은 대기압(101325Pa)인데, 이보다 최소 −2.5Pa 이상을 유지해야 하며 실제 시공 시에는 안전한 차압 유지를 위해 −10Pa~−15Pa 이상을 유지하도록 구축합니다. 음압 제어는 오염도가 낮은 곳에서 높은 곳으로 공기가 흐르도록 실내의 공기압력을 대기압보다 낮은 상태로 만들어줍니다. 음압격리구역 > 복도 전실(탈의실) > 음압복도(내부복도) > 병실전실 > 병실 > 화장실 순으로 압력이 낮아지도록 제어합니다.

▶ **병상 부족을 해소할 수 있는 방안에는 어떤 것들이 있나요?**

확진 후 병상이나 치료시설이 없어 자택에서 대기 중인 사람들이 늘어나면서 병상 부족 문제가 대두되었습니다. 이러한 상황을 타개하기 위해서 우선 경증, 무증상 환자의 경우 생활치료센터 병상을 확보해 격리 치료하고, 중증환자에게 는 중환자 전용 병상을 제공하였습니다. 또한 효과적인 치료를 위해 컨테이너를 활용한 이동식 병상과 대학 기숙사 등을 활용한 생활치료센터의 확보로 부족한 병상을 해소하였습니다.

그리고 정부가 병상 확보를 위한 행정명령을 내려 상급종합병원의 경우 허가 병상 수의 최소 1%, 국립대병원은 허가 병상 수의 1% 이상을 각각 확보해 중증 환자 전담 치료 병상으로 활용할 수 있게 되었습니다. 이렇게 확보된 것은 300 여 개의 중증환자 전담 치료 병상에 그쳤습니다. 그래서 '코로나19 전담병원'으 로 자원한 국내 첫 민간병원인 평택 박애병원처럼 민간병원들의 적극적인 협력 이 필요합니다.

몸속의 청소부, 면역세포 개요

지금까지 암치료는 수술, 항암제, 방사선 요법이 일반적이었지만, 최근 제4의 치료법으로 면역세포치료와 NK세포치료가 큰 주목을 받고 있다. 면역세포는 항체를 만드는 세포로서 T세포와 B세포가 있으며, T세포는 감염된 세포를 직접 파괴하며, B세포는 항체가 되어 혈액이나 혈장 속을 있는 항원과 특이성 반응을 통해 독성을 제거하거나 약화시킨다.

면역세포치료란 면역세포 중 하나인 T세포가 암세포를 직접 공격해 파괴하는 성질을 이용해 암을 치료하는 방법이다. NK세포는 자연 살해세포라고 불리며, 암세포와 그 외의 세균에 감염된 세포를 공격한다. 다른 면역세포에 비해 NK세포의 증강이 암치료에 큰 효과를 보이기 때문에 주목받고 있다. NK세포는 암 전이 부위를 비롯해 화학 치료나 방사선 치료를 피해 나간 암세포까지 공격하여 제거한다. 특히, 다른 치료와의 병행이나 수술 후의 재발 방지를 위해 NK세포를 활용한다면 더없이 큰 효과를 볼 수 있다.

관련 단원	보도자료
생명Ⅰ_3단원 항상성과 몸의 작용_방어 작용	NK세포를 이용한 차세대 항암면역세포치료제 개발_국가항암신약개발사업단 https://han.gl/kXmrE 항암면역치료에 최적화된 자연살해세포의 3D 배양 구조체 개발_한국생명공학연구원 https://url.kr/ABOnRe

지식채널e	관련 영상
조용한 싸움-우리 안에 존재하는 세포 중 3%를 차지하는 면역세포 https://url.kr/1i6BzE	우리 몸에 바이러스가 침입하면?_YTN 사이언스 https://youtu.be/Q0EIIN5Y66A

우리 몸에 바이러스가 침투하면? 2:44

▶ **NK세포는 무엇이고, 세포독성 T세포(cytotoxic T cell)와 다른 점은 무엇인가요?**

　　NK세포(natural killer cell)는 바이러스에 감염된 세포나 암세포를 직접 파괴하는 면역세포로 선천적 면역을 담당하는 중요한 세포입니다. NK세포는 적응면역이 활성화되기 전까지 감염된 세포를 공격해 초기 감염을 제어하는 역할뿐만 아니라, TNF-α, IFN-γ 등 다양한 사이토카인(cytokine)을 생산해 침입한 항원에 대한 방어체계를 갖추는 역할을 합니다. NK세포는 골수에서 생성되는 림프계 세포로 T세포의 전구세포에서 유래하고, perforin, granzyme을 이용해 감염된 세포에 세포사멸(apoptosis)을 유도한다는 공통점을 가집니다. 하지만 NK세포는 세포독성 T세포와 달리 항원 특이적인 수용체가 없다는 점과 간 또는 골수에서 성숙한다는 점, 그리고 선천적 면역반응에 관여한다는 점에서 차이점이 있습니다.

▶ **NK세포가 암치료에 있어서 중요한 이유는 무엇인가요?**

　　NK세포는 종양세포나 바이러스에 감염된 세포 등 비정상 세포를 비특이적으로 인식하여 즉각적으로 제거하는 것이 가능합니다. T세포를 이용한 면역치료제는 표적세포를 만나면 빠르게 분열하는 특성으로 인하여 사이토카인 폭풍(Cytokine storm, Cytokine release syndrome, CRS) 및 중추신경계의 부종 등과 같은 심각한 부작용을 일으킬 수 있습니다.

　　반면에 NK세포를 이용한 면역치료제는 기억(memory) 기능과 증식(clonal expansion) 기능이 T세포에 비해 약하므로 사이토카인 폭풍 등의 위험이 상대적으로 적습니다. 무엇보다 암세포를 선택적으로 죽일 수 있어 암세포의 발생과 증식, 전이를 막는 것 외에도 암을 재발시키는 암 줄기세포를 효과적으로 제어 가능하며, 따라서 차세대 항암치료제로 주목받고 있습니다.

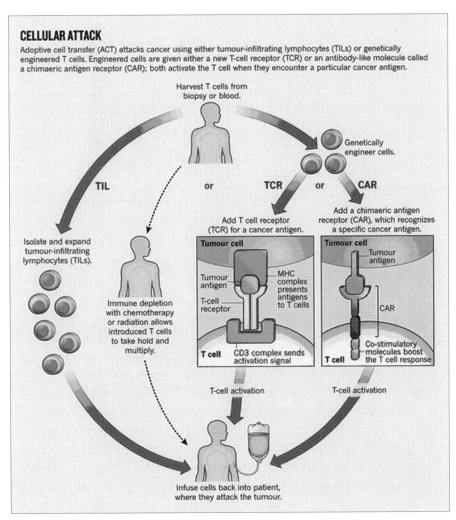

CELLULAR ATTACK

Adoptive cell transfer (ACT) attacks cancer using either tumour-infiltrating lymphocytes (TILs) or genetically engineered T cells. Engineered cells are given either a new T-cell receptor (TCR) or an antibody-like molecule called a chimaeric antigen receptor (CAR); both activate the T cell when they encounter a particular cancer antigen.

Harvest T cells from biopsy or blood.

Genetically engineer cells.

TIL   or   TCR   or   CAR

Add T cell receptor (TCR) for a cancer antigen.

Add a chimaeric antigen receptor (CAR), which recognizes a specific cancer antigen.

Isolate and expand tumour-infiltrating lymphocytes (TILs).

Immune depletion with chemotherapy or radiation allows introduced T cells to take hold and multiply.

Tumour cell

Tumour antigen

T-cell receptor

MHC complex presents antigens to T cells

T cell   CD3 complex sends activation signal

Tumour cell

Tumour antigen

CAR

Co-stimulatory molecules boost the T cell response

T cell

T-cell activation   T-cell activation

Infuse cells back into patient, where they attack the tumour.

출처 : NK세포 항암치료제_국가항암신약개발사업단

▶ **NK세포 이외의 암치료에 효과적인 면역세포도 있나요?**

　CAR–T치료제(CHIMERIC ANTIGEN RECEPTOR T CELLS THERAPY)는 암세포를 공격하는 림프구와 T세포를 활용하는 접근방법인 면역세포이식(ADOPTIVE CELL TRANSFER, ACT)의 하나로 자연적으로 만들어진 T세포를 활용합니다. 유전자 조작을 통해 특정 암세포 항원을 인지할 수 있는 인위적인 면역수용체(IMMUNORECEPTOR)를 발현시킨 T세포를 활용하여 암을 치료합니다.

획득면역 세포 중 면역계의 사령관 역할을 하는 수지상세포를 활용하는 방법이 있습니다. 수지상세포는 대단히 뛰어난 항원제시능력을 가지고 있습니다. 아울러 T세포에 암세포의 정보를 전달하고 활성화시켜 암세포만 선택적으로 공격하게끔 유도하는 기능을 합니다.

 '한 달 시한부' 심장병 환자와 방사선 치료

'한 달 시한부' 심장병 환자와 방사선 치료 개요

최근 한 달 시한부 선고를 받은 말기 심장병 환자에게 암을 치료할 때 쓰는 방사선으로 심장을 교정하는 새로운 임상시험이 국내에서 시작됐다. 병을 발생시키는 심장 특정 부위에 방사선을 쬐는 것인데 움직이지 않는 암세포와 달리 움직이는 심장의 정확한 부위에 방사선을 조사하는 것은 최첨단 기술이 필요하다. 원래 방사선 치료란 고에너지 방사선을 이용하여 암세포를 죽이는 치료를 말한다.
방사선 치료는 외과적 수술, 항암화학요법과 함께 암치료의 3대 치료법 중 하나로, 보통 입원이 필요하지 않고, 비교적 짧은 시간이 소요되며, 치료 시 고통이 적다는 장점이 있다. 방사선을 조사하면 우리 몸을 투과하면서 전리 현상을 일으키는데, 이때 세포의 증식과 생존에 필수적인 물질인 핵산이나 세포막 등에 화학적인 변성을 초래하여 종양세포를 죽게 된다. 표준치료가 아예 불가능한 심장병 환자들은 심장이식만을 기다리고 있는데, 국내 임상실험이 성공한다면 말기 심장병을 앓고 있는 한 해 수백 명의 심장 이식 대기 환자들에게 적용될 것이다.

보도자료	관련 영상
항암·방사선 병행했더니, 종양 30% 줄고 생존율 2배 올랐다	'시한부' 심장병 환자, 방사선으로 희망 그리게 될까 https://youtu.be/WPpm64ltZ5g

'액체풀' 성분 이용 방사선 치료효과 증진 기술
개발_사이언스타임즈
https://han.gl/91T5G

▶ **방사선 치료의 종류에는 어떤 것들이 있나요?**

방사선 치료는 그 전달 방법에 따라 크게 외부 방사선 치료와 근접 방사선 치료로 나눌 수 있습니다. 외부 방사선 치료는 다시 통상적(2차원) 방사선 치료, 3차원 입체조형 방사선 치료, 정위적 방사선 치료, 세기조절 방사선 치료, 호흡 연동 방사선 치료, 영상유도 방사선 치료 등으로 나눌 수 있습니다. 최근에는 토모테라피, 사이버나이프 등과 같은 특수 치료기기를 이용한 방사선 치료도 널리 소개되고 있습니다.

▶ **어떤 심장질환에 방사선 치료를 적용할 수 있나요?**

심실빈맥은 심근경색, 선천성 심질환, 그리고 심장수술 흉터 등에 의해 발생하는데, 심장의 펌프 역할을 하는 심실이 제대로 작동하지 않아 온몸으로 혈액을 순환시키지 못해 심장이 멎는 것과 같은 상태가 되어 돌연사를 일으킬 수 있는 아주 위험한 질병입니다. 이러한 심실빈맥(Ventricular tachycardia)치료에 체부 정위 방사선 치료가 적용될 수 있습니다. 심전도계와 CT, MRT, PET와 같은 기계를 융합시켜 환자의 심장에 있는 흉터나 손상조직의 위치정보를 정확하게 얻은 후, 보통 암 치료에 사용하는 고선량 방사선 치료의 일종인 정위방사선 치료(SBRT)를 25~35Gy로 그 부위에 단일 조사합니다.

▶ 실제 임상 적용 사례에는 어떤 것이 있나요?

19명의 부정맥 환자에게 25Gy로 심장 부분에 방사선을 조사한 'Dr. Robinson and Dr. Cuculich의 임상실험' 있었습니다. 처음 6개월 동안에는 94%의 환자에게서 심실빈맥이 감소했고, 이후 78%의 환자가 2년 이상 심실빈맥 감소의 효과를 보이는 것으로 나타났습니다.

이 치료는 환자들이 복용하는 약의 양을 줄여 간이나 폐의 손상, 구역질과 같은 부작용을 크게 줄일 수 있어 환자의 삶의 질을 높일 수 있습니다. 기존에 부정맥 치료에 널리 사용되었던 카테터 절제술(catheter ablation)에 실패했거나, 이 시술을 이용할 수 없었던 환자들에게 적용하였습니다. 하지만 심낭삼출(심장을 싸고 있는 막인 심낭의 두 층 사이에 수분이 쌓이는 것)이나 여러 다른 부작용 방지에 대해서는 연구가 더 필요한 상황입니다.

🔍 학생부 관리 팁과 학생부 세특 예시

다양한 매체를 활용한 학생부 사례

(국어) 언론기사에서 시한부 선고를 받은 환자가 방사선으로 치료를 받는다는 기사를 보고 원리가 궁금해 조사하게 됨. '시한부 심장병 환자, 방사선으로 희망 그리게 될까' 영상을 시청하고 방사선 치료의 종류에 대해 조사하여 외부 방사선과 근접 방사선 치료를 발표함. 어떤 심장질환에 방사선 치료를 적용할 수 있는지 조사하여 탐구보고서를 작성함. 실제 임상적용 사례 조사를 통해 부작용을 줄이고 환자의 삶의 질을 높일 수 있음을 확인함. 추후 다른 부작용에 대해서도 관심을 가지고 탐구하기를 희망함.

A 국어나 영어 같은 과목은 자신의 전공과 관련된 수행평가를 할 수 있는 기회가 많습니다. 위의 경우도 기사에서 시작된 호기심으로 관련 보도자료나 영상을 찾아볼 수 있고, 그 과정에서 알게 된 내용들을 탐구보고서로 작성한다면 학생의 적극성과 지적호기심을 드러낼 수 있음과 동시에 전공에 대한 깊이를 보여 줄 수 있습니다.

수술실 CCTV 설치 의무화

수술실 CCTV 설치 의무화 개요

2016년 한 대학생이 성형외과 수술실에서 안면윤곽 시술을 받던 중 과다출혈로 인한 쇼크 및 뇌사 상태에 빠졌다. 일명 '권대희 사건'이 3년이 지난 2019년 검찰이 피해자의 집도의에게 구속영장을 청구하면서 의료사고 발생 확인 시 의료진에게 형사책임을 묻는 일이 있었다. 이 과정에서 수술실 CCTV 설치 논란이 다시 도마 위에 올랐다.

설치를 찬성하는 사람들은 환자의 불안감 감소와 안전 확보, 예방에 목적을 둔 것이라고 말한다. 향후 법제화를 통해 환자의 안전과 권리 확보, 예방의 목적을 충실히 이행할 수 있도록 하는 법안 마련의 필요성을 강조했다. 반면 반대하는 사람들은 수술실 CCTV 설치는 의료인을 잠재적인 범죄자로 규정하게 될 수 있으므로 신뢰가 저하된 상황에서 의료행위가 위축될 수 있고, 의료진과 환자의 사생활 침해의 위험성이 있다고 강조하며, 근본적인 문제 해결을 위한 논의가 필요하다고 밝혔다.

관련 단원	보도자료
통합사회_4단원 인권보장과 헌법_현대사회에 새롭게 등장한 인권, 인권보장을 위한 헌법의 역할 생활과 윤리_2단원 생명, 성, 가족윤리_삶과 죽음의 윤리 정치와 법_1단원 민주주의와 헌법_정치와 법, 헌법의 의의와 기본원리	환자 요구와 동의에 따라 수술실 CCTV 촬영 허용해야_국가인권위원회 https://url.kr/sBK9Qm 「수술실 CCTV 설치 의무화 법안의 문제점」 정책현안분석 발간_의료정책연구소 https://www.rihp.re.kr/bbs/board.php?bo_table=report&wr_id=110

지식채널e	관련 영상
동의하십니까? – 누구도 책임지지 않는 '10만분의 1'의 가능성 https://url.kr/BA7UtD	당신의 수술대는 안전합니까? 수술실 CCTV 설치 의무화 논란_KBS 다큐 https://youtu.be/4IyBoEQlOlg

▶ **수술실 CCTV 설치를 진행한 병원이 있나요?**

네, 있습니다. 경기도는 안성병원 수술실을 시작으로 경기도 의료원 산하 6개 병원에 CCTV를 설치했습니다. 경기도는 수술실 CCTV 설치 확대 지원 사업의 지원을 희망한 분당에이치병원, 양주예쓰병원, 남양주 국민병원에 각각 3천만 원을 지원하기로 했습니다. 남양주 국민병원은 민간병원 최초로 수술실 CCTV 병원으로 선정되었으며, 환자들의 동의하에 녹화하고 있습니다.

▶ **수술실 CCTV 촬영은 어떤 방식으로 진행되고 있나요?**

환자가 동의했을 때만 촬영을 진행하거나 365일, 24시간을 빈틈없이 녹화하는 방식이 있습니다. 또한 환자가 원치 않아도 일정 규모 이상의 수술을 할 때는 모두 녹화를 하거나 환자와 담당 의사 모두가 동의할 경우에만 촬영을 진행하는 등의 방식이 대표적으로 거론되고 있습니다. 다만 수술실 내 CCTV 설치를 둘러싼 여러 가지 문제 때문에 실질적으로 설치를 의무화한 나라는 세계적으로 없는 만큼, 충분한 논의가 필요한 부분입니다.

▶ **CCTV 설치의 대안 방법이 있나요?**

수술실 CCTV 설치 의무화 법안이 폐기된 이후, CCTV 설치의 대안으로 의료시설 내 녹취 시스템을 활용하는 것이 증가 추세입니다. 인공지능을 활용한 앱을 통해 자동으로 음성을 인식하여 상담, 진료, 수술과정 등 의료행위 전 과정을 녹취해 실시간으로 음성저장과 동시에 문서화되어 병원 내 전자의무기록으로 저장되는 방식입니다. 이를 통해 보건의료당사자와 환자 인권 침해를 최소화하면서도 분쟁 시 책임소재를 명확히 할 수 있는 방안으로 떠오르고 있습니다.

캐나다 토론토의 한 병원에서는 수술실 블랙박스를 활용해 수술의 전 과정이 녹화, 녹음되어 의료진의 모든 대화와 환자의 혈압, 맥박 등의 실시간 상태, 수술실의 온도와 소음까지 기록하고 있습니다. 이는 항공기의 블랙박스가 추락사고 원인규명에 중요한 역할을 담당하는 것을 보고 실제 비행 기록장치에서 착안해 세인트 마이클스 병원의 의료진이 직접 개발한 '수술기록장치'입니다. 의사와 환자 모두를 보호하기 위한 새로운 대안이 될 것입니다.

 독감백신 부작용

독감백신 부작용 개요

지난 2009년부터 2019년까지 11년간 독감백신 예방접종 이상반응으로 신고된 사망자는 25명이었고, 2020년에는 사망자가 약 30명이 나왔다. 명확한 사망 원인이 밝혀지지 않아 원인으로 아나필락시스(anaphylaxis) 쇼크 때문이 아니냐는 의견이 나왔다. 아나필락시스란 항원과 항체 면역 반응이 원인이 되어 발생하는 급격한 전신 반응으로 생체의 면역계가 방어하려고 작용하는 것이 반대로 생체에 마이너스 방향으로 작용해 과민반응이 일어나는 현상을 말한다. 흔히 말하는 알레르기가 아나필락시스에 속하는 것이라고 볼 수 있다.

아나필락시스의 원인은 모든 음식, 약물, 곤충, 운동 등으로 아주 광범위하고, 증상으로는 코막힘, 부종이나 염증, 발열, 호흡곤란, 홍조, 두통 등 역시 아주 다양하다. 증상이 발생하면 혈관 수축, 승압작용, 심장자극작용, 기관지확장 작용을 가지고 있는 에피네프린을 투약한다.

보도자료	관련 영상
새 학기 시작 전, 우리 아이를 아나필락시스로부터 보호하세요_보건복지부 https://url.kr/YTkJrN 감기약을 복용하고 나서 아나필락시스 쇼크 발생_한국의료분쟁조정중재원 https://han.gl/SY9Ar	아나필락시스(1편) 알레르기 쇼크_강원도 아토피·천식 교육정보센터 https://youtu.be/fxqhCHwv8Tk 

▶ 특별히 독감백신 예방접종을 할 때 주의해야 할 사항이 있나요?

　일반적으로 독감백신은 달걀에 바이러스를 배양해 생산하기 때문에 달걀 단백질 알레르기가 있는 사람은 접종 후 부작용을 일으킬 수 있다고 합니다. 따라서 심한 달걀 알레르기가 있다면 의사와 상담 후 접종 여부를 결정해야 합니다.

▶ 달걀 알레르기가 있는 사람이 백신을 맞을 수 있는 다른 방법은 없나요?

　있습니다. 달걀껍질 대신에 그래핀에서 배양하는 방법과 식물을 기반으로 배양하는 방법이 있습니다. 식물 발현 시스템은 번역 후 변형(Post-translational modification) 기능을 지니고 있고, 쉽게 스케일업(Scale-up)이 가능하고 대량 생산이 가능합니다. 또한 생산단가를 상당히 줄일 수 있는 가능성과 식물을 사용함으로써 사람 전염원을 배양한다는 두려움을 줄일 수 있다는 유용하고 독특한 장점을 지니고 있습니다.

▶ 2020년에 독감백신의 부작용으로 인한 사망자가 많았는데도 예방접종을 중단하지 않은 이유가 궁금해요.

　예방접종 후 이상 반응과 사망과의 직접적인 인과성이 확인되지 않았고, 특정 백신에서 중증 이상 반응 사례가 높게 나타나지 않았기 때문입니다. 특히, 아나필락시스는 대표적인 독감백신 부작용 중 하나이며 아주 드물게 나타나는 부작용이기 때문에 예방접종을 중단하지 않았습니다.

▶ 백신의 효과를 더 증대시키기 위한 방법은 없나요?

　독감백신은 100% 완벽하지는 않지만 면역을 제공해 발병 가능성을 낮추는 역할을 합니다. 그러나 유행 예상이 빗나가거나, 신종 인플루엔자가 갑자기 등장하게 되면 백신 공급에 차질이 생기게 됩니다. 이럴 때 백신 첨가제 혹은 면역보조제(adjuvant)를 활용할 수 있습니다. 백신에 첨가되어 목표 항원에 대한 면역계의 반응을 자극해 항원에 대한 전달과 적응 면역반응을 향상시킵니다. 보조제는 항원 저장소(depot)로 작용할 수 있는데, 항원을 오랜 기간 동안 제시하면서 신체가 항원을 모두 제거할 때까지 계속해서 면역반응을 자극합니다. 이는 신체의 면역 반응의 증가로 이어지게 되므로 백신의 효과를 증대시킬 수 있습니다.

면역보조제 종류	특징
Freund's adjuvant	mineral oil과 mycobacteria의 cell wall 성분으로 구성된 보조제이다. Th1 반응을 효과적으로 유도할 수 있지만, 염증성사이토카인과 TNF-α의 생산을 자극하여 고통, 조직손상 등의 부작용이 있어서 사용이 제한된다.
Alum	• Al(OH), AlPO 등의 aluminum salt로 구성되어 있다. • 크기가 아주 작아서 dendritic cell이 탐식하기에 알맞다. • 흡수된 항원은 점차적으로 분비되기 때문에 항원을 항원제시세포에 더 오래 노출시켜 면역반응을 증진시킨다. • Th1 반응을 유도할 수 없다는 단점이 있다.
Triterpenoid-based adjuvant	• Saponin : 인삼에 들어있는 성분이다. 주사 시에 독성이 높아 잘 쓰이지 않는다. • Squalene : 상어기름에서 발견되는 성분이다. MF59는 squalene으로 이루어진 adjuvant이다.
Virosome	• 바이러스는 자신의 핵산을 둘러싸는 envelope을 형성하는데, 거기에서 핵산을 뺀 구조를 virosome이라고 한다. • 항원을 virosome 안에 넣어서 주입하는 방법을 사용한다. • Th1 반응을 잘 유도할 수 있다.
Microsphere (ex. liposome, microcapsule)	• 체내에서 흡수 가능하고 분해될 수 있는 물질로 만들어진다. • 단, danger signal이 약하다는 단점이 있다.

4차 산업혁명과 의료 기술

4차 산업혁명과 의료 기술 개요

가상현실(VR)과 증강현실(AR)이 최근 의료 산업에서 엄청난 주목을 받고 있다. VR 장비를 이용하면 생체 활성화 정보를 빠르게 수집할 수 있으므로, 다른 복잡한 검사들을 수행하기 전이라 하더라도 의료적 개입을 진행할 수 있다. 특히 스마트 안경은 의료 환경에서 의사들이 정확한 치료 절차와 진단 테스트를 할 수 있게 해줌으로써, 임상적인 치료 효과를 개선하는 데 도움을 준다.

예를 들면, 병원에서 수술 과정을 비디오로 녹화하고 시각화 데이터를 만드는 용도로 구글 글라스(Google Glass)가 사용되고 있다. 의료 종사자들은 AR 기술을 이용해 환자의 의료기록을 효과적으로 전달할 수 있다. 예를 들어 환자에게 응급처치 등의 간단한 처치를 할 때나 외과수술과 같은 복잡한 치료를 할 때 의사는 환자에 대한 기존 질병 기록, 알레르기, 환자가 현재 사용 중인 약물 등을 모두 숙지하고 있어야 한다. AR이 도입되면 이런 정보를 쉽게 알 수 있으며, 환자마다 조금씩 다른 정맥이나 내장기관의 위치 등을 확인할 수 있다.

인공지능은 진단 처방에 있어 기존의 오진율을 대폭 감소시키고, 신뢰성을 확보하는 방향으로 발전하게 될 것이다. 인공지능 기반 이미지 인식기술은 방사선 촬영, CT(컴퓨터단층촬영), MRI(자기공명영상) 등 촬영된 이미지의 의사판독 정확도를 넘어서고 있다. 학습 속도가 날로 발전하고 있어 더욱더 정밀한 판독으로 이어져 환자의 의료의 질 향상에 기여하고 있다.

관련 단원	보도자료
생활과 과학_2단원 건강한 생활 융합과학_5단원 인류의 건강과 과학기술	가상현실(VR)의 의료 분야 적용 동향_한민족 과학기술자네트워크 https://han.gl/NfTWr 가상현실(VR) 또는 증강현실(AR) 기술이 적용된 제품 의료기기 해당 여부 구분 기준 마련_식품의약품안전처 https://url.kr/fYBR1w
관련 영상	**관련 영상**
VR로 인지재활 치료를?_스마트헬스케어VR사업단 https://www.youtube.com/watch?v=uf-0tcCNDUA	의료헬스케어에 VR.AR기술이 활용된다_YTN 사이언스 https://www.youtube.com/watch?v=m45atLSihts

▶ AR과 VR을 활용해 인지치료를 어떻게 도울 수 있나요?

인지재활과학에 인공지능, 빅데이터, 게임 기술 등의 정보통신기술(ICT)을 접목해 만든 3D/VR 게임 형태의 인지훈련 소프트웨어가 개발되었습니다. 이를 활용하면 게임을 통해 대상자가 몇 번 화면을 터치했는지 등 문제 수행의 반응 속도 등을 분석하여 인지치료에 활용됩니다. 특히 아동청소년의 기억력, 언어, 주의집중, 시지각, 실행 능력 등을 정확히 판단하여 반복과 지속을 통해 인지재활 과정을 놀이로 인식하게 만들어 효과를 극대화할 수 있습니다.

▶ 트라우마 치료 등 심리치료에 VR, AR 기술이 어떻게 활용되고 있나요?

VR과 AR 치료는 1997년 미국 조지아 공대에서 베트남전 참전 군인들의 외상 후 스트레스장애를 치료하기 위해 처음 개발 및 시도되었습니다. 이후 현실감을 구현할 수 있다는 장점을 활용해 정신질환 치료에 접목하는 시도가 늘고 있습니다.

국내에서는 가천대 길병원에서 가상현실(VR)을 외상 후 스트레스장애나 공황장애 치료에 활용하는 가상현실 치료센터를 운영 중입니다. 공황장애나 고소공포증 등의 심리치료가 필요한 환자들의 진단에 있어, 현재까지는 환자의 주관적 설명에 의존해 진행되어 정확한 증상 파악과 진단 및 치료에 한계가 있었습니다. 하지만 가상 및 증강현실을 활용해 환자가 고통받는 상황을 재현해 환자의 반응을 의료진이 직접 확인하고 진단할 수 있습니다. 또한 치료 시에도 가상환경이라는 안전한 상태에서 공포와 마주하며 조금씩 극복해 가도록 치료프로그램을 계획 운영해 치료를 진행할 수 있게 되었습니다.

▶ **VR, AR 기술을 활용하여 재활치료한다면 얻는 기대효과가 궁금해요.**

사고나 질병으로 인한 신체기능 저하를 극복하기 위해 장기간의 노력과 비용을 투자해 재활치료를 하게 됩니다. 힘들고 오랜 재활 과정을 거치며 신체적, 심리적 스트레스로 환자는 물론이고 보호자까지 지치게 됩니다. 하지만 이제는 VR, AR 기술을 통해 보다 저렴하고 간편하게 즐기면서 재활치료를 받을 수 있게 되었습니다. 환자에게 친숙한 환경을 제공해 환자가 편안하고 안전한 환경에서 치료를 받을 수 있도록 해 회복 속도를 향상시키는 데 도움을 줄 수 있습니다.

현재 분당 차병원에서 활용 중인 VR 재활치료에는 거동이 불편한 환자가 가상공간에서 팔다리를 움직이는 연습을 할 수 있게 해주는 프로그램이 있습니다.

 간호사 인식개선

간호사 인식개선 개요

2020년 공개된 걸그룹 블랙핑크의 뮤직비디오에서 헤어캡, 타이트하고 짧은 치마, 하이힐 등 실제와 동떨어진 간호사 복장이 등장하였고, 전형적인 성적 코드를 그대로 답습한 복장으로 논란이 되었다. 보건의료 노조에서 '간호사는 보건의료 노동자이자 전문의료인임에도 해당 직업군에 종사하는 성별에 여성이 많다는 이유만으로 성적 대상화에 노출되고 전문성을 의심받는 비하적 묘사를 겪어야만 했다'고 지적했다. 또한 '간호사들은 여전히 갑질과 성폭력에 노출돼 있다'며 왜곡된 간호사의 이미지를 대중문화가 반복할수록 이런 상황은 더 악화된다'고 우려했다.

2019년 보건복지부가 간호사를 대신해 여전히 사용되고 있는 '아가씨' 혹은 '어이', '저기요' 등 잘못된 호칭을 바로잡고 간호사에 대한 국민인식을 개선하기 위해 포스터를 제작한 것도 같은 맥락이다. 이에 미디어 수용에 대한 교육도 필요하지만 앞서 미디어 생산자가 경각심을 가져야 한다는 의견도 나왔다. 간호사에 대한 성적 대상화와 비하적 묘사 등 여러 인식개선이 필요한 시점이다.

보도자료	관련 영상
YG엔터 블랙핑크 뮤비 속 간호사 성적 대상화에 대한 입장_전국보건의료산업노동조합 https://han.gl/hqGhd 보건복지부, 「간호사 근무환경 및 처우 개선대책」 발표 https://url.kr/MEFbfl	간호사 인식개선 캠페인_"간호사이기 전에 소중한 사람입니다."_널스노트 https://youtu.be/wyDzYtj3THA 아가씨? 언니? 간호사가 병원에서 매일 듣는 말_스브스뉴스 https://youtu.be/8iEzbS3FcDs 

▶ **간호사에 대한 부정적 인식과 그 이유는 무엇인가요?**

간호사는 의사의 처방이나 규정된 간호기술에 따라 치료를 행하고, 환자의 상태를 점검, 기록하고 환자의 회복을 돕는 전문 의료인입니다. 하지만 의사의 보조라는 인식이 강해 전문직종이 아닌, 보조로 여겨져 '간호원', '아가씨', '언니' 등으로 불리며 지위에 따른 적합한 대우를 받지 못하고 있습니다. 그 이면에는 여성들만의 직업이라는 편견과 대중매체의 영향이 작용합니다. 딱 달라붙은 유니폼에 구두를 신고, 단정한 외모로 안내하는 모습만을 보여주거나, 급박한 상황 속에서 주도적 역할을 해내지 못하는 등의 모습이 대중매체를 통해 비춰지면서,

간호사에 대한 사람들의 올바른 인식에 걸림돌이 되고 있습니다.

▶ **모든 대학에 간호학과가 있는데 왜 간호사가 부족한지 그 이유가 궁금해요.**

면허등록 간호사의 수에 비해 실제 활동하는 간호사는 절반 수준입니다. 간호사의 이직률도 높아 지속적으로 간호사 부족을 겪고 있습니다. 그 이유는 우선 열악한 근무조건을 들 수 있는데 3교대로 인한 체력적 부담, 간호사 집단 내부의 태움 문제, 업무 스트레스 등이 있습니다. 또한 과중한 업무량에 비해 급여가 합리적 수준에 미치지 못하는 점도 있습니다. 그래서 매년 간호학과의 입학생과 자격 취득 후 신입 간호사는 늘고 있지만 현장을 떠나는 간호사의 수가 많아 부족 현상을 겪습니다.

결국 의료인력의 부족으로 인한 피해는 국민에게 돌아오는 만큼 국가 차원에서의 제도적 보완을 통해 간호인력 배치법으로 열악한 근무환경을 개선해야 합니다. 예를 들어 간호사 1인당 환자 수는 미국은 5.3명, 한국은 18.5명으로 3배 이상 높은 수준인데, 이런 현상들을 현실적으로 보완해야 합니다.

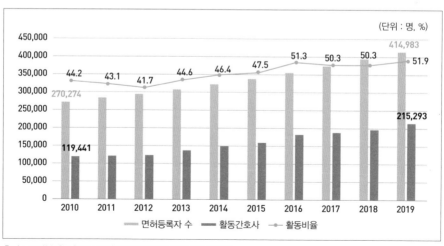

출처 : 보건복지부 '2019 보건복지통계연보'_대한간호사협회

조영제 없이 뇌속 치매 원인물질 찾는다

조영제 없이 뇌속 치매 원인물질 찾는다 개요

한국과학기술연구원(KIST)은 테라헤르츠(THz) 전자기파를 이용해 쥐의 뇌 속에서 '베타아밀로이드 플라크'의 양을 측정했다. 치매는 뇌속에 베타아밀로이드 플라크라는 물질이 많이 쌓이면 발병하는 것으로 알려져 있다. 현재 컴퓨터단층촬영(CT)으로 확인하고 있는데, 이 과정에서 몸에 주입하는 조영제가 환자에게 부작용을 줄 수 있다. 이런 단점을 보완하기 위해 1초에 1조 번 이상 전자기장이 진동하는 빛인 테라헤르츠파를 이용한다. 조영제 없이도 몸속을 관찰할 수 있으면서도 X선처럼 강한 에너지를 갖고 있지 않아 생체조직을 변형할 위험도 적다.

테라헤르츠파는 파장이 길어 크기가 작거나 양이 적은 물질은 관찰이 힘들다. 또한 몸속의 수분에 의해 흡수되어 관찰하기 힘들다는 단점이 있었다. 연구팀은 정밀도를 높이고 물에 흡수되지 않고 반사되도록 하는 나노물질을 개발해 문제점을 해결했다. 생후 4, 7, 10개월 된 쥐를 대상으로 실험한 결과, 뇌에 극미량만 존재하는 베타아밀로이드 플라크의 양 변화를 정밀하게 측정하였다.

관련 단원

생명Ⅰ_4단원 유전_사람의 유전
화학Ⅰ_2단원 원자의 세계_원자 구조
화학Ⅰ_2단원 원자의 세계_원자 모형
물리Ⅰ_3단원 파동과 정보통신_파동의 성질
물리Ⅰ_3단원 파동과 정보통신_빛과 물질의
　　　이중성
물리Ⅰ_2단원 물질과 전자기장_물질과 전자
생윤_2단원 생명과 윤리_생명 윤리

보도자료

한국과학기술연구원_꿈의 물질 그래핀으로 질병 진단하는 바이오센서 개발
https://www.kist.re.kr/kist_web/?sub_num=46&state=view&idx=1484

한국과학기술연구원_화학발광 및 형광을 이용한 신속진단키트 바이오칩 기술
https://www.kist.re.kr/kist_web/?sub_num=47&state=view&idx=-88334

지식채널e

지식채널e 미지의 빛을 발견하다
https://url.kr/xTEjVL

관련 영상

치매 원인 물질 배출하는 뇌 '하수도' 찾았다_YTN 사이언스
https://www.youtube.com/watch?v=Q3XwWT4Ygws

▶ 테라헤르츠파와 CT는 어떠한 점이 다른가요?

　먼저 테라헤르츠는 암세포에 전자파를 집중적으로 쏘아 에너지를 끌어올리는 방법으로 치료합니다. 테라헤르츠 전자파가 물 같은 분자를 만나면 짧은 시간 안에 에너지를 전달한 뒤 사라지기 때문에 엑스선 등보다 인체에 피해를 덜 줍니다. 반면에 CT를 사용할 때는 촬영대상이 잘 보이도록 하기 위해 조영제를 사용합니다. 하지만 조영제는 생체조직 과잉반응 및 조직변형 가능성 등의 부작용이 있습니다. 반면 1초에 1조 번 이상 진동하는 테라헤르츠 전자기파는 X선이나 다른 방사선처럼 고에너지를 갖고 있지 않아 생체조직을 변형시킬 위험이 적습니다.

▶ 자연계에도 방사능은 존재하는데 방사능은 많이 위험한가요?

　자연방사선은 공기흡입, 음식물의 섭취, 지표면이나 태양으로부터 오는 방사선을 의미하며 이는 지역마다 다르나 평균적으로 연간 2.4mSv(밀리 시버트) 정도의 양입니다. 모든 인간은 면역체계를 갖추고 있기 때문에 외부에서 에너지가 들어오더라도 이를 방어하거나 회복할 수 있는 능력을 가지고 있습니다.

　가공하지 않은 자연방사선은 각종 실험 결과 인간에게 아주 미미한 피해 또는 회복 가능한 피해 정도만 끼칩니다. 그러나 원폭 투하, 원자력발전소 사고 등의 경우에는 엄청난 수준의 피폭이 발생합니다. 이는 인간의 신체에 돌이킬 수 없는 피해를 줍니다.

▶ 방사능 수치를 낮춘 디지털의료기기는 안전하지 않나요?

의료방사선은 그 투과력을 이용하여 환자의 몸속을 확인할 수 있는 영상정보를 만들어냅니다. 그 투과력으로 인하여 세포를 사멸시키거나 이상반응을 불러일으킬 수 있기 때문에 최소한의 방사능을 사용하고도 영상정보를 얻을 수 있는 디지털 의료기술이 개발되었습니다. 특히 영상을 3차원으로 재구성하기 위해 많은 촬영을 하는데 이런 촬영 횟수, 시간까지 단축하여 더 적은 양의 피폭으로 양질의 영상을 얻을 수 있게 되었습니다.

▶ 조영제의 부작용은 무엇인가요?

조영제란 영상으로 진단하는 검사나 시술을 할 때 혈관과 조직이 잘 보일 수 있도록 도와주는 의약품입니다. 조영제를 투여한 뒤 1시간 내에 나타나는 반응을 보고 경증과 중등증, 중증으로 구별할 수 있습니다. 경증은 국소적인 두드러기나 가려움, 구토와 목 가려움, 재채기와 일시적인 열감과 오한 등의 증상이 있습니다. 중등증은 광범위한 두드러기와 가려움, 지속적인 구토와 얼굴 부종, 가슴 통증 등의 증상이 있습니다. 중증은 호흡곤란을 동반한 심한 부종과 의식의 저하가 나타날 수 있습니다.

▶ 테라헤르츠로 활용할 수 있는 분야는 어떻게 되나요?

테라헤르츠와 나노기술을 접목해 보다 정밀한 영상 이미지를 얻을 수 있으며, 초고속 정보처리시스템이 가능합니다. 또한 바이오메디컬 분야에 접목되어 정밀한 진단과 검사가 가능합니다. 도로환경 모니터링을 통한 분석, 재해 시의

무선이동통신 시스템, 농작물 육성관리 시스템, 식품검사 등 다양한 분야에 활용됩니다.

THz 분광-imaging 응용기술의 로드맵

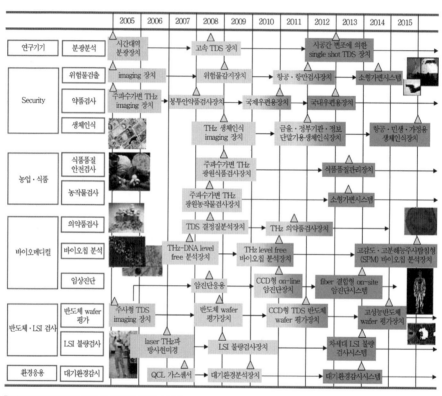

출처 : 테라헤르츠파 기술의 현황과 전망_ETRI

치매국가책임제와 구강정책

치매국가책임제와 구강정책 개요

한국치위생과학회는 치매국가책임제 추진의 효과적인 수행을 위해서는 정부와 구강보건전문가의 참여가 중요하다고 말했다. 치매 진행 단계별 적절한 치과 의료를 제공하는 공급체계를 구축함으로써 교육과 맞춤형 구강관리 프로그램이 시행될 수 있다. '치매인에게 필요한 구강케어와 돌봄' 강연에서 치매환자의 잔존기능을 활성화하기 위해 셀프케어에 의해 스스로 먹을 수 있는 존엄이 이루어져야 하며, 다직종(치과위생사, 치과의사, 언어청각사, 복지 경구유지가산 대상직종) 협업이 중요하다는 것을 강조했다.
'치매인 구강관리제도의 해외사례 ; 일본을 중심으로' 강연에서는 초고령 사회에 진입한 일본의 지역포괄케어 시스템을 통한 방문치과 의료와 방문치과 사업 확산, 치과위생사 인력 부족에 대한 현황, 노인치매환자 구강관리를 위한 생애주기에 맞춘 구강관리제도 사례를 공유한다.

관련 단원	보도자료
생명Ⅰ_3단원 항상성과 몸의 조절_인체의 방어 작용 생명Ⅰ_4단원 유전_사람의 유전 생윤_3단원 사회와 윤리_국가와 시민의 윤리 통합사회_4단원 인권보장과 헌법 통합사회_6단원 사회 정의와 불평등	치매국가책임제 시행 이후 3년, 달라진 점과 달라질 점_보건복지부 https://url.kr/4xbzly 치매국가책임제 시행 2년, 주요 성과 및 내실화 계획_보건복지부 https://url.kr/fVA7nE

지식채널e	관련 영상
치매라도 괜찮아_지식채널e https://han.gl/hIWMy	치매국가책임제 성과와 과제는?_KTV국민방송 https://www.youtube.com/ watch?v=pRuIWczCS4A

▶ **치매국가책임제가 무엇인가요?**

치매국가책임제는 치매 문제를 개별 가정 차원이 아닌 국가 돌봄 차원으로 해결하겠다는 것이 핵심입니다. 인구고령화와 치매 인구가 증가하고 있어 사회적 비용이 증가하고 있으며, 이전 치매 지원체계에 한계가 있어 치매국가책임제가 도입되었습니다.

정책의 주요 내용으로는 치매지원센터 확대, 치매안심병원 설립, 노인장기요양보험 본인부담 상한제 도입, 치매 의료비 90% 건강보험 적용, 요양보호사의 처우 개선, 치매환자에게 전문요양사를 파견하는 제도 등의 도입이 있습니다.

▶ **치매국가책임제가 시행된 지 3년 정도 지났는데 어떤 점이 달라졌나요?**

먼저 전국 치매안심센터 기반시설을 확충하게 되어 전국 256개 치매안심센터가 운영되고 있으며, 치매환자와 가족들에게 상담, 검진, 1:1 사례관리 등의 통합적인 서비스를 제공하고 있습니다. 보호자 또한 치매안심센터 내 가족 카페를 이용하여 치매환자가 편하게 쉼터를 이용할 수 있도록 하였으며, 치매가족 간 정보교환과 자조모임 지원 등을 받을 수 있습니다. 특히, 장기요양 서비스가 대폭 확대되어 환각, 폭력, 망상 등 행동심리증상(BPSD)이 심한 치매환자의 집중치료를 위한 치매전문병동을 전국 공립요양병원 60개소에 설치하여 운영하고 있습니다.

> **TIP**
> **자조모임** : 공통의 문제나 욕구를 가지고 있는 비전문가들이 하나의 그룹 또는 단체를 형성하여 상당 기간 동안 상호부조의 목적으로 자신들이 공통으로 당면하고 있는 문제의 해결을 위해 정보와 자원을 교환하려고 조직한 자발적인 연합체

▶ **'치매안심마을'이란 무엇인가요?**

치매안심마을은 치매 친화적 환경을 조성하고 치매환자와 가족들이 안전하

게 일상생활을 할 수 있도록 마을공동체가 적극 동참하는 사회안전망 구축사업입니다. 치매안심마을의 운영 현황을 보면 대체로 치매 고위험군 어르신의 거주비율이 높은 곳입니다. 지정된 마을은 무료치매검진서비스, 치매예방프로그램, 치매돌봄기능 등을 제공받으며 치매 친환경적인 마을로 조성될 수 있도록 지속적으로 관리되고 있습니다. 이 공동체는 언젠가는 나 또는 나의 가족들 중 누군가가 걸릴지 모르는 치매에 대한 거부감과 두려움을 줄여줍니다.

▶ **해외 주요국가의 치매 정책을 소개해주세요.**

미국은 의료 서비스 통합 정보망을 구축함으로써 치매 치료 환경개선을 목표로 하고 있습니다. 의료 서비스 통합 정보망 구축으로 치매환자의 진료기록 및 병원 방문을 모두 전산화하여 중복 서비스를 최소화하고, 의료기관에 상관없이 누구나 서비스를 받을 수 있도록 지원하고 있습니다. 또한 정보망에 치매환자 진료에 참고할 만한 진료기록과 상담일지 등도 포함되어 치매환자 응급실 방문 시 불필요한 서비스를 줄여 경제적 부담을 줄이고 있습니다.

영국은 치매환자 관리를 위한 ICT 기반 신산업 생태계를 조성하여 원격의료 기술을 지원해 가정에서도 치매환자를 관리할 수 있는 서비스를 확립하고 있습니다. CRS(Care Records Service)정책을 시행해 개인의 건강기록을 쉽고 안전하게 접근할 수 있도록 하는 정보망을 구축했습니다. 또한 의료 관련 스타트업 클러스터를 형성해 다양한 기업들이 관련 기술과 지식을 공유하도록 유도하고 있습니다.

일본은 시사체 차원에서 효율석인 지매관리 서비스를 위해 치매환자의 경로별 치료 정보와 돌봄체계가 연계된 정보망을 구축했습니다. 정보망 내에는 지역사회 자원정보를 포함해 원활한 치매관리를 지원하고 있습니다. 또한 환자를 돕는 페퍼(Pepper)로봇과 보행지원 기기를 개발하여 치매환자를 적극 지원하고 있습니다.

TIP 클러스터 : 산업집적지. 유사 업종에서 다른 기능을 수행하는 기업, 기관들이 한 곳에 모여있는 것

▶ 치매의 원인과 치료방법에는 무엇이 있나요?

치매의 원인이 되는 병은 다양한데 알츠하이머병이 대표적인 예입니다. 알츠하이머병은 뇌세포 막에 존재하는 단백질의 대사과정에서 베타아밀로이드라는 단백질이 축적되어 발생합니다. 따라서 알츠하이머병을 치료할 수 있는 방법으로는 베타아밀로이드의 생성을 막거나 이를 제거하는 것이 있습니다. 베타아밀로이드 단백질의 가수분해를 유도하여 베타아밀로이드 수를 줄인다면 지연 또는 치료할 수 있습니다.

치매의 또 다른 원인으로는 뇌경색이 있습니다. 중성지방이나 LDL 형태의 콜레스테롤과 같은 물질들이 쌓이면 혈전이 혈관에 축적됩니다. 이런 현상이 뇌 쪽에 발생한다면 뇌혈관 동맥경화가 일어납니다. 포화지방산은 조직세포로 콜레스테롤을 전달하는 LDL의 생성을 유도하는데, 이것이 많아지면 결과적으로 혈전이 생성되기 때문에 포화지방산 섭취를 줄이는 방법이 있습니다.

뇌에는 신경세포 외에 '별세포'라는 또 다른 뇌세포가 존재합니다. 평소에는 뇌의 상태를 항상 일정하게 유지하는 역할을 하는데, 독성물질을 만나면 크기가 커지고 가지가 많아지며 수도 증가하면서 기능이 변화합니다. 이렇게 변한 별세포를 '반응성 별세포'라고 하는데 이 물질이 치매를 일으키는 원인이 됩니다. 별세포를 타깃으로 하는 과산화수소 감소만으로 치매 진행이 억제될 수 있음을 확인하였습니다. 지금은 MAO-B 또는 과산화수소를 표적으로 하는 치매의 새로운 진단 및 치료 전략을 세워 연구하고 있습니다.

정책이나 제도를 활용한 학생부 사례

(사회) 치매에 대해 관심을 가지고 관련된 정책을 조사해 '치매국가책임제' 탐구보고서를 작성함. 치매지원센터, 안심병원, 전문요양사 등 구체적인 치매지원 체계에 대해 조사하고, 그중 치매안심마을에 좀 더 관심을 가지게 되어 국내 치매마을과 해외의 치매 정책을 조사해 비교함. 이를 통해 치매의 발병원인과 치료방법에 더욱 관심이 생겼고, 치매책임제에 대한 홍보가 다소 부족하다고 여겨 친구들을 대상으로 치매국가책임제에 대한 설문조사를 실시함. 이후 친구들과 학교에서, 그리고 유튜브로 치매국가책임제를 홍보하고 정보를 공유함.

 국가나 시에서 실시하는 여러 가지 정책이나 제도의 경우 오랜 시간 동안 현황을 조사하고 무엇이 필요한지 철저히 준비해서 만들어진 경우가 많습니다. 따라서 해당 정책이나 제도에서 지원하는 구체적 내용에 대해 조사하고 이를 심층적으로 연구하거나 해외 다른 국가들의 비슷한 정책과 비교하면서 새로운 보안점도 찾을 수 있습니다. 이렇게 알게 된 과정을 설문조사 형태로 만들어 친구들에게 설문을 실시하고 그 결과를 유튜브나 SNS를 이용하여 공유하는 것을 추천합니다.

📍 스포츠 의무팀에서 물리치료사의 위치

스포츠 의무팀에서 물리치료사의 위치 개요

대한물리치료사협회는 스포츠 물리치료, 재활운동 관련 전문가인 물리치료사를 국가대표 의무팀의 선수관리 제반 분야에 의무적으로 채용할 것을 문화체육관광부와 대한체육회 등에 촉구하였다. 현행 AFC 클럽라이센스 규정에는 '국가공인 물리치료사(P.T)' 자격증 보유자 1명을 의무적으로 등록하게 돼 있다. 그러나 아시안컵에 합류한 의무팀에는 물리치료사 면허 보유자가 한 명도 없었다. 물리치료사협회는 "국가가 인정하는 전문성을 가진 물리치료사 면허증 소지자가 국가대표팀 의무팀에 한 명도 존재하지 않았다는 것은 국내 모든 스포츠 발전에 큰 문제"라며 "아시안컵에 합류한 의무팀 4명 전원이 AT(Athletic Trainer)자격증만 가지고 있었다는 것은 개선해야 하는 문제다"라고 언급했다. AT자격증은 국가가 인증하는 자격증이 아니라 민간단체에서 발급하는 자격증이다. 물리치료사협회는 "AFC가 의무화하고, K리그도 하는 일인데 대한민국 국가대표팀이 이를 지키지 않고 59년 만에 아시안컵 정상을 노렸다는 것은 이해하기 힘든 일"이라며 "국내의 유망한 선수들이 해외클럽에서 활동하면서 국가대표로 차출되는 상황에 소속클럽에 신뢰를 잃는 일"이라고 지적했다.

지식채널e	관련 영상
다와의 올림픽 https://han.gl/trHmX	축구국가대표팀 의무트레이너 https://www.youtube.com/ watch?v=rlKAhIe1Z2w

▶ **스포츠 물리치료사는 일반적인 물리치료사와 어떤 차이가 있나요?**

　스포츠 물리치료사란 스포츠팀에서 근무하고 있는 물리치료사들을 일컫는 말이 아닙니다. 스포츠 손상이 있는 환자를 치료할 수 있도록 스포츠 손상과 그에 따른 과학적인 치료 그리고 예방에 관한 전문 물리치료 교육을 이수하여 국제적으로 인정되는 국가공인면허를 갖춘 물리치료사를 일컫는 말입니다. 즉, 일반물리치료사와 다르게 스포츠 물리치료사는 스포츠에 대한 이해를 수반하고 있습니다.

▶ **물리치료의 종류와 효과가 궁금해요.**

　물리치료란 열, 한냉, 물, 소리, 전기, 전자기파 등 다양한 물리적인 기제를 사용하여 근육의 경직, 관절의 가동범위 제한, 연부조직의 염증 등을 해소하기 위해 일차적인 치료방법의 보조적인 수단으로 사용되고 있습니다. 물리치료의 기본적인 원리는 이러한 물리적 기제를 이용하여 몸의 온도를 높이는 것입니다.

조직의 혈류량을 증가시키고 근육을 이완시키며 인대와 건 등 결합조직의 연장수축을 높이는, 주로 열이 가지고 있는 이러한 생리적인 효과를 나타내기 위해 조직의 종류, 깊이, 위치, 질병의 상황에 따라서 물리적인 치료기제를 사용합니다. 체내 온열의 적용으로 얻을 수 있는 효과는 조직세포의 온도상승을 통한 발한 작용, 신진대사 촉진, 백혈구 증가 등이 있습니다. 또한 통증을 줄여주고, 연부조직의 순환을 증가시켜 치료의 가속화가 일어날 수 있습니다.

▶ 온열치료를 통한 효과에 대해 자세히 알고 싶어요.

온열치료의 효과는 크게 4가지로 볼 수 있습니다. 먼저, 혈류 역학적 효과로 몸에 열이 작용하면 혈관이 확장되어 혈류량이 증가합니다. 예를 들어 사지동맥 부전증 환자의 다리 혈액순환을 증가시키기 위해 허리에 열을 주면 혈류량이 증가해 통증 완화의 효과를 줄 수 있습니다. 두 번째, 신경근 효과로 몸의 온도가 1℃ 증가할 때 약 2m/s씩 전도 속도가 증가하여 혈관 확장으로 인해 국소빈혈에 의한 통증이 감소하고, 통증 역치도 빠르게 회복됩니다. 세 번째로 대사율 증가 효과로 체온이 1℃ 증가할 때마다 대사율이 13% 증가합니다. 국소효과로 인해 모세혈관의 투과성과 세포활동, 혈류가 증가합니다. 마지막으로 전신효과로 1℉ 상승 시 맥박은 분당 10회(6~10회) 증가하고, 호흡률은 5~6회 증가하여 빠르게 회복할 수 있습니다.

장애아동 전문재활치료 위해 '어린이 재활의료기관' 사업 실시

장애아동 전문재활치료 위해 '어린이 재활의료기관' 사업 실시 개요

보건복지부는 '어린이 재활의료기관 지정/운영 시범사업'을 추진했다. 시범사업은 지역사회 장애아동이 거주지역에서 전문재활치료를 받을 수 있도록 어린이 재활의료기관을 지정/운영하고 이에 적합한 어린이 재활치료 건강보험 수가(통합재활기능평가, 통합교육상담, 재활치료, 지역사회연계 등) 개선 방안을 마련하였다. 사업대상은 전문적인 재활치료가 필요한 만 18세 이하 어린이 환자이며, 대상질환은 뇌성마비군, 신경근육질환군, 중도장애군, 기타 발달지연군을 포함한 26개로 어린이 전문재활팀이 환자 상태를 종합적으로 평가하고 환자 맞춤식 치료계획을 수립해 체계적 재활치료를 실시하는 방식이다.

지역사회연계의 경우 환자 요구에 적합한 교육기관 정보제공 및 연계, 거주지역 내 복지서비스 연계 등 지역사회 중심 지원체계 마련을 위해 도입됐다. 복지부는 향후 권역별 공공어린이재활병원·센터 사업과 연계해 지역기반 어린이재활 네트워크 확충을 도모한다.

관련 단원	보도자료
생명 I _3단원 항상성과 몸의 조절_자극의 전달 생명 I _4단원 유전_사람의 유전병 생윤_6 가족, 친구, 이웃 관계의 윤리 생윤_11 인권존중과 공정한 사회	어린이 재활의료기관 지정/운영 시범사업_보건복지부 https://han.gl/bveUy
지식채널e	관련 영상
이런 놀이터 어때요? https://url.kr/nY8l5K	넥슨어린이재활병원 2021년 핵심 목표_푸르메재단 https://www.youtube.com/ watch?v=7m3BVRktmf8

▶ **지역에 어린이 재활의료기관이 있나요?**

　네, 하지만 그 수가 너무 적습니다. 그리고 국내 소아재활의료기관의 약 43%가 수도권에 몰려있습니다. 그로 인해 수도권이 아닌 지역에 있는 소아재활병원에는 진료 대기환자가 넘치는 상황입니다. 진료를 기다리고 있는 환자가 많은 탓에 병원은 주로 단기치료를 제공할 수밖에 없는 입장입니다. 꾸준한 치료가 필요한 환자는 수도권 재활병원을 찾아가야 하는 불편함도 있습니다. 이러한 상황을 고려해 어린이재활의료기관을 지정, 운영하게 되었습니다.

▶ **우리나라에는 지역 어린이 재활병원이 어디에 있나요?**

　장애아동이 거주지역에서 재활치료를 받을 수 있도록 권역별 공공어린이 재활병원 및 센터 건립을 추진 중에 있습니다. 가장 먼저 2018년에 충남권(대전시, 충남대병원)에, 2019년 전북권(전라북도, 전주시 예수병원)과 강원도(강원도, 춘천시 강원도재활병원)에 건립되었으며, 2020년도부터 경상권(경상남도, 창원시 창원경상대병원), 강원권(강원권, 원주시 원주의료원)에 건립 추진 중입니다. 병원 건립으로 선정된 시/도는 3년간 지역의 수요에 따라 30병상 규모의 병원을 설립하고 센터 건립으로 선정된 시/도는 2년간 외래와 낮 병동 중심의 센터를 설립해야 합니다. 권역별 어린이 재활병원/센터 건립을 통해 장애아동이 가족과 함께 살면서 치료받고, 지역사회에서 온전한 삶을 누릴 수 있도록 2022년까지 어린이 재활병원 3개소, 재활센터 6개소를 건립할 계획을 세우고 있습니다.

▶ **재활치료의 종류와 그 치료 원리는 무엇인가요?**

　재활치료의 종류로는 크게 운동치료, 작업치료, 언어치료로 구분할 수 있습니다. 세 가지의 재활치료 방식도 질병의 종류에 따라 여러 가지로 나누어질 수 있습니다. 그중에서 운동치료 중 하나인 신경재활에 대해 알아보겠습니다.

신경재활의 중요한 원리는 뇌가소성에 있습니다. 인간의 대뇌 피질 신경망이 손상된 이후, 시냅스의 가소성에 대한 연구에 의하면 평생의 환경적 요소와 학습이 시냅스의 효율성과 기존 신경회로의 해부학적 연결망에 의해 인간의 행동에 영향을 끼쳐 재활효과를 나타낼 수 있습니다. 또한 뇌손상을 받은 후 회복의 기전으로 초기에는 부종의 흡수, 손상 부위의 국소적 혈류의 증가 등이 일어납니다. 이후 뇌세포의 가소성에 의하여 지속적인 기능 회복이 일어납니다. 시냅스와 뇌신경망의 가소성을 이용하여 재활치료를 하고 있습니다.

논문을 통한
심층 탐구활동

 중환자실 간호사와 보험심사 간호사의 프리젠티즘(이영숙, 조선대학교)

중환자실 간호사와 보험심사 간호사의 프리젠티즘 개요

간호사는 직무특성상 스트레스와 건강문제 발생률이 높기 때문에 프리젠티즘이 높은 직군이다. 따라서 직접간호와 사무업무 환경에 따라 건강문제의 차이가 있는 중환자실 간호사와 보험심사 간호사를 대상으로 조사하였다. 연구 대상자는 상급종합병원과 대학병원의 중환자실과 보험심사실에서 근무하는 간호사로 선정했다.

중환자실 간호사와 보험심사 간호사의 삶의 질과 건강증진 행위에 대해 조사했다. 그 결과 삶의 질의 경우 6점 만점에 중환자실 간호사 평균 3.68, 보험심사 간호사는 평균 3.82로 중환자실 간호사가 더 힘들다는 것을 알 수 있다. 건강증진 행위는 4점 만점에 중환자실 간호사는 평균 2.13, 보험심사 간호사는 평균 2.27로 보험심사 간호사가 중환자실 간호사보다 통계적으로 유의하게 높았다. 중환자실 간호사는 건강증진 행위와 건강문제, 건강문제와 직무손실에서 통계적으로 유의한 음의 상관관계를 보였다. 보험심사 간호사는 삶의 질과 건강증진행위, 삶의 질과 지각된 생산성, 건강증진 행위와 지각된 생산성, 건강문제와 직무손실에서 유의한 상관관계를 보였다.

결과적으로 중환자실 간호사의 간호직 삶의 질과 건강증진 행위를 통해 프리젠티즘을 감소시킬 수 있음을 알 수 있었다. 건강증진 프로그램이나 헬스클럽, 취미생활 장소 제공과 지원을 통해 중환자실 간호사의 건강문제를 낮추고, 보험심사 간호사의 지각된 생산성을 증가시키는 것이 필요해 보였다.

TIP 프리젠티슴((Presenteeism)이란 회사에 출근은 했지만, 육체적·정신적 컨디션이 정상적이지 못할 때, 업무의 성과가 떨어지는 현상을 일컫는다.

▶ **중환자실 간호사의 근무환경을 개선할 수 있는 방법이 궁금해요.**

　중환자실 간호사들은 중환자를 대상으로 간호할 때 응급상황이 많으므로 빠르게 대처할 수 있는 순발력 및 판단력이 필요합니다. 따라서 다른 간호직보다 스트레스가 높기에 이런 문제를 줄여주기 위해 근무시간 단축과 근무 중간의 휴식시간 보장, 건강증진 프로그램을 도입하여 업무에 집중할 수 있도록 돕습니다.

▶ **간호사의 종류와 하는 일을 소개해주세요.**

　가정 전문간호사, 감염관리 전문간호사, 당뇨병교육 전담간호사, 노인전문간호사, 상처/장루/실금 전담간호사, 완화의료 전담간호사, 장기이식 전담간호사, 신속대응실 간호사, 암정보 교육센터간호사, 보험심사 간호사 등이 있습니다. 그중 감염관리 전문간호사는 의료 관련 감염 발생 시 감시, 역학조사, 감염관리 정책 및 지침 개발 등 여러 활동을 포괄적으로 수행합니다.

▶ **응급실 간호사와 중환자실 간호사의 업무는 어떻게 다른가요?**

　응급실 간호사는 응급환자를 다루기에 위급한 상황에서 질병이나 손상의 악화를 방지하고 통증을 경감시키기 위해서 즉각적이고도 신속한 간호를 주로 합니다. 특히, 질병과 상해의 예방에서부터 생명을 구하는 데 이르기까지 포괄적인 간호를 제공합니다. 중환자실 간호사는 심각한 질환으로 생명이 위독한 환자들의 생명을 유지시키고 중요한 장기들의 손상을 최소화하기 위해 집중 치료를 전문으로 합니다. 기도유지 간호, 인공호흡기 간호, 혈역학적 모니터링 간호, 심폐소생술 등을 능숙하게 제공해야 합니다.

수술실 간호사의 스트레스 정도와 직무만족 간의 관련성 개요

수술실 간호사가 근무 중 경험하는 직무스트레스는 최대평점 5점에 3.72점으로 스트레스 정도가 보통 이상인 것으로 나타났다. 직무스트레스 요인 5개 관점 중 의사와의 업무상 갈등이 3.96점으로 가장 높게 나타났으며, 다음으로 간호사의 대우, 간호업무와 관련된 사항, 수술의 심리적 부담, 대인관계 순으로 나타났다. 수술실 간호사의 직무만족도는 최대평점 5점에 평균 3.04점으로 직무만족도가 보통으로 나타났다. 전문직업적 수준의 업무를 수행하기 위해 많은 지식이나 기술을 필요로 하는데 그에 따른 보상을 받지 못하고 있는 것이다. 또한 수술실이라는 폐쇄된 조직 내에서의 수술 간호업무는 극도의 긴장과 스트레스로 이어지고 이직이나 사직의 주원인이 될 수 있다.

전체적으로 직무만족도와 직무스트레스 간에는 유의한 상관관계로 직무만족도가 높을수록 직무스트레스는 낮은 것으로 조사되었다. 그러므로 간호사의 역할 과다 및 전문직으로서 역할 모호성을 해결하기 위해 직무내용에 대한 재평가를 통하여 직무 재설계가 요구되며 다양한 경력 개발 프로그램, 의사소통기법 및 자기주장 훈련 등에 대한 지속적인 교육 실시로 원활한 대인관계가 이루어질 수 있도록 지원체계가 필요하다.

▶ **간호사의 스트레스를 줄일 수 있는 방법이 있을까요?**

　　조사 결과 1~3년 미만 사이의 경력 간호사, 즉 초임간호사들의 직무만족도가 가장 낮고 직무스트레스는 가장 높은 결과로 나타났습니다. 직무에 대한 만족도를 높이고 스트레스를 감소시킬 수 있는 방안으로 지속적인 실무교육과 VR을 활용한 다양한 환자 대응능력을 신장시키는 것이 중요합니다. 또한 교육과정에서 멘토와 멘티의 유대관계를 유지하여 간호직에 빨리 적응할 수 있도록 부서 내의 적극적인 지원이 필요합니다. 의사 및 간호사들에게 수술간호의 전문성에 대한 인식을 고취시키는 방법과 병원 내에서 수술 전문간호사 자격증의 부여, 수술 간호업무에 대한 수당의 지급 등 현실적인 방법도 필요하다고 생각합니다.

▶ 수술실 간호사는 어느 정도의 경력이면 임무를 수행하는 데 수월하게 일할 수 있나요?

수술실 간호사는 수술 전, 중, 후에 전문적 간호행위를 제공하는 사람으로서 3년 이상의 경력자면 임무수행을 원활하게 할 수 있습니다. 철학자 드레퓌스(Dreyfus)가 제안한 기술 습득 5단계모형에서 숙련된 수행능력에 따라 5단계로 나뉩니다.

초보자 단계는 자신이 수행해야 할 상황에 대한 사전 경험이 없어, 성공적인 업무수행이 어렵습니다. 상급초보자 단계는 1년 미만의 경력을 가진 간호사로, 실무 상황을 이해하는 데 상황에 대한 선행 경험이 중요하게 작용하는 단계입니다. 유능한 단계는 2~3년간의 업무를 수행한 간호사로 일을 효율적으로 대처하고 조직화하여 시간을 관리할 수 있는 단계입니다. 숙련단계는 3~5년간 일을 한 간호사로 경험으로 터득한 지식으로 전체 상황을 인식하고 관리할 수 있는 단계입니다. 전문가 단계는 풍부한 경험을 바탕으로 상황을 직관적으로 파악할 수 있으며, 문제를 해결할 수 있는 단계입니다. 수술실 간호사는 숙련단계에 해당하는 경우로 수술실 전체를 조망할 수 있으면서 상황을 빠르게 파악할 수 있어야 임무를 잘 수행할 수 있습니다.

🔍 학생부 관리 팁과 학생부 세특 예시

지망하는 학과나 직업의 실제생활과 관련한 학생부 사례

(진로활동) 명사 특강으로 간호사 강의를 들으면서 수술실 간호사, 보험심사 간호사 등 근무에 따라 다양한 간호업무와 차이를 알게 됨. 간호사들의 스트레스 정도가 궁금해 관련 논문을 살펴보고 수술실 간호사가 비교적 높은 스트레스를 받는다는 것을 알게 됨. 스트레스를 받는 원인이 궁금해 조사한 결과, 수술의 심리적인 부담과 대인관계 등으로 나타났음. '직무만족도와 스트레스는 어떤 상관관계가 있을까?'를 조사한 결과 직무만족도가 높을수록 스트레스가 낮은 것을 확인할 수 있었음.

간호사들의 스트레스를 줄일 수 있는 다양한 경력개발 프로그램의 필요성을 주장함. 조사과정에서 수술실 간호사에 대해 관심을 갖게 되었고 간호사 인터뷰를 실시하여 실제 간호사가 하는 일과 어려운 점, 보람 등을 접할 수 있었음. 이러한 어려움 속에서도 간호사가 되고 싶은 자신의 꿈을 견고히 할 수 있었고 관련 내용을 탐구보고서로 발표함.

 명사특강이나 대학탐방 등으로 자신이 원하는 직업이나 학과와 관련된 활동을 하는 경우가 많습니다. 이때 그저 강의를 수동적으로 듣고 끝내기보다는 강의나 탐방 전에 궁금한 점을 정리하거나 관련 논문 등을 통해 질문할 내용을 파악하여 실제 근무하는 분과 인터뷰해보는 것도 좋습니다.

도수교정과 물리치료가 골반 변위에 미치는 영향(마상렬, 목원대)

도수교정 및 물리치료가 골반 변위에 미치는 영향 개요

도수교정은 조작, 수기교정, 처치로, 손에 의해 숙련된 또는 기민한 조작이다. 물리요법에서는 능동적인 운동한계를 넘어선 강제적인 관절의 수동적 운동이다. 두개천골 기법과 엑티베이터 기법과 톰슨 기법, 간스테드 기법이 있다.

두개천골 기법은 두개관절의 미시적 움직임을 연구, 천골과의 호흡에 의한 연관성을 이용해 인체 부조화를 치료한다. 엑티베이터 기법의 근육신경계의 민감성반사는 장·단족의 변화된 모습으로 변위의 방향을 표현한다. 톰슨기법은 톰슨 박사가 만든 테이블로 주로 병원에 가면 엎드려 다리의 낙차에 따라 교정을 한다. 즉, 자연의 힘을 이용한 교정법이다. 마지막으로 간스테드기법은 척추 전체의 렌트겐 사진을 찍어 척추의 보상적 변위 기전을 분석한다.

도수교정만으로 완전한 치료는 불가능한 경우에 척추와 골반에 관계되는 근육강화를 위한 운동요법이 필요하다. 그리고 통증, 근경련, 강직, 부종의 감소 및 연부조직의 손상 회복 촉진을 위하여 물리치료가 필요하다. 그러므로 도수교정의 척추분절 변위의 교정과 열, 냉, 물, 빛, 전기, 초음파 및 마사지를 이용한 온열 자극 등의 방법으로 치료하는 물리치료를 병행한다면 근육과 인대 강화, 통증 감소 등의 장점을 서로 보완하여 요통 감소가 지속적이며 효과적인 보존적 치료가 가능하다.

▶ **도수치료와 물리치료는 어떠한 차이가 있나요?**

물리치료는 열, 전기, 초음파, 적외선 등을 이용해 통증을 완화해주는 치료 방법입니다. 물리치료에는 온열치료, 한랭치료, 전기치료가 있는데 온열치료는 핫팩, 온열 램프(적외선 치료), 수치료, 파라핀 치료 등이 표재열 치료이고, 초음파 치료, 극초단파 치료, 단파 치료 등 심부열 치료가 있습니다. 한랭 치료는 얼음, 냉수포 등을 표층에 대어 치료하는 것입니다. 전기치료는 TENS, ICT, EST, NMES 등 여러 가지 기기를 이용하여 이루어집니다.

도수치료는 직접 손을 이용해 치료하는 방법입니다. 전문가가 환자에 대해 진단을 내리면 그 처방에 맞춰 도수치료사가 손을 이용해 척추와 관절, 근육, 인대, 연부조직을 풀어주고 제자리로 정렬하도록 위치를 바로 잡아줍니다. 정리하면 물리치료는 열, 전기, 초음파 등 전용 기기를 이용하여 치료하는 방식이라면 도수치료는 도수치료사의 손을 이용하여 척추, 근육 등을 맞춰주는 방식입니다.

▶ 도수치료는 보험적용이 되나요?

의사나 물리치료사가 맨손으로 환자의 통증을 덜어주거나 자세를 바로잡아주는 도수치료는 건강보험이 적용되지 않습니다. 하지만 민간 보험사에서는 이를 보장해줍니다. 앞으로 민간 보험사에 도수치료와 같은 건강보험 비급여 진료를 많이 받으면 보험 가입자가 더 많은 보험료를 내게 하는 방향으로 제도 개편이 추진됩니다. 이는 도수치료가 보험사에서 손해율이 높은 보험항목으로서 보험사에 따라 도수치료 청구 횟수를 제한하는 경우가 많기 때문입니다. 또는 도수치료 청구 횟수가 많거나 금액이 높은 경우 약관을 근거로 보험사에서 보험료 지급을 거절하는 경우도 있습니다.

▶ 두개천골 기법과 작용기전이 궁금해요.

두개천골 기법은 뇌척수액의 비정상적 흐름을 감지하여 마사지를 통해 압력을 가함으로써 치료하는 방법입니다. 뇌척수액의 흐름에 장애가 발생하면 육체적, 정신적 질병이 생기므로 두개골이나 천골 부위에 손으로 뇌척수액의 흐름을 감지하여 비정상적인 흐름이 판단될 때 부드럽게 마사지를 하거나 혹은 압력을 가하면 그 흐름을 정상으로 바로잡고 질병을 치료할 수 있는 방법입니다.

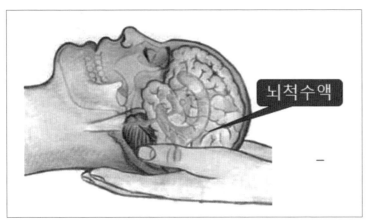

출처 : 두개천골 요법 원리_8체질나라연구소

📍 한국 작업치료사의 직무스트레스 대처 전략에 대한 연구(조두나, 한서대학교)

한국 작업치료사의 직무스트레스 대처 전략 개요

작업치료사는 장애인의 의료재활 및 사회재활뿐만 아니라 국민보건 의료서비스의 질을 높이는 데 중요한 역할을 담당하고 있다. 작업치료사와 같이 대인서비스를 담당하는 직업인들의 스트레스가 높다. 작업치료사의 스트레스로는 보상 부적절, 조직체계, 직무불안정, 직무자율성 결여, 관계갈등 등이 있다. 특히 업무량 과중 요인에서 높은 스트레스를 보인다. 따라서 작업치료사의 직무스트레스와 스트레스 대처 전략 간의 상관관계를 알아보기 위하여 피어슨 상관계수 분석을 실시한 결과, 적극적 대처에 해당하는 문제 중심 전략과 사회적 지지 추구 전략을 많이 사용할수록 전체 직무스트레스가 감소히였디.

국내 작업치료사의 직무스트레스에 대한 대처 전략 4가지를 소개하였다. 첫째, 작업치료사의 개인적 업무 부담을 줄이기 위해 충분한 인력 확충 및 개인별 담당 건수를 균형 있게 배정하는 것이 필요하다.

둘째, 작업치료사가 지각하는 스트레스에 대한 적절한 대처 전략으로 문제 중심 전략과 사회적 지지 추구 전략과 같은 적극적인 대처 전략을 모색할 필요가 있다. 셋째, 업무 외의 시간에 여가 활동을 효율적으로 즐길 수 있도록 여가 프로그램을 운영해야 한다. 넷째, 기관에서는 치료사의 기초체력과 임원 및 동료들 간의 원활한 의사소통을 위해 다양한 집단 중재 프로그램이나 제도를 기획할 필요가 있다.

▶ 작업치료사는 어떤 업무를 하고, 어떤 환자들을 돌보나요?

작업치료사는 신체적 장애와 정신적 장애를 가진 자, 장애가 예측되는 사람들에게 치료 활동을 통해 독립적인 활동 및 삶의 의미를 찾아주어 가정과 사회로 복귀할 수 있도록 도움을 주는 역할을 합니다. 작업치료사가 행하는 치료 활동에는 일상생활 기능 평가 및 훈련, 인지 및 시지각 기능 평가 및 훈련, 신체기능 증진훈련, 삼킴장애 치료, 상지보조기 및 보조도구 제작/훈련, 직업 복귀 및 여가활동 지도, 주거환경 평가 및 상담 등이 포함됩니다. 의학의 발달로 질병으로 인한 사망은 줄어들고 있지만, 사고로 인한 신체적·정신적 장애는 증가하고 있어 작업치료사에 대한 수요는 증가될 것으로 여겨집니다.

▶ 스트레스와 항상성에 어떤 영향을 주는지 궁금해요.

모든 생명체는 복합적인 동적평형, 항상성을 이루며 살아가고 있습니다. 그런데 내·외적 해로운 요소들인 스트레스로 항상성이 위협받고 있습니다. 스트레스 호르몬인 아드레날린, 코티솔과 같은 호르몬들로 항상성 유지에 위협을 받게 됩니다. 스트레스 시스템은 수행 중추, 인지 중추, 공포 중추, 각성-수면 중추, 위장관계, 심혈관계, 면역계 등에 작용하여 너무 과도하거나 부족하게 작용하여 질병을 유발시킬 수 있습니다. 또한 위협에 부적절하게 반응하면 발달장애, 행동장애 등 다양한 신체질환을 유발할 수 있습니다.

▶ **피어슨 상관계수에 대해 설명해주세요.**

　두 개의 표준화된 수량적인 변수 간에 선형적으로 공변하는 관계를 나타내는 통계량입니다. 즉, 두 변수 간의 관련성을 구하기 위해 이용하는 두 변수 X, Y 간의 선형 상관관계를 계량화한 수치를 피어슨 상관계수라고 부릅니다. 값의 범위는 -1 ~ +1 사이에 있습니다. +1은 완벽한 양의 상관관계, 0은 상관관계없음, -1은 완벽한 음의 상관관계를 의미합니다. 계산공식은 다음과 같습니다.

$$r = \frac{X와\ Y가\ 함께\ 변하는\ 정도}{X와\ Y가\ 각각\ 변하는\ 정도}$$ (=두 변수의 공분산을 표준편차의 곱으로 나눈값)

📍 민영의료보험과 의료소비에 관한 실증연구(이현복 외 1명, 한국보험학회)

민영의료보험과 의료소비에 관한 실증연구 개요

전체 의료비의 62% 정도는 건강보험공단에서 나머지 38%는 환자 본인이 부담하고 있다. 이에 따라 보험회사의 리스크 증대 및 공적건강보험과 민영의료보험 간의 상호 부조화 문제 등 여러 부정적인 문제가 잠재하고 있다.

이 상황에 민영의료보험 추가 가입이 의료서비스 이용에 양의 영향을 준다면 공적의료보험의 재정지출 증가로 이어져 공적보험 운영에 부정적인 영향을 줄 것이라는 궁금증에 조사를 실시하였다. 연구 결과 민영의료보험 가입은 외래의료 소비에 있어 외래방문 수, 총 외래비 지출액, 방문당 외래비 지출액에 통계적으로 유의한 양의 영향을 미치고 있음은 확인되었다. 하지만 입원 수요에 있어서는 외래의료 수요와는 달리 입원일수, 총 입원비, 일당 입원비 지출액 등 민영의료보험 가입이나 민영의료보험상품 가입 건수와 가입 유형에 별다른 영향을 받지 않았다.

공적의료보험과 민영의료보험 간의 합리적 역할 설정이 아직 이루어지지 않은 상태에서 민영의료보험이 확대되고 있어 보험 가입자의 의료소비 증가를 부추겨 공적의료보험의 재정 악화를 가중시킨다는 의견이 제기됨으로써 민영의료보험 가입자들의 도덕적 해이 문제는 다시 검토해 보아야 할 사안이라고 판단된다.

▶ **공적의료보험과 민영의료보험 체계의 차이점이 궁금해요.**

　수급권 측면에서 국민건강보험은 법적으로 국민 모두에게 수급권이 생기지만 민간의료보험은 보험사와의 계약으로 인해 선택적으로 수급권이 생깁니다. 급여 수준 측면에서 국민건강보험은 모든 가입자가 균등하게 급여를 받을 수 있지만 민간의료보험은 보험료 납부액에 따라 차등적으로 적용됩니다. 국민건강보험은 모든 질병에 대해 보장 일수의 차등이 없고 보장 금액에 한도가 없지만, 민간의료보험은 계약 수준에 따라 보장이 다릅니다.

▶ **제대로 보험 혜택을 못 받고 있는 미국의 의료보험제도가 궁금해요.**

　미국의 의료보험제도는 오바마 케어와 트럼프 케어가 있습니다. 오바마 케어는 가난한 중상층 이하의 사람들을 위해서 민영보험에만 의존하는 기존 의료보험 시스템을 바꾸고, 전 국민의 건강보험 가입을 의무화한 것입니다. 다시 말해 우리나라와 비슷하게 국가가 지원을 해주는 공공보험의 성격을 띠고 있습니다. 반면에 트럼프 케어는 건강보험 가입을 법적 의무화하고 미이행 시 개인과 고용주 모두에게 벌금을 부과하는 전 국민 의무 가입 규정을 폐지한 것입니다. 보험 가입 당시 건강 상태나 의료 이용의 양에 관계 없이 미리 정해진 보험료를 받고 계약한 범위의 의료서비스를 받는 형태입니다. 따라서 의료보험료가 천차만별이며, 주마다 보험이 달라 매우 복잡합니다.

민영의료보험이 공적건강보험제도의 재정에 미치는 영향 분석(강지현, 영남대학교)

민영의료보험과 국민건강보험 관계 개요

우리나라의 국민건강보험제도는 제도 자체만으로 봤을 때 세계적으로 성공한 사례로 꼽히고 있다. 하지만 높은 보험료율과 낮은 급여율로 인해 의료 이용자 본인이 진료비의 많은 부분을 부담하는 높은 본인부담 체제이다. 건강보험의 재정에 민영의료보험을 적절히 활용할 방안을 모색하고자 한다.

국민건강보험제도는 일상생활에서 발생하는 질병이나 부상으로 인해 고액의 진료비가 소요되어 가계에 심각한 재정적 손해를 끼치는 것을 방지하기 위하여, 보험원리에 의거 국민들이 납입한 보험료를 보험자인 국민건강보험공단이 관리, 운영하다가 국민들이 의료서비스를 이용할 경우 보험급여를 제공함으로써 국민 상호 간에 위험을 분담하는 사회보장제도이다.

국민건강보험은 환자가 병원이나 의원 등 의료기관을 이용할 때 모든 질병에 대해 본인부담금을 제외하고 전액 지급한다. 민영의료보험은 국민건강보험을 보충해 보장함으로써 보장성을 강화하는 기능을 수행하고 있으며, 신의료기술 등을 보장함으로써 의료산업의 발전에 기여한다는 목적을 갖고 도입되었다. 이는 의료서비스 공급자와의 계약을 통해 서비스의 효율과 질을 높일 수 있으며, 공적건강보험으로의 긍정적 파급효과를 미칠 수 있으며 사회 제도적 변화의 촉매제가 된다. 이러한 민영의료보험과 국민건강보험을 혼합하여 사용한다면 상호보완적인 발전을 도모할 수 있을 것이다.

▶ **우리나라는 세계 최고 수준의 국민건강보험이라고 하는데 민영의료보험 가입 수가 많은 이유가 궁금해요.**

국내 국민건강보험은 다른 국가와 비교할 때 성공했다는 평가를 받고 있지만 낮은 의료비 보장과 비급여 의료서비스에 대한 평가의 부재 등 일부 미흡한 점이 지적되고 있습니다. 실제로 국민건강보험은 OECD 국가 대부분이 80% 이상 보장해주는데 우리나라는 64% 정도 보장해주고 있습니다. 최근 우리나라는 소득의 약 5% 정도에 해당하는 보험료를 내고 있습니다. 이는 다른 나라에 비하면 적은 수준으로 따라서 다른 국가들처럼 보험료를 올리고 보장성을 높여야 한다는 의견이 나오고 있습니다. 즉, 다른 국가들은 보험료는 높지만 많은 보장으로 인해 민영의료보험에 가입할 필요성을 느끼지 못하는 방면, 우리나라는 보장성이 낮은 편이어서 민영의료보험이 활성화되고 있습니다.

▶ 우리나라 민영의료보험 특징과 평균 지출금액이 궁금해요.

우리나라의 민영의료보험은 사망보험이 주계약인 보험에 가입자가 필요에 따라 담보를 선택하여 가입할 수 있는 특별약관의 형태로 운영되며, 보장 방식에 따라 실손형과 정액형으로 구분됩니다. 실손형은 의료기관에서 청구한 본인부담 의료비를 근거로 실제 소요된 비용만을 지급하는 형태입니다. 정액형은 약관에서 정한 진단을 받거나 수술했을 때 약정한 금액을 지급하는 방식입니다.

금융위원회 조사결과(2012)에 따르면 약 2,522만 명이 의료실손 특약에 가입하였으며 평균 보험료는 1인당 7~10만 원입니다. 이는 월 200만 원 받는 직장인이 국민건강보험료로 1인당 납부하는 보험료가 월 76,500원으로 동일한 수준으로 지출하고 있다는 것을 알 수 있습니다.

▶ 공적건강보험제도가 어떻게 발전하면 좋을까요?

우리나라의 건강보험은 급여와 비급여 부분으로 분류되고 있습니다. 급여 부분의 일부는 국민건강보험공단이 부담하고, 이를 제외한 나머지 비급여 부분은 본인이 부담합니다. 이때 본인이 부담하는 부분은 개인의 선택에 따라 민영의료보험에 가입하여 의료비 부담을 해결하는 시스템입니다. 현재 건강보험의 문제는 재정적자 외 이해집단 간의 충돌, 보험료 인상 등의 문제가 있습니다. 건강보험 재정적자 문제 해결을 위해서는 보장성 강화를 통해 국민의 기본적인 의료서비스 이용의 보장이 필수적입니다. 특히, 민영의료보험이 국민건강보험제도와의 연계 부족, 비급여 진료에 대한 통제수단 미비, 건강보험 관련 통계의 미공유로 인한 사회적 비효율, 사후적 지급기능에만 치우친 보험사업 영위 등의 문제를 초래하지 않도록 공적보험의 재정 확보에 대한 법적, 제도적인 대응 방안 마련이 필요합니다. 또한 민영의료보험의 발전 방향은 현재의 건강보험제도를 유지하면서 보충 의료보험을 시작으로 하여 생애의료보험 프로그램을 활성화시키는 방향으로 발전되면 좋을 것 같습니다.

 영리법인 병원제도 도입과 의료 공공성 강화(김정덕, 대한병원협회)

영리법인 병원제도 도입과 의료 공공성 강화 개요

선진 외국의 의료공급 체계는 공공부문으로 형성되어 있으나, 우리나라의 의료공급 체계는 민간부문으로 형성되어 있다. 병원 수를 기준으로 볼 때 공공부문은 감소한 반면에 민간부문은 증가하는 것으로 나타나고 있다. 우리나라 병원급 이상은 대부분 과잉 상태이다. 의료공급이 과잉되면 공급 주체가 시장에서 퇴출할 수 있어야 하는데, 우리나라 의료기관은 퇴출은 없고, 폐업이라는 마지막 수단 밖에 없다. 사회에서는 의료법인의 공공성을 강조하는 것에 반해, 다른 비영리법인병원에 비해 고유목적사업 준비금 및 소득세 등의 세제지원에서 동일한 권리를 부여받지 못하고 있다.
중소병원은 병원 산업으로서 위상 확립을 위해서 이윤 추구를 하되 일정한 틀 속에서 자유로운 경쟁을 하는 것을 원칙으로 한다. 의료시장의 진입과 퇴출을 용이하게 함으로써 부실의료기관을 구조조정할 수 있도록 하여야 한다. 또한 사회적 책무성 구현을 위해서는 병원 산업도 사회를 구성하는 요소로써, 공공의료에 적극 참여하도록 한다. 그렇게 되면 영리법인병원에 민간자본이 활발하게 투자됨에 따라 침체된 경제회복에 기여하게 될 것이다. 또한 다양한 의료공급 체계를 구축하고 협동 관계의 의료전달 체계를 정립하여 효율적인 의료체계 운영이 가능해질 것이다.
대부분의 중소병원은 겨우 수지를 맞춰나가고 있는 실정에 있어 정부 정책이 조금이라도 변경되면, 중소병원계에서는 경영상의 문제가 생길 수 있으므로 정부 정책에 예민할 수 있다. 따라서 정부의 규제를 풀어 시장 중심의 경쟁이 가능하게 하면서 의료의 공공성을 감안하여 공공의료에 적극 참여하도록 하는 기전을 마련해야 한다.

▶ **영리병원이 도입될 경우 중소병원들의 피해가 크지 않나요?**

네, 피해가 클 것 같습니다. 열악한 자본 및 인력 구조로 경쟁력이 취약한 중소병원들에 비해 기대 자본을 가진 영리병원은 호텔과 연계한 개인 맞춤 서비스를 제공할 수 있습니다. 또한 외국인 대상 의료관광을 하는 병원들도 영리병원에 환자를 빼앗길 확률이 높습니다. 병원계의 약 83%를 차지하는 중소병원들은 영리법인병원이 도입되면 경영상의 어려움을 겪을 것으로 예상하고 있습니다.

대학병원과 상급종합병원을 중심으로 재정적, 정책적 지원이 이루어지고 있는데, 요양병원을 포함한 중소병원이 중추적인 역할을 수행하고 있기에 중소병원이 활성화되기 위해서는 다양한 지원과 특수 의료장비 공동활용과 병상 수 완화 등 추가적인 실행기준도 보완이 필요합니다.

▶ **외국의 영리병원제도도 소개해주세요.**

먼저 미국의 보건의료 체계는 민간 중심으로 움직이고 있습니다. 하지만 민간 중심의 체계라고 해서 모든 병원이 영리를 추구하는 것은 아닙니다. 미국의 영리병원은 기존 공공/비영리병원이 수익구조 개선을 위해 영리병원으로 전환하면서 성장한 것으로 역할과 기능에서 차이가 있습니다. 유럽과 캐나다는 공공의 역할이 매우 강한 보건의료 체계를 가지고 있습니다. 대부분의 병원은 공공/비영리병원으로 고급 의료의 공급 부족 등 부작용을 완화하기 위해 고급의료를 추구하는 환자들에게 높은 진료비를 부과하고 높은 수준의 의료서비스를 제공하는 사적 병상을 운영하고 있습니다.

▶ **영리병원을 찬성하는 입장과 반대하는 입장의 주장 근거가 궁금해요.**

영리병원을 찬성하는 사람들은 의료서비스의 품질이 향상될 것이라 생각합니다. 자유롭게 자본을 조달할 수 있게 되면서 투자 규모가 커지고, 의료서비스 품질이 높아질 수밖에 없다는 주장입니다. 반대측 입장은 영리병원이 주식회사처럼 외부의 투자를 받을 수 있고, 투자자들에게 수익도 분배하면서 의료비 인상이 예상되며 불필요한 진료를 추가하고, 의료 인력을 감축하여 이윤을 확대하는 전략도 우려된다고 합니다. 또한 영리병원은 국민건강보험 적용이 의무가 아니기 때문에 민간보험과 계약을 맺고 진료비 수준을 책정합니다. 민간보험이 진출하는 영역이 커지면서 건강보험을 위협할 수 있습니다.

공간 정보를 이용한 울진원자력발전소 주변지역을 중심으로(박성준, 인하대학교)

GIS를 활용한 울진 원자력발전소 주변 방사선 오염량 측정 개요

울진 원자력발전소 주위의 환경 방사선을 공간정보를 이용하여 실시간으로 측정, 감시할 수 있는 시스템에 대해 조사하였다. 울진 원자력발전소의 방사선 선량률(단위시간당 방사선의 양)을 예측할 수 있는 지리정보를 구축하기 위해서 실시간으로 발전소 주변 지역의 환경방사선을 감시하는 시스템이 필요하였다. 발전소 주변 10곳의 감시 지역을 바탕으로 감시 지역 주변의 방사선량, 오염도를 예측하는 공간 데이터베이스를 설계하였다.

연구시스템은 방사선측정장치, 중앙컴퓨터시스템 그리고 실시간 통신 제어장치로 구분하여 이루어져 있다. 중앙컴퓨터시스템은 측정시스템에서 측정한 방사선 데이터를 사용자가 신속하고 효율적으로 감시, 분석하며 감시 지역을 공간요소인 지형의 고도에 따라 공간정보를 구축하여 방사선 오염내용을 실시간 모니터링하는 데 중점을 두었다. 실시간 통신 제어장치는 데이터를 연속적으로 수집하여 주컴퓨터로 전송하는 장치이다.

이 시스템의 활용방안으로는 원자력발전소 노후 환경방사선 감시시스템 교체, 한국원자력연구소, 한국원자력 안전기술원의 추가확대 설치, 원전 주변 지자체 환경방사능 감시망 및 전국 지자체 통합 환경방사능 감시망 구축, 신규원전 및 핵 폐기물 저장소의 주변 설치 등에 응용할 수 있을 것으로 보인다.

▶ **환경방사선이란 무엇인가요?**

환경방사선은 자연방사선과 인공방사선으로 나뉩니다. 자연방사선은 지구의 생성부터 시작되어 현재 지각에 존재하는 우라늄, 토륨의 자핵종인 라돈, 라듐을 비롯한 여러 방사선 동위원소들로부터 방출되어 지표면 혹은 공기 중에 분포합니다. 인공방사선은 원자력에서 핵분열 시 발생하는 핵분열 생성물로부터 방출되는 것과 인위적으로 만든 방사성 동위원소로부터 방출되는 것을 말합니다.

▶ **원자력발전소 주변 방사선 오염량은 실제로 어떠한가요?**

〈원자력발전소 주변 환경방사선 조사 보고서〉 자료에 따르면 핵발전소에서는 암발생의 원인이 되는 요오드, 세슘, 스트론튬 등 10~20여 종의 방사성 핵종이 꾸준히 방출되고 있음을 확인할 수 있었습니다. 월성원전에서는 최대 81,500,000 베크렐의 방사능 요오드가 검출되었습니다. 방사능의 세기는 약하지만, 물의 구성성분으로 흡수되어 광범위한 인체 피해를 유발할 수 있는 삼중수소는 월성원전에서 다른 원전보다 10배가량 많이 방출되고 있는데 액체와 기체를 합쳐 최대 473조 베크렐이 방출되었습니다.

▶ 원전 내 삼중수소를 측정하는 기준이 없는 이유가 궁금해요.

월성 주변 지역 주민의 삼중수소로 인한 1년간 피폭량은 바나나 6개 또는 멸치 1g 섭취, 흉부 X레이 1회 촬영의 100분의 1 정도와 동일한 수준으로 안전하다고 말합니다. 그런데 원전에서 계획된 배기구와 배수구를 통하지 않은 '비계획적 방출'은 농도와 무관하게 원자력법에 따른 운영기술지침 위반인데도 지하로 누출된 삼중수소에 적용할 기준치가 없는 상태입니다.

월성원전 삼중수소 유출 문제의 핵심은 정해진 배출 경로가 아닌 지하로 방사성 물질이 장기간 누출됐으며, 그렇게 오염된 지하수가 원전 외부환경에까지 영향을 끼치고 있다는 것입니다. 2019년 4월 월성원전 부지 내에서 리터당 71만 3000Bq(베크렐)의 삼중수소가 검출됐는데 이는 배출 관리기준의 17.8배에 이르는 고농도입니다. 따라서 이제라도 정확한 기준을 가지고 관리되어야 하며, 주변 환경과 주민들의 건강에 어느 정도 영향을 끼치는지를 확인하고 보상해줘야 합니다.

📍 방사선 조사 후 식품의 항산화 영양소 변화와 조사 식품이 흰쥐의 산화적 스트레스에 미치는 영향(장현희, 충남대학교)

방사선 조사 여부에 따른 영양소 변화 / 흰쥐의 반응 개요

방사선 조사(광선이나 방사선 따위를 비추어 쬠) 여부에 따라 영양소의 변화와 흰쥐의 반응을 알아보고 탐구하게 되었다. 고춧가루, 고등어, 참깨를 조사해본 결과, 고춧가루는 방사선 조사 직후 페놀함량, 비타민 B의 함량이 방사선 조사선량에 따라 비례적으로 낮아지는 것을 볼 수 있었다. 고등어는 페놀함량에는 큰 변화를 보이지 않았지만, 비타민 B의 함량은 감소하였다. 참깨는 페놀함량의 변화가 작았고, 비타민 A의 함량은 감소하였다.

방사선이 조사된 사료를 4주 동안 섭취한 흰쥐의 소장조직에서 소장점막이 산화적 스트레스에 의해 손상되었음을 확인하였다. 이를 통해 인구집단의 DNA 손상 정도를 DNA 손상 및 회복에 미치는 영양상태와 생활습관의 영향에 대해 조사한 결과 산화적 DNA 손상 정도와 가장 상관관계가 높은 요인은 흡연임을 알게 되었다. 과일주스 섭취량 및 과일류 섭취 빈도가 많을수록 DNA 손상이 유의적으로 감소하여 DNA 손상에 회복 효과를 보였다.

결론적으로 다량 소비하는 고춧가루와 등푸른 생선, 참깨의 방사선 조사는 항산화 관련 영양소들의 함량을 저하시켰다. 특히 지질이 많은 식품에 조사되었을 때 과산화지질의 함량이 저장기간에도 증가하였다. 방사선이 조사된 사료를 섭취한 흰쥐의 임파구에서 DNA의 손상이 관찰되었고, 소장점막 세포가 손상되었다.

▶ 방사선을 식품에 조사하는 이유가 궁금해요.

전리방사선은 우리 눈에 보이는 가시광선에 비하여 파장이 짧아 고에너지를 가집니다. 그중에서도 감마선은 전자기 스펙트럼에서 가장 높은 에너지 영역입니다. 이 때문에 일반적으로 물질에 조사하였을 때 강한 투과력을 가져 대부분의 물질을 투과합니다. 이러한 성질로 특정물질을 투과하게 되면 물건 내·외부의 모양과 크기의 변화 없이 박테리아, 각종 세균을 완벽하게 멸균하는 것이 가능합니다. 방사선 조사는 적정선량에서 일부 식품의 질감과 색을 크게 변화시키지 않으면서 미생물 박멸 효과가 우수하기 때문입니다. 그로 인해 생산된 식품의 저장과 유통기한을 늘려 한정된 식량을 효율적으로 활용할 수 있습니다.

▶ **방사선 조사식품과 방사능 오염식품을 어떻게 구분할 수 있나요?**

방사선 조사식품은 국제적으로 '조사처리'라는 문구나, 방사선 조사식품 마크를 표시하도록 규정되어 있어서 이 제품이 방사선 조사식품임을 쉽게 알 수 있습니다. 세계보건기구, 국제식량농업기구, 국제원자력기구, 미국식품의약품청 등에서 오랜 연구를 바탕으로 안전성을 인정받았습니다. 우리나라는 2010년 이후 감자, 양파, 마늘, 환자용 음식과 된장, 고추장 분말과 고춧가루, 홍삼 등 26개 식품에 허용하여 미생물을 사멸하는 데 사용합니다. 또한 우주여행 식품에도 방사선 조사식품을 사용합니다.

▶ **방사선 조사식품과 방사능 오염식품의 차이점은 무엇인가요?**

방사선은 어떤 물질을 전리시킬 수 있는 능력을 가진 빛이고, 방사능은 그 방사선을 만들어 낼 수 있는 능력을 가진 물질입니다.

방사능 오염식품은 반응기 누출사고 또는 핵실험에서 발생된 방사능 오염물질이 우발적으로 오염된 식품으로, 식품 내에 있는 특정한 원소의 방사성 물질에서 계속해서 방사선을 방출합니다. 이 식품이 우리 몸속에 들어가더라도 끊임없이 방사선을 발생시켜 우리 몸에 피해를 줍니다. 반면에 방사선 조사식품은 발아의 억제, 식중독균의 살균과 같은 유익한 현상을 일으키기 위해 어떤 종류의 방사선 에너지를 처리한 식품입니다. 이미 방사선을 조사한 식품이기 때문에 더 이상 방사선이 나오지 않아 박테리아, 세균 등을 사멸시켜 오랫동안 보관할 수 있습니다.

▶ **방사선 조사의 원리는 무엇인가요?**

방사선은 크게 자연적으로 발생하는 자연방사선과 사람이 특정 조작으로 만들어내는 인공방사선으로 나눌 수 있습니다. 자연방사선은 불안정한 물질(방사성물질)이 안정된 상태로 변화하면서 남는 에너지를 내어 놓는 것입니다. 예를 들어 코발트60(Co-60)은 아무런 조작을 하지 않더라도 니켈60(Ni-60)으로 변화하면서 감마선이라는 방사선을 발생시킵니다.

이러한 방사성물질을 이용하여 음식에 방사선을 조사하거나, 암치료에 활용합니다. 또한 매우 빠르게 움직이는 전자가 무거운 원소에 부딪히게 되면 여분의 에너지가 방사선(X선)을 방출하게 되는데, 이를 인공방사선이라고 합니다. 병원에서 볼 수 있는 X선 촬영장치, CT, 공항에서 볼 수 있는 투과검색대 등이 이에 해당됩니다.

출처 : 식품안전나라

📍 환경 요인과 치아우식증 및 치주병과의 연관성(한동헌, 서울대학교)

환경 요인과 치주조직병 간의 연관성 개요

경제성장과 보건학의 발진으로 생활 수순이 향상되면서 구강에 대한 관심도 커지게 되었다. 따라서 환경 요인과 치주조직병 간의 관계성에 대해 조사하였다. 미세먼지 노출도와 카보닐 화합물 노출도가 증가할수록 건강치주조직 삼분악 수는 감소하는 경향이 있었다. 수은 노출도가 증가할수록 건강치주조직 삼분악 수는 감소하였다.

불소 노출도가 증가할수록 우식경험 영구치 지수는 감소하는 경향이 있었다. 수은 노출도가 치주조직병과 연관이 있다는 것과 환경요인인 불소는 소변의 불소 농도가 구강병과 연관이 없는 것으로 조사되었다.

환경요인과 구강병 간의 연관성을 살펴봄으로써 불소와 치아우식증 간의 예방적 연관성을 확인하였으나, 대기오염과 수은 및 불소의 노출과 치주조직병이 연관이 있을 수 있다는 경향을 발견하였다. 이는 추후 대기오염과 수은 및 불소와 치주조직병 간의 관계에 관하여 자세한 연구가 필요해 보인다.

▶ 치아우식증이 무엇인가요?

치아우식증은 입안에 서식하는 박테리아에 의해 설탕, 전분 등이 분해되면서 생기는 산에 의해 치아의 법랑질(치아 상아질을 보호하는 유백색의 반투명하고 단단한 물질)이 손상되어 충치가 생기는 현상을 말합니다. 치아우식증과 치주조직병은 우리나라 국민들의 치아를 발치하는 양대 원인 구강병입니다. 치아우식증은 불소의 사용 및 치면열구전색 등 다양한 예방법이 개발되어 사용되고 있습니다. 우리나라에서 치아우식증은 최근 10년간 유치에서는 감소 추세입니다, 영구치에서는 정체를 보이고 있는데 이는 어린이의 치아관리가 잘 되고 있다는 뜻입니다.

▶ 치아가 우식되는 원리가 궁금해요.

치아가 우식되는 원리는 대표적으로 밀러(Miller)의 화학세균설이 있습니다. 이 이론은 세균으로부터 분비되는 산의 무기질이 이탈하고 유기질이 탈락되는 순서로 치아가 우식된다고 설명합니다. 그 외에 먼저 유기질이 없어지고 무기질이 이탈하여 치아가 우식됨을 설명하는 고틀리프(Gottlieb)의 단백용해설도 있습니다.

▶ 불소가 치아에 좋은 이유는 무엇인가요?

불소(Fluorine)가 치아에 좋은 이유는 세균화학설로 설명이 가능합니다. 치아우식증의 발생 원인으로 세균화학설에 따르면 Streptococcus mutans와 같은 세균에서 분비되는 젖당과 같은 유기산에 의해 치아우식증이 발생할 수 있습니다. 이때 불소에 의해 치아가 유기산을 견뎌낼 수 있게 막을 형성해주면 치아우식증 예방이 가능합니다.

🔎 치킨 섭취가 치아에 미치는 영향(유지수, 전남대학교)

초등학교 학생의 식이습관과 치아우식증의 상관관계 개요

치아우식증은 다른 질환과 달리 한 번 질병에 이환되면 원래 상태로 되돌릴 수 없고, 만성적으로 진행되는 질환으로 치아를 상실하는 주된 원인이므로 예방이 중요하다. 치아우식증의 예방법은 치면세균막 관리법, 불소이용법, 치면열구전색법, 식이조절법 등이 있다. 초등학교 1학년 학생들을 대상으로 간식 섭취 빈도, 간식 섭취 후 잇솔질 여부, 식이 습관에 따른 치아우식증의 상관관계에 대해 분석하였다. 간식 섭취 빈도가 높을수록 유치우식경험 치아 지수가 높았는데 이는 어린 시절의 빈번한 간식 섭취 습관이 청소년기의 우식 발생의 위험요인이라는 이전의 연구와 일치한다. 간식 섭취 후 잇솔질을 하지 않을수록 유치우식경험 치아 지수가 높았다. 채소를 좋아하고 우유, 치즈를 자주 먹는 어린이들에게서 유치우식경험 치아 지수가 낮았다.
식품과 치아우식 발생과의 관련성을 바탕으로 어린이에게 우식성 식품의 섭취 횟수를 줄이고 단백질과 칼슘이 많이 함유되어 있는 우유, 치즈와 같은 보호식품의 섭취와 신선한 채소와 같은 청정식품의 섭취를 권장하도록 지도해야 한다. 또한 음식 섭취 후 잇솔질을 하게 함으로써 구강 위생 습관을 길러주는 것이 구강건강을 증진시킬 수 있는 방법이다.

▶ **학생들이 카페인 함량이 높은 음료를 섭취하는데 이는 치아에 어떤 영향을 미치나요?**

요즘 학생들은 일반적으로 카페인 함량이 높은 에너지 음료보다 카페인이 5배나 많은 커피우유를 더 많이 섭취하고 있습니다. 특히 시험기간에는 커피우유가 품절되는 현상까지 발생할 정도로 많은 학생이 섭취하고 있습니다. 이렇게 카페인이 높은 음료는 칼슘대사에 영향을 미쳐 골밀도와 치조골(잇몸뼈) 회복을 더디게 하는 원인이 됩니다. 특히, 설탕이나 크림을 비롯해 시럽, 생크림, 캐러멜 등이 들어간 여러 종류의 커피는 당도가 높고 끈끈한 점성이 있어 치아에 오래 붙어있기 때문에 충치의 원인이 될 수 있습니다.

▶ 치킨도 치아우식증에 영향을 주나요?

기름기 있는 음식도 치아우식증에 영향을 미칩니다. 기름기 있는 음식을 섭취하게 되면 치아 표면에 기름기가 붙고, 이는 세균이 서식하기 좋은 환경을 만들어 세균이 분비하는 산성물질이 많아지도록 유도합니다. 그로 인해 치아의 무기질이 이탈하고 유기질이 탈락하면서 치아우식증이 가속화될 수 있습니다.

⚲ 한국 성인의 식품 섭취와 본인이 인지한 치아우식증 및 치주질환의 관련성(최정희, 조선대학교)

본인이 인지한 식품과 치아우식증/치주질환 간의 연관성 개요

한국인 성인을 대상으로 식품 섭취와 중대 구강병인 치아우식증과 치주질환 간의 관련성을 식품군과 영양소 단위에서 분석해보고자 조사하게 되었다. 치아우식증/치주질환에 영향을 미치는 것은 육류, 생선, 계란, 콩류와 같은 단백질 함유식품과 당류를 많이 섭취하는 것이다. 또한 비타민 C를 적게 섭취하면 치아우식증과 치주질환 발생 위험이 높아진다.

치아우식증과 치주질환을 예방하기 위해서는 개별적인 치면 세균막 관리와 함께 식이조절이 필요하다. 자당(수크로오스)이 구강 내에 존재하면 치태가 증가하고, 치태 형성 속도가 빨라진다. 치아 발생기에 단백질 부족은 치아 크기와 치수 무게에 영향을 미쳐 치아우식증을 증가시킨다. 채소 및 과일류는 세정식품으로 치아 표면에 세정작용을 하기 때문에 치면세균막의 형성을 감소시켜 치아우식증을 예방한다. 또한 비타민C의 섭취가 결핍되면 치은염을 야기하고 치주조직에도 영향을 주어 치주질환을 일으킨다. 이외에도 구강연조직에 영향을 주는 영양소로는 비타민B복합체, 철분, 비타민C, K, 단백질 등이 있다.

▶ 특히 치주질환 발생확률이 높은 병이나 생활습관이 있나요?

잘못된 생활습관, 폭식 등이 비만으로 이어지고, 비만인의 치주질환 유병율은 정상체중인의 1.5배로 높습니다. 비만환자는 당뇨병에 걸릴 확률이 높으며, 당뇨병으로 인한 면역세포의 기능 저하로 치주질환에 취약합니다. 또한 흡연이 치주질환을 유발하며, 스트레스가 높을수록 치주질환의 발생확률이 높습니다. 섬유질이 함유된 당근·배추·수박 같은 신선한 채소와 과일은 씹는 동안 치아 표면의 이물질을 닦아내는 청정작용을 하여 구강건강에 도움이 됩니다. 등푸른 생선이나 우유·치즈를 섭취하면 무기질과 칼슘이 풍부해 치아 건강에 좋습니다.

▶ 탄수화물로 이루어진 음식은 어떻게 치아에 해를 주나요?

탄수화물을 섭취하여 분해되면 mutan 생성을 촉진하여 세균이 치아 표면에 오랫동안 붙어있게 됩니다. 설탕이 수크로오스(sucrose)에 의해 과당과 엿당으로 분해되어 치태 내 세균이 이를 분해하여 에너지원으로 사용됩니다. 세균은 해당작용을 통해 최종산물로 유산을 생성합니다. 그러므로 수크로오스는 치태의 pH를 낮춰 산성으로 만들고, 결과적으로 에나멜의 수산화인회석 결정체 용해를 촉진하여 최종적으로 치아우식증을 만듭니다.

📍 비급여 진료수가 현황과 특징(이정택 외 1명, 보험연구원)

비급여 진료 공개제도(비급여 진료수가) 현황/실태 개요

정부는 국민의료비 경감을 위해 건강보험 보장성 강화정책을 시행하지만, 건강보험 보장률은 정체되고 있는 반면 비급여 부담률은 증가하고 있다. 정부는 비급여 진료수가 공개제도를 통해 의료기관과 환자 간 정보 비대칭을 완화하여 소비자의 의료선택권을 확대하고 의료기관 간 경쟁을 통해 진료비 적정화를 모색하고자 한다.

의료기관 규모별로 분석한 결과에 따르면 의료기관 규모가 클수록 비급여 진료수가는 높으나 가격 편차는 의료기관 규모가 작을수록 크게 나타나는 경향이 있다. 하지만 비급여 진료수가 정보의 연도별 집적이 충분하지 않아 진료수가 공개가 진료수가의 안정화를 달성하고 있는지를 확인하는 데 한계가 있다.

의료기관의 비급여 진료비용은 비급여 진료수가와 진료 빈도에 의해 결정되므로, 단순 진료수가 공개만이 아니라 진료 빈도에 대한 정보 공개를 해야 한다. 그렇다면 비급여 진료비용에 대한 심층적인 현황 파악 및 적정성 판단이 가능할 것으로 보인다.

▶ 비급여 진료비에 대한 환자의 인식은 어떤가요?

치료 시작 전, 치료과정을 설명받으면서 비급여 진료에 대해 알게 되는데, 정확한 진료비는 진료를 받으면서 사용하는 장비와 약에 따라 달라질 수 있다고 들어 잘 모르는 경우가 많습니다. 따라서 비급여 진료비를 정확하게 인지하는 시점은 퇴원하면서 영수증을 본 이후가 대부분이며, 미리 아는 비율은 23% 정도 된다고 합니다.

▶ 다른 나라의 비급여 진료비 실태는 어떤가요?

독일은 구체적이고 세분화된 본인부담 규정과 법정급여 진료에 대한 지침이 존재하고 지침으로 명시한 항목에 대해서는 제한이 없으므로 비급여 진료에 대해 논란이 많지 않습니다. 프랑스는 질병보험 급여목록에 행위, 약품, 재료의 급여내용 및 급여율에 대해서 세부적으로 명시하고 있습니다. 질병보험에서 재정을 고려하여 의료행위, 약제 등에 대한 급여를 중지하면 해당 항목은 본인이 부담하게 되나 국가에서 급여가 되는 대안 약제, 행위 등을 제시해 줍니다. 일본은 특정 부분에 대해서는 본인이 부담하고 보편적인 진료는 건강보험으로 급여하는 제도입니다. 본인 부담 항목에 대해서는 구체적으로 명시하고 있어 논란이 많지 않습니다.

진단검사에서 IoT 융합기술 적용 사례 개요

IoT는 환경, 에너지, 재난·재해 등 국가적 현안을 해결할 수 있는 수단인 동시에 비용 절감, 운영 효율화, 신규 서비스 창출 등 기업 경쟁력 강화를 위한 수단으로 활용되고 있다. 임상치료에서 가장 중요한 것은 환자의 생리 데이터(심장 박동수, 혈당, 체온, 호흡량, 혈압 등)를 정확하게 많이 수집하는 것이다. 이를 위해서는 정교한 스마트 센서가 필요하며, 수집된 데이터들은 이후 보관과 자동 분석 SW가 구비된 클라우드에 전송된다. 여기서 분석된 정보는 환자에게 가장 적합한 서비스를 제공할 수 있도록 한다. ICT와 IoT의 발전으로 진단, 치료 사후관리 등의 의료행위가 독립적인 행태로 이뤄지지 않고 사전 예방, 만성질환 관리 등 인간의 전 생애에 걸친 라이프케어 개념으로 일상생활의 시공간에서 이뤄질 것이다.

이러한 변화는 첫째, 일상 관리로 헬스케어의 개념이 병원치료 중심에서 예방·건강관리 중점으로 변화 발전할 것이다. 둘째, 개인맞춤 치료가 확산되어 질병에 대응한 표준처방에서 유전적 소인을 고려한 맞춤 치료로 전환될 것이다. 따라서 치료공간의 변화뿐만 아니라 질환의 발병 전 예방을 포함해 치료의 범위가 확장될 것이다.

▶ **IoT를 활용한 치료를 통해 어떤 변화가 있나요?**

환자에 대한 다양한 데이터가 쌓이면서 증거(evidence)에 기반을 둔 근거중심 의학(evidence based medicine)으로 치료방식이 변하였습니다. 하지만 4차 산업혁명 시대에는 빅데이터를 기반으로 알고리즘화하여 정밀의료를 통해 정밀의학(precision medicine)의 등장을 예상하며, 치료의 개념을 넘어서 질환의 예방적 개념으로 변화하고 있습니다.

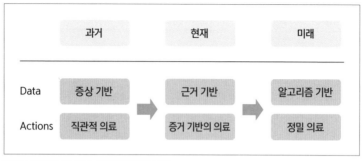

출처 : 치료방식의 변화_청주대학교(김진희)

▶ 임상병리 진단검사 중 IoT를 활용한 사례가 궁금해요.

한국로슈진단은 마이크로소프트(Microsoft) 사의 IoT 허브(Azure IoT Suite, IoT Hub)를 이용하여 시험관 내 진단 의료기기인 체외진단장치(in vitro device, IVD)에 지능적으로 원격연결하여 관리할 수 있는 효과적인 플랫폼을 만들었습니다. 미국 FDA 승인을 얻은 최초의 무선 자가 혈당계인 텔레케어(Telecare)사의 비지엠(BGM) 디바이스 개발 이후, 가정 내 비침습적이고 연속적인 혈당 모니터링 제품 개발이 처음 시도되었습니다. 이외에 사노피(Sanofi)의 아이비지스타(iBGStar)와 덱스콤(Dexcom)의 '연속 혈당 모니터링(CGM) 시스템', 구글(google)의 의료용 '스마트 콘택트 렌즈' 등이 있습니다. 픽스(PiiX)사는 무선센서가 내장된 1회용 밴드 형태의 심장 모니터링 기기로, 심장 부위에 부착하면 연속적으로 심박수, 심전도, 체온, 호흡 속도, 등을 측정하여 송신기로 전송이 가능합니다. 중앙에 모니터링센터가 존재하는데 취합된 정보는 심전도를 전문적으로 판독하며 부정맥, 심방세동 등 심장 이상이 감지되면 의료진에게 바로 전달되는 시스템입니다.

PART
2

학생부 기록 사례
엿보기

창의적 체험활동
기록 사례

 자율활동

약물 오남용 예방 교육

약물 오남용 예방과 관련해 영상을 시청하고 특히 청소년들이 흔히 접할 수 있는 고카페인 음료에 대해 경각심을 느낌. 이후 에너지 음료, 커피로 인해 발생하는 호르몬의 변화와 심장 박동에 미치는 영향을 이해하고자 물벼룩을 이용한 실험을 진행해 보고서를 작성 후 카페인 섭취에 따른 위험성을 급우들에게 알리는 활동을 함.

▶ 카페인 음료가 왜 청소년에게 나쁜 영향을 미치나요?

카페인은 커피, 차 나뭇잎 등 약 60여 종의 식물에 존재하는 성분으로 해충으로부터 자신을 보호하기 위해 분비하는 일종의 독성물질입니다. 그래서 카페인을 과다 복용하게 되면 쇼크나 사망에 이를 수 있는 만큼 적정 용량을 지켜섭취할 필요가 있습니다.

성인 1일 카페인 권장량은 400mg 이하이며, 소아나 청소년의 경우 몸무게 1kg을 기준으로 카페인 2.5mg을 섭취 권장량으로 정하고 있습니다. 성인과 차이가 나는 이유는 청소년은 신체발달이 미숙한 만큼, 카페인 배출 속도가 느려 오랜 시간 체내에 머물기 때문입니다.

카페인은 적당량 섭취 시 진통 효과를 높이고, 주의력과 운동능력을 향상시키며, 암기력 향상 및 다이어트 효과도 있다는 연구 결과가 있습니다. 하지만 의

존성이 높아 쉽게 중독에 빠지기 쉽고, 과다 섭취 시 불면증, 두통, 행동 불안, 정서장애, 심장 박동수 증가 등을 일으키고 성장에도 문제가 생길 수 있습니다.

▶ 카페인의 위험성을 확인할 수 있는 실험이 있나요?

네, 신경전달물질과 카페인의 심장박동에 미치는 영향을 알아보기 위해서 물벼룩을 활용하여 실험할 수 있습니다. 현미경, 아세틸콜린, 아드레날린, 커피 등을 준비해 스포이트로 물벼룩 1마리를 슬라이드 글라스 위에 올려놓은 후 현미경으로 관찰합니다. 이후 물벼룩의 심장을 찾고 1분간 심장박동수를 측정하는데 3~5마리 정도의 평균을 측정합니다. 이후 아세틸콜린, 아드레날린, 커피를 각 한 방울씩 떨어뜨린 후 1분간 심장박동수를 세어 마찬가지로 3~5마리의 평균을 구합니다. 카페인의 경우 각성제 역할을 해 심장박동을 촉진시킨다는 것을 알 수 있습니다.

코로나19 상황대처 교육

COVID19(코로나) 바이러스에 대한 다양한 자료를 수집하여 COVID19에 대한 정확한 정의, 예방법, 사스 메르스와의 공통점, 차이점 등에 대해 자세히 정리하고 보고서를 제출함. 특히 '기초감염재생산수(R_0)', '효과감염재생산수(RE)'에 대해 학습하고, 이 지수에 따른 향후 바이러스 확산 경향에 대한 보고서를 참고하여 대유행에 대한 우려를 학술적 근거에 따라 정리함.

▶ 기초감염재생산수(R_0)와 효과감염재생산수(RE)는 무엇인가요?

기초감염재생산수(basic reproduction number, R_0)는 선염병 확산을 규정하는 가장 중요한 지표 중 하나로 사용되고 있습니다. 이는 특정 집단에서 최초로 감염자가 발생했을 때, 그 결과로 인해 생긴 이차 감염자의 수를 나타냅니다.

조지 맥도널드가 스리랑카에서 말라리아를 연구하며 말라리아가 전파될 수 있는 모든 조건을 탐구해 상호작용을 예측한 공식이 기초감염재생산수입니다.

감염병의 유행과 확산 정도를 결정하는 3요소는 감염자 접촉률, 전파 확률, 감염 기간을 활용하여 R_0 = T(전파율)×κ(접촉률)×δ(지속시간)로 산출할 수 있습니다. 예를 들어 한 사람이 2명에게 전염을 시켰다면 R_0값은 2가 되는 것입니다. R_0값이 1보다 조금이라도 더 크다면 대유행, 팬데믹이 발생한다고 보며, 1보다 작으면 질병은 점차 사라진다고 예측할 수 있습니다.

접촉률에 속하는 지역의 인구수, 감염자의 격리 여부, 동선 등의 여러 가지 변동성 때문에 수학적인 방법을 통해 추정하게 되는데, 이때 나오는 개념인 RE(효과감염재생산수, Effective reproductive number)는 특정기간 동안 감염된 사람이 전염시킨 사람의 수의 평균(Rt)과 유사하여 같이 사용되는 개념입니다. 즉, 신종 전염병의 최초 감염자가 얼마나 전염시켰는지를 파악하기 힘들기 때문에, 특정기간으로 한정해 감염된 환자가 퍼트리는 숫자를 체크하여 수치화한 Rt를 사용하게 되는 것입니다.

주요 질병의 기초감염재생산수

질병	전염경로	R_0
홍역	비말	12 −18
천연두	비말	5 − 7
COVID19	비말	3 − 5
에이즈	성적 접촉	2 − 5
사스	비말	2 − 5
인플루엔자(1918년 범유행 strain)	비말	2 − 3
에볼라	체액	1.5 − 2.5

출처 : 위키백과

▶ 코로나 감염재생산지수를 수학적 모델링을 통해 확인할 수 있는 방법이 궁금해요.

　SIR모델은 감염병 확산세를 추적 및 예측할 수 있는 모델입니다. 감염병에 걸리지 않은 사람(Susceptible), 감염된 사람(Infectious), 회복한 사람(Recovered)으로 대상을 나눠 변동치를 시간에 따라 예측하는 수학모델링입니다. 초기에는 감염자 수가 가파르게 증가하면서 건강한 사람 수가 급격히 줄어들지만, 시간이 지나며 회복되는 사람이 천천히 늘어난다는 이론을 이용한 것입니다. 하루 신규 확진자 수와 완치자 수가 같아지면 그래프가 정점을 찍게 되는데, 이를 확산세가 꺾인 시점으로 보고 있습니다.

관련 영상

수학으로 이해하는 코로나 19 예측과 집단면역 (R0, 기초감염재생산수)
https://www.youtube.com/watch?v=G-mHyTueAGw

[다큐인사이트]기초감염재생산 지수와 바이러스 확산의 실체, '기습'
https://tv.naver.com/v/17802412

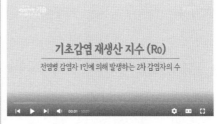

관련 보도

[코로나19 특별기고] 나는 몇 명을 감염시키게 될까요?임준식 수의사
https://www.dailyvet.co.kr/news/prevention-hygiene/127217

심폐소생술 교육을 통해 올바른 자세와 실행 방법 등을 배울 수 있었음. 자신의 가족과 친구들에게 언제든지 일어날 수 있는 응급상황이라 생각하고, 심폐소생술 교육에 진지하고 성실한 태도로 참여함. 이후 응급처치법에 대해 더욱 상세히 배우고 싶어 외부기관을 통해 영유아·성인 CPR, 자동심장충격기 사용 등을 열심히 배운 후 학급 친구들에게 알려주며 응급처치의 중요성에 대한 캠페인을 함.

▶ **영유아 CPR은 성인과 다른 방법으로 한다고 하는데 어떻게 다른가요?**

영유아 및 어린이는 성인보다 신체 구조가 약하기 때문에 심폐소생술을 다르게 적용합니다. 0~1세 영유아의 경우는 손가락 2~3개로 양 젖꼭지의 중앙 바로 아래 손가락을 수직으로 세워 1초에 2회씩 약 4cm 깊이로 30회 가슴 압박 후 바로 인공호흡 2회를 실시합니다. 1~8세의 소아의 경우는 손꿈치 1~2개를 활용해 흉골 아래 1/2 지점을 4~5cm 깊이로 1초에 2회씩 압박 30번, 인공호흡 2번을 반복합니다. 이 동작을 아이가 의식을 회복하거나, 구급대원이 도착할 때까지 반복하는 것이 좋습니다.

▶ **심폐소생술을 세게 하다 갈비뼈가 부러져서 폐가 찢어지는 등 여러 문제가 발생하면 책임을 져야 하나요?**

아닙니다. 생명이 위급한 환자에게 응급의료를 제공하며 발생한 손해와 사상에 대해 면책조항이 있는 '착한 사마리아인 법'이 보장해주고 있습니다. 해당 법률에 따르면 생명이 위급한 응급환자에게 응급의료 또는 응급처치를 제공해 발생한 손해와 사상에 대해 고의 또는 중대한 과실이 없는 경우 민사책임과 상해에 대한 형사책임을 지지 않습니다.

▶ **자동심장충격기(AED) 사용법을 알려주세요.**

　자동심장충격기(AED)란 심실세동(심장의 박동에 의해서 심실의 각 부분이 불규칙적으로 수착하는 상태) 환자들에게 극히 짧은 순간에 강한 전류를 심장에 통과시켜서 심장근육에 활동전위를 유발하여 심실세동이 유지될 수 없도록 함으로써 심실세동을 종료시키고 심장이 다시 정상적인 전기활동을 할 수 있도록 유도하는 기기입니다. 자세한 사용 방법은 아래 그림을 보면 더욱 이해가 잘 될 것입니다.

AED는 반응, 정상적인 호흡이 없는 심정지환자에게만 사용해요

자동제세동기가 도착하면 먼저 전원을 키고

오른쪽 쇄골 바로 아래와 왼쪽 젖꼭지 아래 겨드랑선에 각각 패드를 부착해야해요!

그 다음엔 음성지시에 따르면 돼요!

"분석 중"
환자에게서 손을 뗍니다

"심장충격이 필요합니다"
자동제세동기 스스로 충전 시작 충전되는동안 가슴압박 실시

"환자의 상태를 확인하고─"
심장충격이 필요 없으므로 즉시 심폐소생술 시작

심장 충격이 필요한 경우 버튼이 깜박 거리는데, 이때 버튼을 누르기 전 모두 환자에게서 떨어져 있는지 확인해야 하고요!

제세동기 작동이 끝나면 다시 가슴을 압박 하는데... 흑흑

아저씨 일어나세요ㅠㅠ

어..어?

네..ㅎ 떡 사러왔다가 괜히 아저씨 놀래키기나 하고ㄲㄲ

호랑이 네가 날 살린겨?

시상에 호랑이 손님은 또 처음이네

실제 상황에서는 병원에 가서 검사를 받는 게 좋아요

출처 : 식품의약품안전처

💬 학부모 질문

Q 자동심장충격기 사용법, CPR을 배울 수 있는 방법이 외부기관 교육 수료 방법밖에 없나요?

A 국민 안전방송 안전TV 사이트(https://www.safetv.go.kr/web/main/main.do)를 활용하면 재난의 유형, 성별 및 연령별 대처법에 대해 자세한 안내와 동영상 교육자료가 있어 이를 활용하여 추가적인 학습 및 체험이 가능합니다. 동영상을 통해 학습 후, 친구들과 함께 시연을 해보며 익혀볼 수 있습니다. 그리고 지역소방서의 심폐소생술 교육과 실습에 참여하는 방법도 있습니다.

다양한 의료사고가 궁금해 방사선 치료의 부작용에 대해 조사함. 암세포에 방사선을 조사하여 암세포를 죽이고, 암세포가 주변으로 증식하는 것을 막기 위해 흔히 치료하는 방법이지만 부작용이 있을 수 있음을 인지함. 방사선 치료는 일정 기간 지나서 효과가 나타나기 때문에 치료가 종료된 후 암세포가 계속해서 죽어가는 과정에서 건강한 세포 역시 손상될 수 있음을 발표함. 외부 방사선 치료, 근접 방사선 치료 등에 따라 설사, 탈모, 뇌부종, 피로 다양한 부작용이 있을 수 있음을 설명함. 특히 탈모의 경우 보통은 다시 자라지만 치료에 따라 영구 탈모가 될 수도 있음을 알고 이를 기사 형식으로 작성해 학급에 게시함.

▶ 방사선 치료에는 어떤 종류가 있나요?

방사선 치료 방식에는 크게 2가지가 있습니다.

외부 방사선 치료 : 암세포를 신체 외부에서 방사선을 조사하는 방법으로 방사선이 피부와 장기를 통과하여 목표점에 도달하게 하는 치료방법입니다.

근접 방사선 치료 : 자궁, 비인강, 기관지, 식도, 담도 등과 같은 기관으로 관을 넣어 직접 방사선을 조사하거나, 방사선을 발생시키는 동위원소를 직접 삽입하여 치료하는 방법이 있습니다.

▶ 방사선 치료의 부작용에 대해 알려주세요.

복부나 골반 부위에 방사선 치료를 받을 경우 가장 흔한 부작용은 설사입니다. 머리에 방사선 치료를 받게 되면 가벼운 방사선 피부염과 방사선이 조사되는 위치에 따라 부분적 또는 전체적인 탈모가 나타날 수 있습니다. 탈모는 주로 치료 시작 2~3주 후부터 발생하여 치료가 끝난 후 3~6개월이 지나면 다시 자라기 시작합니다. 그러나 치료에 따라 많은 양의 방사선을 한꺼번에 조사하는 경우 영구 탈모가 될 수도 있습니다. 또한 방사선 치료를 받는 도중 두통, 어지러움 등의 증상이 나타날 수 있습니다. 기존에 있던 신경학적인 증상이 악화되거나 의식변화 등의 증상과 심한 경우 뇌부종이 발생할 수 있습니다. 그리고 방사선 치료가 진행될수록 무기력해지거나 기진맥진, 지친 느낌, 집중하기 어렵거나 모든 일에 의욕이 없어지는 증상을 경험할 수 있습니다.

관련 단원	보도자료
물리1_2단원 물질과 전자기장_물질의 스펙트럼과 에너지 준위 생명1_7단원 생식과 발생_사람의 생식 기관의 구조와 기능	방사선 치료 관련 영상촬영에서의 선량 저감화 지침_식품의약품안전처 https://www.nifds.go.kr/brd/m_15/view.do?seq=6083 방사선 치료, 바로 알자!_가톨릭대학교 서울성모병원 https://www.cmcseoul.or.kr/page/health/magazine/detail/272?p=1&s=5&q=%7B%7D

관련 영상

간암의 방사선 치료의 부작용은 어떤 것이 있나요?_서울아산병원 https://www.youtube.com/watch?v=6-gEiOvasNk	방사선 치료의 스마트한 변화, '양성자치료'는 무엇이죠?_국가암정보센터 https://www.youtube.com/watch?v=3rGK80zQzXg

동아리활동

우리 주변의 다양한 문제를 발견하여 과학적으로 탐구하고 해결방안을 마련하기 위해 노력하는 동아리 활동에 적극적으로 참여하여 팀별 과제를 선정하고 협업을 통해 문제 정의, 아이디어 생성, 탐구 설계, 탐구 수행, 결론 도출, 보고서 작성 등의 활동을 적극적으로 실천함. PCR을 위한 세균 배지 제작 및 배양을 통한 학교 시설물의 보건 위생환경 점검을 탐구주제로 정하여 세균배지를 제작하는 방법을 배운 후 직접 학교 내 각 시설물과 기구로부터 샘플을 채취하고 배지를 제작하여 학교시설물에 서식하는 세균을 확인하여 학교의 보건안전의 위험성을 실험을 통해 증명하고 이후 결과를 알려줌. 실험결과를 토대로 방역 및 소독에 특별히 신경을 써야 하는 곳의 순위를 매겨 게시하고, 정기적인 소독을 독려하며 학교 내 방역에 힘을 보탬.

▶ 세균배지는 무엇이며, 그 종류가 궁금해요.

세균배지란 박테리아 등 미생물을 키우는 데 필요한 모든 영양성분이 들어있는 혼합물을 말합니다. 미생물의 증식, 보존, 수송 등을 위해 사용되는 액체 또는 고형의 재료로 배지를 만듭니다. 액체 배지에 한천, 젤라틴, 실리카겔 등 젤을 형성하는 물질을 첨가하여 고체배지를 제작합니다. 또한 배지는 조성원에 따라 천연배지와 합성배지로 구분됩니다. 천연배지는 육즙, 맥아즙(보리 끓인 물), 혈청 등이 주성분이고, 합성배지는 여러 영양분 및 화학물질을 배합하여 만든 배지를 뜻합니다.

▶ LB배지는 무엇이고 어디에 쓰이나요?

박테리아 등 호기성 균주를 키우는 데 필요한 영양분이 들어있는 혼합물을 말합니다. 생명체가 성장, 증식하기 위해 트립톤(Tryptone), 효모추출물(탄소원, 질소원, 비타민 등), 염화나트륨, 무기 영양소로 이루어져 있습니다. 1950년대까지는 대장균의 재배를 위한 업계 표준으로 이용되었으며, 그 후부터 분자 미생물학에서는 플라스미드 DNA, 재조합 DNA 등에 널리 이용되고 있습니다.

▶ 세균배지는 어떻게 제작하나요?

세균배지는 구입하여 사용할 수도 있지만, 가격이 비싼 편이고 필요할 때마다 구입하는 번거로움이 있습니다. 그래서 직접 제작해서 사용할 수 있습니다. 세균배지를 제작할 때는 우선 실험에 사용되는 모든 기구를 깨끗이 소독하여 배지 내부의 오염으로 원치 않는 세균의 서식을 방지해야 합니다. 그리고 삼각 플라스크에 증류수와 LB배지 가루를 넣고 가열 후 페트리 접시에 붓고 상온에서 식힙니다. 이후 원하는 세균을 각 배지에 묻힌 후 라벨링을 하여 상온에서 배양하면 됩니다. 학교의 여건에 따라 인큐베이터와 같은 기자재를 활용할 수도 있습니다.

▶ 세균배지 제작 시 유의할 점이 있나요?

어떤 경우에도 손가락, 연필, 볼펜, 기타 어떤 물건도 입에 넣어서는 안 됩니다. 실험대 위에는 실험에 필요한 도구를 제외하고는 어떤 물건도 올려놓아서는 안 되며, 피펫을 입으로 빨아서도 안 됩니다. 실험이 완전히 끝난 후 바닥을 소독제로 깨끗이 닦아 세균 오염을 방지하고 실험이 끝난 미생물이나 재료는 고압 증기 멸균 후 처리합니다. 실험이 끝난 후에는 비누와 소독수로 손을 깨끗이 씻어 감염을 예방합니다. 배양된 미생물을 실험실 밖으로 허락 없이 반출해서는 안 됩니다. 배양된 미생물을 배양기에서 꺼낼 때는 반드시 책임자의 승낙을 받아야 하며, 실험 중 입은 상처는 아무리 가벼운 상처라도 즉시 보고하여 적절한 처치를 받아야 감염되지 않습니다.

지식채널e	관련 영상
세균들의 파라다이스 'LB Agar 배지' 만들기_ 서울시립과학관 https://www.youtube.com/watch?v=8SlZJbUH_R8	액체 배지 만드는 법, 실험실_보노보노 https://www.youtube.com/watch?v=3kS-NvHhtrA

💬 **학부모 질문**

Q 손만 잘 씻어도 질병을 예방할 수 있나요?

A 네, 손만 잘 씻어도 질병 예방이 가능합니다. 그래서 10월 15일은 세계 손씻기의 날로 지정할 정도입니다. 손씻기는 감기는 물론 신종플루와 같은 바이러스성 질환, 식중독과 설사와 같은 소화기관 질환 등에 탁월한 효과가 있습니다. 국제 의학 연구 결과에 따르면 영국 성인 2만여 명을 3년간 추적 조사한 결과 올바른 방법으로 손을 자주 씻는 사람은 그렇지 않은 사람보다 감염질환에 걸리는 비율이 15~25%가량 낮았습니다.

Q 학교마다 과학실험 도구들의 수준 차이가 있는데 이것을 보완하기 위한 방법이 있을까요?

A 인터넷쇼핑몰을 통해 다양한 생물실험 관련 키트들을 구매하는 것도 하나의 방법이 될 수 있습니다. 동아리 및 탐구실험 활동에서 실험 제품들을 활용해 직접 실험을 수행하고 결과를 보고서로 작성하는 활동을 통해 탐구능력을 향상시킬 수 있습니다.

– 유전발생학
세포분열 검증세트, 체세포분열관찰세트, 감수분열관찰세트, 염색체 시뮬레이션, 염색체 커넥션키드, PTC 미맹 실험세트, 멘델법칙 관찰세트, 돌연변이 관찰세트, 반성유전 실험세트 등이 있습니다.

- 분자생물학
브로콜리 DNA추출세트, 플라스미드 DNA 추출세트, 동물세포 DNA 추출세트, 전기영동 염색샘플, 전기 영동원리 실험세트, PCR 실험세트, 형질전환 실험세트가 있습니다.

- 소화영양소 & 색소분리
광합성 실험세트, 영양소 검출 실험세트 등이 있습니다.

- 생리학
혈구관찰 세트, 혈액형 판정 세트, 코로나 진단 모의 실험 키트 등이 있습니다.

이외에도 미생물, 곰팡이 실험, 원생생물 동식물조직, 광학시스템 생물 모형, 과학수사 실험제품 등 다양한 실험 제품들과 제품 실험자료 및 생명과학자료 등도 상세히 알 수 있습니다.

보건의료동아리

진로에 대한 열의와 동아리에 대한 애정이 돋보이며, 부원들과 협력하여 활동에 적극적으로 참여함. 코로나19와 정신건강을 주제로 자가격리가 정신건강에 미치는 영향과 코로나 블루의 원인 및 증상에 대해 조사한 후, 문제점에 대한 해결방안을 고안하여 발표함. 전염병 확산방지를 위한 의료시스템 설계 및 토론활동을 하며 선별진료체계 구축의 역할 및 개선의 필요성에 대해 조사하여 발표함.
또 코로나19에 감염된 후 발생할 수 있는 후유증에 대해 이해하기 쉽게 발표하여 부원들의 호응을 얻음. 코로나19바이러스에 대한 다양한 정보를 담은 과학신문을 제작하여 전교생이 볼 수 있도록 전시하는 활동을 제안해 적극적으로 참여함. 바이러스의 특성과 바이러스성 질병의 치료법, 코로나19가 미친 생명과학 분야의 연구동향 변화 등에 대한 기사를 알기 쉽게 작성해서 관련 분야 배경지식이 없는 사람도 쉽게 이해할 수 있도록 도움.

▶ 간호학과를 희망하는 학생들은 보건동아리 활동을 많이 하는데 구체적인 활동 사례가 궁금해요.

생명과학과 관련된 역량을 부각시키기 위해서 각종 실험을 하는 과학동아리도 좋은 활동이지만 의료보건계열의 사건과 이슈, 윤리적 논쟁에 대한 토론을 할 수 있고, 응급처치법 안내, 약물오남용 방지, 흡연예방, 감염병 예방 등의 각 종 캠페인을 통해 보건의식을 함양하고 교내 보건 환경정화 등을 진행할 수 있습니다. 특히 각종 캠페인을 통해 구성원들에게 경각심을 일깨워주는 활동은 보건지식을 습득하는 것에서 나아가 사회구성원들을 위해 지식을 나누고 변화를 이끌어낼 수 있도록 하는 실천하고 행동하는 적극성을 보여줄 수 있습니다.

▶ **실제 활동 사례를 소개해주세요.**

(헌혈 캠페인활동) 가끔씩 혈액이 부족하다는 뉴스를 보면서 적정 혈액 보유량이 궁금하여 조사함. 조사 결과 적정 혈액 보유량은 5일분 정도인데 그 수준에 못 미치는 경우가 많다는 것을 알게 됨. 헌혈의 집에서 헌혈 장려 캠페인을 하면서 헌혈에도 적극적으로 참여함. 이후 헌혈이 부족한 이유에 대해 탐구함. 젊은 층의 인구가 줄고, 해외여행을 다녀와서 1년 동안 못 하는 경우가 많다는 것을 알게 되어 공항에서 헌혈을 하고 여행을 갈 수 있는 시스템이 필요하다고 제안함.

(학급 내 구급상자 운영) 작은 상처에 보건실까지 가는 것을 꺼리는 학급 친구들을 위해 반창고, 소독제 등의 간단한 응급약 등을 넣은 구급상자를 학급에 비치하면 좋겠다는 생각을 하고 직접 구급상자를 준비해 옴. 친구들이 편하게 이용할 수 있도록 학급관리비로 부족한 물품을 보충하면서 관리하는 열정을 보임.

(계절별 질병 예방 캠페인활동) 겨울철 인플루엔자, 여름철 식중독과 같이 시기별로 유행하는 전염병 등에 내한 정보를 학급게시판에 게시하여 감염률을 낮추는 데 기여함. 또한 감염을 낮출 수 있는 방법을 소개하는 등 자신이 알고 있는 지식을 친구들에게 소개해줌.

사회문제 탐구반

다양한 사회문제에 대한 많은 관심으로 관련 분야의 책을 꾸준히 읽고 독후감을 통해 자신의 생각을 논리적으로 정리함. 여러 가지 주제에 대해 깊이 사고하여 문제점을 파악하고 대안까지 제시하는 모습을 보임. 특히, 본인의 관심 분야인 발달장애아동의 치료와 재활 부분에 있어서 적극적인 탐구의지를 보여줌.

주제발표시간에 발달장애 딸에게 약을 먹인 후 동반자살을 시도한 친모사건을 설명하며 발달장애 아이와 부모에 대한 사회적 보호막의 부재에 대해 지적하고, 사회가 함께 고민을 나누고 책임을 져야 함을 강조함. 이후 코로나19로 인한 비대면 수업의 사각지대에 놓인 발달장애 학생들의 학습권에 대한 주제토론에서 발달장애 학생들의 경우 등교로 인한 지식습득보다는 사회 관계 형성에 보다 중점을 두고 있는 만큼 비대면 수업의 실익이 적음을 알고 대책 마련이 시급하다는 것을 주장함.

▶ 발달장애는 무엇이며, 어떻게 진단하나요?

발달장애는 선천적 또는 발육의 과정 중 생긴 대뇌 손상으로 인해 지능 및 운동기능, 언어, 시각, 청각, 특수감각 기능, 학습 장애 등을 통칭해 일컫는 말입니다. 발달장애란 어느 특정 질환 또는 장애를 지칭하는 것이 아니라 해당하는 나이에 이루어져야 할 발달이 성취되지 않을 때 발달장애라고 말합니다. 발달 선별검사에서 해당 연령의 정상 기대치보다 25%가 뒤처져 있을 때 해당됩니다.

전반적 발달 지연은 대운동, 미세운동과 인지, 언어, 사회성과 일상생활 중 2가지 이상이 지연된 경우로 정의합니다. 부모의 관찰 내용을 참고로 하는 발달 선별검사와 보건복지부에서 실시하는 '영유아 건강검진'에서 발달평가로 확인할 수 있습니다. 일정기간 동안의 발달과정이 중요하기 때문에 지속적인 관찰과 반복검사 시행이 필수적이며, 발달장애의 원인 질환을 찾기 위하여 신체검사 및 혈액, 뇌파검사, 뇌영상 검사 등을 통해 확인할 수 있습니다.

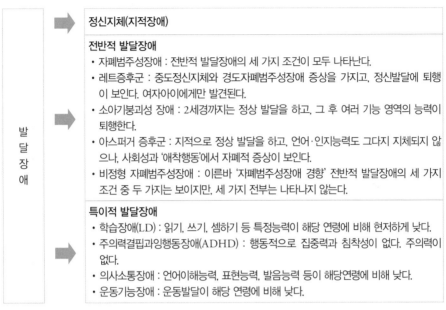

발달장애		정신지체(지적장애)
		전반적 발달장애 • 자폐범주성장애 : 전반적 발달장애의 세 가지 조건이 모두 나타난다. • 레트증후군 : 중도정신지체와 경도자폐범주성장애 증상을 가지고, 정신발달에 퇴행이 보인다. 여자아이에게만 발견된다. • 소아기붕괴성 장애 : 2세경까지는 정상 발달을 하고, 그 후 여러 기능 영역의 능력이 퇴행한다. • 아스퍼거 증후군 : 지적으로 정상 발달을 하고, 언어·인지능력도 그다지 지체되지 않으나, 사회성과 '애착행동'에서 자폐적 증상이 보인다. • 비정형 자폐범주성장애 : 이른바 '자폐범주성장애 경향' 전반적 발달장애의 세 가지 조건 중 두 가지는 보이지만, 세 가지 전부는 나타나지 않는다.
		특이적 발달장애 • 학습장애(LD) : 읽기, 쓰기, 셈하기 등 특정능력이 해당 연령에 비해 현저하게 낮다. • 주의력결핍과잉행동장애(ADHD) : 행동적으로 집중력과 침착성이 없다. 주의력이 없다. • 의사소통장애 : 언어이해능력, 표현능력, 발음능력 등이 해당연령에 비해 낮다. • 운동기능장애 : 운동발달이 해당 연령에 비해 낮다.

출처 : 발달장애의 모든 것_sigmapress

▶ 발달장애의 치료에는 어떤 방법이 있나요?

다양한 원인에 의해 발생하기에 그 징후가 다르며, 원인 질환에 따라 근원적인 치료방법도 다릅니다. 유전적인 원인, 뇌의 구조적인 문제, 환경 호르몬, 중금속, 예방접종 부작용 등 많은 원인이 복합적으로 발달장애를 유발합니다. 그런데 발달장애 아동들의 가장 큰 문제점은 뇌의 불균형적인 발달에 있습니다. 뇌에 기능적인 불균형이 있어도 각 대뇌의 독립적인 기능에는 아무 이상이 없고 MRI나 CT를 통한 뇌의 기질적인 검사에도 아무런 이상이 없는 것으로 나타나지만 사실 한쪽 뇌의 기능은 너무 좋거나 정상인데 반해, 다른 쪽 뇌의 기능이 저하되어 발생합니다.

이런 스펙트럼을 가진 아동들은 감각 통합이 잘 안 되기 때문에 감각의 통합을 위해서 작업치료나 물리치료를 주로 합니다. 그 밖에 행해지는 놀이, 미술, 음악, 행동, 언어, 인지치료 등을 통해 뇌를 자극하여 치료효과를 높입니다. 그러나 발달상태와 정도에 따른 뇌의 특이성과 불균형 상태를 정확히 이해하지 못하고 단순히 뇌를 자극하는 방법으로 행해지는 치료들은 효과가 떨어집니다.

▶ **발달장애에도 합병증이 나타난다고 하는데 어떤 합병증이 있나요?**

질환의 원인이 같더라도 장애는 대상마다 그 정도와 종류가 다르게 나타날 수 있습니다. 운동발달 장애, 정신지체나 학습장애 등의 인지기능 발달장애, 언어 발달장애 등이 단독 또는 중복으로 발생할 수 있습니다. 예를 들어, 아스퍼거 증후군은 아스퍼거 증후군만 나타나는 게 아니라 대부분 ADHD 등의 발달장애를 수반하고 있는 경우가 많습니다. 또한 ADHD 아동의 약 30%는 학습장애(LD)를 가지고 있고, 약 90%의 아동은 학습상의 문제를 안고 있습니다. 예를 들어, 계산이 되지 않는 문제의 경우 ADHD 아동은 집중력 문제이기도 하지만, 학습장애 아동은 숫자와 산수의 개념을 이해하지 못하는 것이 주원인입니다.

아스퍼거 증후군의 합병증

신체면	틱장애, 단순성 비만, 신경성 식욕부진
발달면	주의력결핍과잉행동장애(ADHD), 발달성 협조운동장애, 학습장애(쓰기 및 철자 장애)
행동면	소리에 대한 불안 행동(시끄러운 소리에 대한 공포감), 패닉 행동, 피해적 언행, 폭력, 행동장애
정신면	적응장애(등교 거부), 강박성 장애, 기분장애, 피해염려·피해망상, 환청

출처 : 발달장애의 모든 것_sigmapress

3년 동안 통일 동아리에서 활동하며 남북한 관계 변화와 북한의 다양한 실태에 대한 관심과 특히 의료 분야의 인도적 지원에 관심을 가지고 '북한의 방사선 의학 실태조사' 탐구보고서를 작성함. 북한의 평균 기대수명, 북한의 암 발생률 등을 조사하고 질병의 진단 및 치료로 추후 사망률을 줄이고, 질병에 드는 비용을 줄일 수 있는 예방 의료로써 방사선 의학의 중요성을 발표함. 북한과의 원자력 방사선 과학기술 분야 지원 및 교류로 북한의 의료적 지원뿐 아니라 한국의 원자력에도 발전이 될 수 있을 것이라 예상함.

▶ 북한의 암 발생률과 기대수명은 어떻게 되나요?

WHO에서 발표한 북한의 2016년 평균 기대수명은 남자 68세, 여자 76세로 같은 시기 한국의 기대수명에 비해 10년 정도 짧게 나타나며 2018년 세계보건기구가 발간한 '2018세계보건통계'에 의하면 북한의 5세 이하 사망률은 20명으로 한국의 3명보다 약 7배 높습니다. 또한 뇌/심혈관계질환, 만성폐질환, 암과 같은 비전염질환이 북한인구 사망률의 약 84%를 차지하고 있으며, 사망 원인 중 가장 높은 비율을 차지하고 있습니다. 세계보건기구 국제암연구소(IARC)에 따르면 2018년 기준 북한의 암 환자 수는 55,472명이며 폐암이 가장 높게 나타났습니다.

▶ 북한에서도 방사선 의학이 이루어지고 있나요?

국제원자력기구(IAEA)의 방사선 치료 데이터베이스에 의하면 북한에 방사선 치료기기가 설치된 병원은 3곳(적십자병원, 평양 제1 인민병원, 고려의과학 대학)이며, 2020년까지 북한에 추가적으로 필요한 방사선 치료 인프라와 인력은 방사선 치료기가 84대, 방사선종양학 선문의 15/녕, 의학물리학사 8/녕, 그리고 방사선사 263명이라고 발표했습니다. 북한의 방사선 치료기기당 암환자 수는 13,868명으로 한국에 비해 약 15배 정도 많은 상황으로 한국과 북한의 방사선 치료 인프라는 앞으로도 지속적으로 차이가 날 전망입니다.

병원 대신 장마당으로... 북 무상의료 실상은? _
KBS News
https://www.youtube.com/
watch?v=wwsmC_9MSiY

평양의대 개안수술 5일간의 보고 _ MBC특집
다큐
https://www.youtube.com/
watch?v=U1QasFEIFvE

북한, 평양의료기구공장 현대화... 새해에도 보건/의료 자력갱생
https://www.news1.kr/articles/?4190491

 진로활동

희망 진로인 간호사에 대해 조사하여 간호사가 되는 법, 전문간호사 영역, 필요한 역량에 대해 학급
친구들 앞에서 논리정연하게 발표함. 질의응답시간에도 친구들이 혼동하고 있는 간호사와 간호조무
사의 차이에 대해 정확히 구분해 설명하고, 의사와 간호사의 업무 차이, 간호사의 높은 이직률 등 다
양한 질문에 막힘 없이 대답하며 본인의 진로에 대한 확신과 진정성 있는 탐색과정을 확인할 수 있어
돋보였음.

관련 영상	관련 논문
간호과정과 비판적 사고(인제대 성미혜) http://www.kocw.net/home/search/kemView. do?kemId=1217030	간호사의 비판적 사고성향, 간호과정 수행능력 과 근거 기반 실무역량과의 관계(김경윤) http://www.riss.kr/View.do?key=T_14012059

종합병원 간호사의 비판적 사고성향과 임상수행
능력(박진아)
https://han.gl/SayOG

▶ 간호사에게 필요한 역량은 무엇인가요?

간호사는 많은 사람과 대면하기에 공감 능력, 배려심, 친화력 등이 필요합니다. 또한 전문적인 지식을 가지고 임무를 수행하기에 꼼꼼함과 비판적 사고력이 중요한 요소입니다. 간호사는 실무에서 다양한 대상자와 여러 가지 문제 상황에 직면하게 되는데, 이런 상황 속에서 최적의 접근방법을 고려해 판단해야 하기에 비판적 사고력이 필요합니다.

따라서 대학에서는 '간호과정과 비판적 사고'라는 교과목이 따로 편성되어 있습니다. 또한 간호학의 지식을 기반으로 실무경험과 임상경험을 통해 임상적, 진단적, 추론적 지식이 필요합니다. 그리고 끊임없이 공부하고, 개방적 태도로 의사소통 능력을 길러 신중한 의사결정으로 자신의 결정에 대한 오류 가능성을 줄이는 방법을 터득하면 좋습니다.

▶ 최근 논란이 되고 있는 PA간호사란 무엇인가요?

PA(Physician Assistant)간호사는 병원의 '진료보조인력'으로 전담간호사를 말합니다. 간호부가 아닌 의국에 소속된 이들은 수간호사나 간호팀장이 아닌 전문의의 지시를 따르며, 상황에 따라 의사의 임무를 대신하여 처방 대행부터 수술 보조, 진단서 작성, 시술까지 수행하고 있습니다.

각 병원들은 필요에 따라 간호사, 응급구조사, 간호조무사 중에서 PA를 차출하고 있습니다. 의사 인력이 부족한 병과에서는 PA간호사들이 의사의 업무를 수행하기도 합니다. 현행 의료법에서 PA간호사의 업무는 의사와 경계가 명확하지 않고, 법적으로 보호를 받을 수 있는 근거가 마련되어 있지 않습니다. 따라서 의료사고 발생 시에 법적 책임을 지거나 의료분쟁에 휘말릴 수 있습니다. 또한 PA간호사들이 의사를 대신하여 업무하는 것은 의료법상 불법이지만, 환자를 치료할 의료진이 없는 상황에서 고민이 되는 부분이기도 합니다.

💬 학부모 질문

Q 해외에서 간호사에 대한 처우가 더 좋다고 하는데, 해외 취업은 어떤 경로를 통해 할 수 있나요?

A 간호사 해외 취업을 위해서는 단순히 간호사로서의 경력만이 중요한 게 아닙니다. 진료차트를 작성하고 소통해야 하므로 의사소통 능력이 필수입니다. 미국의 경우, 국내 간호대학을 졸업했다면 NCLEX-RN시험을 통과하거나, 미국 대학의 간호학과로 지원해 입학하는 방법이 있습니다. 영국의 경우에는 영국 간호사 등록기관 NMC에 등록되어야 합니다. 한국 간호대학을 졸업했다면 IELTS 점수를 만족하여 등록하는 방법과 영국 간호학과에 진학하는 방법이 있습니다.

진로탐구 프로젝트

선천성 면역과정과 과도한 면역반응 사이토카인 폭풍에 대해 조사하여 발표함. 코로나로 인한 젊은 층의 사망원인 중 하나로 사이토카인 폭풍이 제기되어 면역질환의 원리와 치료법 등에 대해 심도 있게 조사함. 교과시간에 배운 면역체계의 내용과 연계하여 실제 예를 들며 발표자료를 상세히 준비하여 많은 친구들이 관련 교과지식을 심화 학습하는 계기가 되었다며 호응함.

▶ 사이토카인 폭풍이란 무엇인가요?

사이토카인이란 우리 몸에서 분비되는 면역물질로 세포의 증식, 분화, 세포 사멸 또는 상처 치료 등에 관여하는 다양한 종류로 존재합니다. 특히 면역과 염증에 관여하는 것이 많습니다. 이러한 사이토카인이 외부에서 침투한 신종바이러스에 대항하기 위해 필요 이상으로 분출되면서 정상세포에까지 영향을 주어 자신의 신체를 공격하여 일종의 자폭현상을 경험하게 됩니다. 면역계 교란 급성 이상반응을 사이토카인 폭풍이라 부릅니다. 통제를 벗어난 사이토카인 폭풍으로 인해 정상세포까지 공격받게 되어 2차 감염이나 사망에 이르는 큰 합병증을 가져와 매우 위험해지는 것입니다.

이러한 증상은 면역력이 강한 젊은층에서 특히 많이 나타나고 있습니다. 우리나라에서 메르스 유행 당시에도 감염자중 38%가 40대 이하 젊은층이었던 이유가 사이토카인 폭풍으로 인한 영향이라는 의견이 지배적입니다. 대표적인 증상으로는 40℃를 육박하는 고열과 오한, 구토, 설사, 두통, 의식상실 등이 있습니다.

▶ 사이토카인 폭풍의 원인이 궁금해요.

중증 또는 경증을 막론하고 코로나19 환자의 면역세포에서 염증성 사이토카인의 일종인 종양괴사인자(TNF)와 인터류킨-1(IL-1)이 공통으로 나타났습니다. 특히 중증과 경증 환자를 비교 분석한 결과, 인터페론(interferon)이라는 사이토카인 반응이 중증 환자에게서만 특징적으로 강하게 나타났습니다. 지금까지 인터페론은 항바이러스 작용을 하는 소위 착한 사이토카인으로 알려졌으나, 인터페론 반응이 코로나19 환자에게서는 오히려 과도한 염증반응을 촉발하는 원인이 되었습니다.

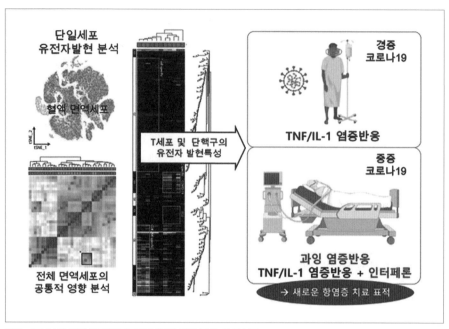

출처 : 코로나19 중증 환자 '사이토카인 폭풍' 원인 규명_카이스트

간호사 전공 공부에 도움이 되는 생명과학 교과가 3학년 때는 개설되지 않아 간호·보건계열 진학을 희망하는 급우 3명을 모아 매주 2회씩 분량을 정해 스터디를 구성함. 계획을 짜고 인강을 통해 개념을 학습하고, 모르는 부분은 교과목 교사에게 질문하며 자기주도적으로 학습하는 모습이 돋보임. 간호사라는 진로에 대해 진지하게 고민하고 필요 역량을 기르기 위해 적극적으로 노력하는 모습이 앞으로 발전가능성이 기대되는 학생임.

▶ 인문계에서 간호학과에 지원할 경우, 생명과학II를 이수하지 못하는 경우가 있는데 어떻게 하면 좋은가요?

생명과학Ⅰ 과목을 이수하였다면 교실온닷(온라인 공동교육과정)으로 생명과학Ⅱ 과목을 이수할 수 있습니다. 이도 어렵다면 자율활동 시간에 간호학과를 희망하는 친구들끼리 스터디를 구성하는 방법과 간호자율동아리를 학기 초에 구성하여 탐구활동을 할 수 있습니다. 대학마다 간호학과 학생을 선발할 때 계열을 분리해서 모집하는 방법과 자연계열만 선발하는 경우가 있으니 다음 자료를 참고하길 바랍니다.

2022학년도 수시 간호학과 계열별 모집 방법

계열 구분	대학명
분리 모집	이화여대, 중앙대, 경희대, 강원대
자연계열	고려대(학업우수형), 부산대(학생부종합), 부산대(지역인재)

*그 외 계열 구분 없음. 2022학년도 수시전형(안) 기준으로 작성한 것이니 입학요강을 꼭 확인하세요.

💬 학부모 질문

Q 생명과학 교과목을 수강하지 않으면 간호학과 지원에 불이익이 있나요?

A 물론, 생명과학을 배웠다면 진학 후 학업수행에서 수월함이 있어 입시에 이점이 있을 수 있습니다. 상위권이나 국립대 간호학과의 경우 자연계열 학생으로 지원을 제한하고 있지만, 많은 학교가 계열 구분 없이 간호학과 신입생을 모집하고 있습니다. 특히 과목선택을 통해 학생의 진로에 맞는 교과목을 들을 수 있도록 해주고 있기에 생명과학 교과를 학습하지 않으면 손해를 볼 수 있습니다. 하지만 여건상 수강하지 못한 경우 스터디를 통해 보완하는 모습을 보여준다면 좋을 것 같습니다.

🔍 학생부 관리 팁과 학생부 세특 예시

학교의 사정상 개설되지 않는 과목을 '교실온닷'(온라인공동교육과정)이나 '공동교육과정'을 이수한 사례

(심리학) 환자를 이해하기 위해 심리학의 필요성을 느끼고, 공동교육과정을 이수함. 정신장애나 심리적 문제를 평가하고 치료하는 것을 목적으로 하는 학문이기 때문에 인간의 마음의 상처를 다룰 수 있다는 부분에 매력을 느껴 이를 바탕으로 임상심리학의 접근방법 및 주요 영역을 설명하고 임상심리학의 예시를 들어 친구들의 눈높이에 맞게 정리하여 발표함. 인간에 대해 정서적, 신체적, 인지적 측면에서 다각도로 이해하려는 노력이 보임.

(과학교양) 진화과정에서 생긴 유전적 변이와 진화론에 대한 논제를 읽고, 모둠의 핵심주제를 선정한 후 핵심 내용을 요약하여 진화론의 배경, 진화론의 종류, 다윈의 자연선택설이 사회에 미친 영향이나 생물학 분야에 미친 영향을 찬성과 반대 의견으로 나누어 자기주장을 잘 발표함.

대학교에서 운영하는 캠프나 고교연계 프로그램에 참여한 활동이 학생부에는 기재가 안 되지만, 이후 추가적인 탐구활동을 하면서 발전가능성을 보여준 사례

(자율활동 또는 진로활동) 줄기세포에 관심을 가지고 관련 독서와 논문을 탐독하고, 명사 특강에 참여함. 줄기세포재생공학과 교수님의 특강에서 3D프린터로 인공장기를 생산할 수 있다는 것을 알게 된 후, 바이오 프린팅의 발전과정과 가능성에 대해 이해하는 시간을 가짐. 이후 줄기세포에 관한 안전성에 대해 자세히 알고자 TED '3D printing human tissue(Tamer Mohamed)'를 시청하고 바이오 프린팅 소재에 관심을 가짐. 오가노이드에 궁금증을 가지고 '오가노이드를 활용한 치료제 개발 동향' 자료를 읽고 개인맞춤 치료제 개발이 가능함을 알게 됨.

진로탐색 검사

진로성숙도와 직업 흥미를 측정함. 진로성숙도 검사에서 또래의 학생들과 비교하였을 때 진로에 대한 준비 및 발달이 전반적으로 높은 수준임. 진로탐색 검사를 받고 자신이 관심을 가지고 있는 학과에서 어떤 과목을 배우는지, 졸업 후 어떤 분야에 취업하는지에 대해 조사함. 희망하는 대학교 방사선학과의 다양한 논문, 연구자료 등을 조사해 단순히 X-RAY, CT, MRI뿐만 아니라 방사선 계측, 자연방사선, 환경방사선, 핵공학 의료진단 분자영상, 디지털 영상처리 등을 배운다는 것을 알게 돼 관련 개념을 정리해 보고서로 작성함. 방사선학과를 졸업한 한국 건강관리협회 방사선사와 한국수력원자력 직원을 각각 인터뷰하여 방사선학과에서 배우는 과목, 방사선사로서의 보람, 힘든 점에 대해 정리함. 인터뷰를 통해 병원 내 방사선사의 역할과 기업에서의 방사선 활용의 차이에 대해 알게 됨.

▶ **자연방사선, 환경방사선에 대해 알려주세요**

자연방사선은 우주방사선의 대부분이 땅에 닿기 전에 사라지지만 일부는 빗물로 낙하하거나 동·식물에 흡수되어 호흡이나 먹이사슬을 통해 인체에 흡수되고 있습니다. 이처럼 자연에 존재하는 방사선을 자연방사선이라고 합니다. 환경방사선은 우리 일상생활 환경 속에 존재하는 모든 방사선을 가리킵니다. 일반적으로 방사선 피폭의 원인이 되는 방사성 물질까지도 포함한 것을 말합니다.

▶ 방사능과 방사성 물질의 차이점은 무엇인가요?

방사성 물질의 원자핵이나 외부로부터 에너지를 받은 방사선 발생장치의 방사선 발생 부위에 있는 원자핵은 상태가 불안정해서 에너지를 원자 밖으로 내보내고 안정된 상태로 가려는 성질을 가지고 있습니다. 이때 원자 밖으로 전자파 또는 입자의 형태로 나오는 에너지를 방사선이라고 합니다. 외부의 영향을 받지 않고 자발적으로 방사선을 방출하는 성질을 방사능이라고 말하며, 이러한 성질을 가지고 있는 물질을 방사성핵종(Radionuclide) 또는 방사성 물질이라고 합니다.

▶ 병원과 기업에서의 방사선 활용 사례를 알려주세요.

방사선 기술에는 방사선 융합과 방사선 의학이 있습니다. 기업에서는 방사선 융합을 이용하여 자동차, 에너지, 전자, 의료 분야에 IT/BT/NT 기술과 방사선 기술을 융합한 첨단소재 분야의 기술개발이 가속화되고 있습니다. 또한 지구적 환경문제를 해결하기 위해 일본, 스위스를 중심으로 방사선 기술 기반의 에너지 저장 및 변환, 유용자원 회수 등 환경 및 에너지 분야 연구가 진행되고 있습니다. 또한 방사선 조사를 이용한 경량 고강도 복합소재를 포함하는 나노탄소소재 제품을 개발하는 데에도 활용하고 있습니다.

의료(병원)에서는 방사선 의학을 활용하여 인구고령화와 생활습관 변화 등의 영향으로 암 환자 수가 지속적으로 증가하면서 방사선 치료의 비율도 증가하고 있습니다. 또한 국내 제약사들의 신약개발이 날로 늘어나면서 방사성 동위원소를 이용한 비임상 및 임상시험의 수요가 증가하였습니다.

TED 강의 'Radiation dangerous(방사능 위험)'을 시청한 후, 방사능이 무엇인지 정의하고 우리에게 미치는 영향에 대해 탐구함. 방사선 종류를 조사해 실제 우리가 사는 세상 곳곳에 '전자기방사선'과 '핵방사선'이 존재한다는 것을 알게 됨. '방사선이 인체에 위험하다'는 친구들과의 대화에서 어떤 부분에서 위험한지 방지할 수 있는 요소는 없는지 조사하여 전리방사선의 개념을 이해하고 '어떻게 방사선이 인체에 영향을 미치는가'에 대한 탐구를 진행함. 인체에 영향을 미치는 전리방사선이 X-ray나 높은 자외선에 있다는 것을 안 후, 병원에서 진단에 필요하지 않은 부분을 최소화하여 X선 촬영을 하는 이유와 햇볕에 노출될 때 선크림을 발라야 하는 이유를 친구들에게 소개함.

▶ **전리방사선은 무엇인가요?**

어떤 원자들은 방사능을 띠고 있는데 이것들을 방사성 핵종이라고 하며 이것들의 핵은 에너지를 방출하면서 구조를 바꿀 수 있습니다. 이때 방출되는 에너지는 주로 알파선, 베타선 그리고 감마선과 같은 형태입니다. 이 방사선들은 주위의 물질과 상호 작용해서 양전하를 띠는 입자를 만들 수 있습니다. 이 과정을 이온화라고 부르며, 주위의 물질을 이온화시킬 수 있는 에너지를 전리방사선이라고 합니다.

▶ **전리방사선에 노출되면 어떻게 되나요?**

전리방사선은 물질과 작용했을 때 이온화 반응으로 세포의 변화와 손상을 일으킵니다. 인체장기를 구성하는 세포가 적게 사멸할 경우에는 시간이 경과하면서 회복될 수 있으나, 사멸하는 세포의 수가 많으면 해당 장기가 정상적인 기능을 수행할 수 없게 됩니다. 이 과정은 우리 몸에 만들어진 반응성이 풍부한 라디칼이 직접 또는 간접적으로 DNA를 공격하여 DNA쇠사슬을 절단하거나 변경시킵니다. 생체는 일상적으로 발생하는 DNA 손상을 완전하게 고칠 수 있는 수복 시스템을 갖고 있어서 소량의 방사선에 피폭되어도 상관없습니다. 하지만 자신이 갖는 수복 능력 이상의 전리방사선을 받는 경우에는 DNA 손상을 완전하게 수복할 수 없습니다. 그래서 위와 같은 결과가 나타나게 되는 것입니다.

▶ **우리가 가지고 있는 방사선에 대한 오해는 무엇인가요?**

방사선에 대한 가장 큰 오해는 우리 몸 안에는 방사선 물질이 없다고 인식하는 것입니다. 몸무게가 60킬로그램인 성인인 경우, 몸 안에서 방출되는 방사선 개수는 대략 초당 7,000개 이상입니다. 또 다른 오해로는 방사선을 피할 수 있는데 피할 수 없다고 생각하는 사람이 많다는 것입니다. 모든 물질은 방사선에 반응하고 방사선은 감마선, 하전입자, 중성입자로 구분되어 있습니다. 일상생활에서 경험할 수 있는 방사선은 엑스선, 알파선, 베타선, 중성자선이 대표적이며 특징은 투과능이 크다는 것입니다. 이러한 특징을 이용하여 핵의학 영상장치, 엑스선 필름, 디지털 비파괴 영상장치를 사용하고 있습니다.

관련 영상	
방사선은 위험합니까? (맷 안티콜) https://www.ted.com/talks/matt_anticole_is_radiation_dangerous	인체에 치명적인 방사선의 재발견_YTN사이언스 https://www.youtube.com/watch?v=AAr9giXX–Ws
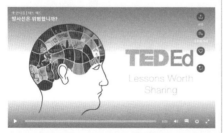	

관련 보도
'삼중수소' 무해한 수준으로 관리하고 있습니다_한국원자력연구원 https://han.gl/kSONz

교과 세특
기록 사례

 국어 관련 교과 세특

독서

독서의 다양한 분야와 각 분야를 읽을 때 유의점을 배우고 이를 활용하여 직접 의료·보건 분야의 글을 찾아 읽는 활동을 수행함. 4차 산업혁명 기술과 관련된 글을 읽고, 평소 본인의 관심 분야인 의료 분야와의 접목에 대해 호기심이 생겨 조사활동을 함. 의료 분야에서 VR과 AR 기술이 적극 활용되는 예시를 찾아 소개함. 특히 인지 및 재활치료에 접목해 환자가 가상현실 속에서 망치질, 컵 따르기 등의 훈련을 통해 운동기능을 담당하는 뇌의 신경이나 신호체계에 자극을 줘 운동능력을 향상시키는 데 활용되며, 치매 등의 인지재활훈련에도 활용할 수 있다는 내용으로 보고서를 작성하여 수업시간 중 친구들 앞에서 영상과 PPT를 활용하여 자신감 있게 발표하여 좋은 반응을 얻음.

관련 영상

의사의 훈련을 돕는 VR_미래채널 MyF
https://www.youtube.com/
watch?v=WH4nDkp6QCM

뇌를 단련시키는 재활혁명-VR과 센서를 이용한 재활 트레이닝_미래기술 신산업카페
https://www.youtube.com/watch?v=_sKrIfnGLmU

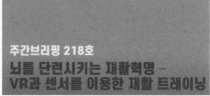

▶ **4차 산업기술의 발달은 의료보건 분야에 어떤 변화를 주나요?**

의료산업에서 4차 산업혁명은 보건의료 데이터를 바탕으로 인공지능, ICT융합기술, 바이오 융합 신기술 등을 통해 의료서비스의 패러다임을 획기적으로 변화시킬 수 있습니다. 정밀의료와 재생의료, 디지털 헬스케어의 발달로 진단과 치료 중심의 의료서비스를 환자 중심의 의료체계로 극대화시켜 줍니다. 또한 인공지능은 진단에 있어 오진율을 대폭 감소시키고, 신뢰성을 향상시켜 정밀한 판독으로 의료 질 향상에 크게 기여하고 있습니다.

▶ **4차 산업기술과 의료 분야를 접목한 사례를 소개해주세요.**

3D프린팅 기술을 통해 두개골, 수정체 등의 신체기관을 만들 수 있습니다. 또한 IoT와 헬스케어를 접목하여 환자 모니터링, 병실 온습도 조절 등 환자 상태를 즉각적으로 확인하여 조치할 수 있습니다. 환자 약물 복용시간 알림 등 환자 개별 맞춤서비스를 제공하여 중복 복용과 약을 잘 챙겨먹을 수 있도록 도움을 줍니다.

▶ **AR, VR 기술이 인지재활훈련 외 다른 분야에서는 어떻게 활용되나요?**

치매를 예방하고 뇌 재활운동을 할 수 있는 CR인지재활시스템을 활용하여 모션센서와 VR기술을 접목하여 인지능력을 회복, 재활에 필요한 운동능력을 향상시킵니다. 서울아산병원에서는 이뿐만 아니라 시공간 제약 없이 응급환자 조기 대응이나 인공호흡기 대처 등 주요 간호술기를 실제와 유사한 가상현실 공간에서 반복적으로 체험할 수 있도록 VR교육을 도입했습니다. 또한 가정 간호보조원으로 로봇을 훈련시키는 데 VR이 활용되고 있으며, VR을 이용하여 병실 면회를 할 수 있도록 하여 환자 치료에 집중하고 감염 우려를 방지할 수 있습니다.

Q 수학, 과학 교과뿐만 아니라 인문계열의 교과목 세특까지 신경 써야 하나요?

A 네, 신경 쓰는 것이 좋습니다. 많은 학부모님들과 학생들이 간호·보건계열을 희망하면서 과학, 수학, 영어교과목보다 상대적으로 인문계열의 교과목에 대해 중요하게 생각하지 않는 경우가 많습니다. 국어과목 중 독서의 경우 다양한 비문학 지문들이 등장하고 있고, 글쓰기 수행평가 등을 활용하여 충분히 전공적합성을 보여줄 수 있으며, 문학으로 인간관계와 사회성 역량을 기를 수 있습니다. 또한 윤리와 사상, 생활과 윤리 과목에서 윤리적 쟁점에 대한 조사 및 토론을 통해 윤리적인 마인드를 함양할 수 있으므로 전공과목뿐만 아니라 다른 과목에서 간호사 및 보건계열 전문가로서의 자질을 보여주면 좋습니다.

다양한 매체를 활용하여 사회 이슈와 연결하여 탐구활동을 진행한 사례

(언어와 매체) 문단의 의미를 알고 문단 중심으로 전체의 내용을 요약하여 서로의 생각을 주고받는 과정에서 논리력과 문제해결력, 협동심을 기름. 특히 비문학에서 'a형 인플루엔자가 사람에게 감염되는 경로'를 그림으로 정리해서 보고서를 작성하여 친구들을 이해시킴. 또한 인플루엔자의 종류가 다양하고 이름이 다른 이유가 궁금하여 '유전자 돌연변이의 종류와 발생하는 원인'에 대한 글을 읽고 유전자 돌연변이가 자연발생적 돌연변이와 외부 유입된 돌연변이에 의해 발생한다는 것을 알게 됨.

(언어와 매체) 언어의 특성을 잘 파악하고 있으며, 매체의 유형과 언어의 특성을 잘 포착하여 다양한 매체를 활용하는 능력이 뛰어남. '영화와 드라마 속의 성차별 언어'를 찾아 읽고 언어를 사용하는 사회 구성원의 인식 변화가 사회 변화를 가져올 수 있다는 것을 깨달은 후 이를 활용해 대중문화 속 간호사에 대한 부정적 이미지 개선 방안에 대해 보고서를 작성함. 몸에 붙는 옷을 입고, 하이힐을 신는 등의 실제와 차이가 나는 근무 복장, 의사의 보조역할이나 위급 시 무기력한 모습을 보이는 등의 부정적으로 그려지는 경우 등 대중매체 속 잘못된 모습 등이 간호사에 대해 부정적 인식을 가질 수밖에 없다고 주장하면서 드라마나 영화 속에서 간호사를 좀 더 전문적인 직업인으로 표현하여 잘못된 인식을 개선하는 것이 중요하다고 제시함.

조원들과 함께 읽은 책에 대한 서평쓰기 활동을 함. 자신의 꿈인 물리치료사와 관련해서 인상 깊게 읽었던 〈나는 대한민국 물리치료사다〉라는 책에 대해 줄거리와 자신의 느낀 점을 논리정연하게 보고서의 형태로 작성하고 발표하여 조원들로부터 좋은 평가를 받음. 척추질환과 관련해서 널리 퍼져 있는 잘못된 상식과 물리치료사의 전망 등의 내용을 설명한 후 앞으로 물리치료사가 되었을 때 자신이 가져야 할 태도에 대해 설명함. 항상 글을 읽을 때 표면적인 의미만을 받아들이는 것이 아닌 적절한 비판적 독해를 통해 자신의 생각을 명확하게 표현할 줄 아는 학생임을 서평 쓰기 활동을 통해 확인할 수 있었음.

자신이 평소에 쓰고 싶었던 글의 주제인 '신경계 질환에 대한 하나의 해결책이 될 수 있는 물리치료'를 활용해 설명문의 형식으로 글을 작성. 신경계 질환 중 대표적인 뇌졸중을 예로 들어 논리 있게 글을 구성함. 뇌졸중 재활치료의 방법 중 세 가지인 중추신경계 재활치료(NDT)와 일반매트와 보행치료(MAT, GAIT), 기능적 전기자극치료기(FES)에 대해 세밀하게 조사하여 설명문을 구성함.

▶ **척추질환에 관한 잘못된 상식에는 어떤 것이 있나요?**

요통이 있으면 무조건 디스크라고 알고 있는 분이 많습니다. 하지만 요통은 여러 가지 질환의 한 증상으로 원인이 다양합니다. 척추 디스크나 협착증 등 척추성 원인이 가장 많지만 골다공증과 골다공증이 동반된 손상, 퇴행성 질환, 요추부 염좌 등에 의한 요통도 흔합니다. 척추에서 비롯되는 통증은 크게 요통만을 호소하는 경우, 요통과 하지로 내려가는 방사통을 동시에 호소하는 경우, 요통은 거의 없이 방사통만 호소하는 경우로 나닙니다.

척추질환의 종류와 병변 부위에 따라 증상의 양상이 달라지고, 환자의 증상이 척추에서 기인한 것으로 판단될 때에는 먼저 허리검사를 해야 합니다. 척추질환이 있다고 해서 모든 경우 수술적 치료를 하는 것은 아닙니다. 여러 가지 보존적 치료, 즉 근육을 강화하거나 주사요법과 같은 통증치료, 약물치료를 먼저 시행하게 됩니다. 이러한 보존적 치료 후에도 증상 호전이 없고 더 악화되거나 신경학적 이상증세가 진행되는 경우에는 수술적 치료가 권유됩니다.

▶ 뇌졸중 경고 신호를 미리 알 수 있나요?

뇌졸중이 생기면 반신마비, 언어장애, 의식장애 등이 발생하고 회복되더라도 정상으로 돌아오기 힘듭니다. 하지만 갑자기 증상이 생기더라도 보통 5~10분 이내, 혹은 24시간 내에 정상으로 돌아올 수가 있는데 이를 일과성 허혈발작이라고 합니다. 20~40%의 환자에서 뇌졸중 발생 전에 경험하며 대개 이런 증상이 몇 번 반복되다가 뇌경색으로 진행하기 때문에 일과성 허혈증상의 경고 신호에 대해 알아두면 좋습니다.

- 신체 한쪽에 갑자기 힘이 빠지거나 감각이 둔해진다.
- 시야 장애가 생기거나 갑자기 한쪽 눈이 안 보인다.
- 말이 잘 안 되거나 이해를 하지 못한다. 또는 발음이 어눌해진다.
- 갑자기 어지럽고 걸음이 휘청거린다.
- 갑자기 전에 경험하지 못했던 심한 두통이 생긴다.

이런 증상이 있을 때에는 뇌졸중의 경고 신호라는 것을 알고 정확한 검사와 치료를 하면 장애를 줄이거나 예방할 수 있습니다.

▶ 뇌졸중 환자의 물리치료 방법은 어떻게 되나요?

뇌졸중 환자는 근육약화, 운동기능의 마비, 협응문제 등으로 인해 손상측사지의 운동기능이 현저하게 감소하며, 이로 인해 일상생활의 많은 신체활동들에 제한이 나타납니다. 뇌졸중 발병 후 운동기능에 대한 회복은 첫 3개월 이내에 대부분 이루어지지만, 만성 뇌졸중 환자에게서도 물리치료를 실시하였을 때 기능적 회복이 나타납니다. 재활운동치료에는 매트 및 이동훈련, 보행훈련, 근력강화 및 지구력 증진, 기능적 전기자극치료, 호흡재활훈련이 있습니다. 매트 및 이동훈련에는 보행 전 침상에서의 움직임을 도와주고 점진적으로 자세 안전성을 증진시켜 신체균형능력을 촉진시켜줍니다.

기능적 전기자극 치료는 중추신경계, 근골격계 질환으로 인해 약화된 근육의 강화와 위축방지, 견관절아탈구의 방지, 보행 시 발이 지면에 끌리지 않도록 하는 기능적 보행훈련으로 근육을 기능적으로 수축하도록 근육 또는 신경계 전기자극을 가해 근육조절능력을 향상시킵니다. 뇌졸중 후 운동치료 시간 증가가 기능적 회복에 미치는 영향에 관한 메타분석에서 운동치료 시간 증가는 일상생활 동작에서 유의한 효과를 얻을 수 있습니다.

탐구과정에서 '한울본부, 원전 주변 환경방사능 기준치 이내로 '안전' 관리 매우 양호' 기사를 참고하여 원자력본부 주변 지역의 방사능 수치를 알아보기 위해 방사선과학연구소에서 방사능을 분석한 결과 미량의 세슘이 검출됨을 알게 됨. 이는 원전 가동과는 무관하게 우리나라 일반 환경에 나타나는 수준이라는 것을 알아냄.

이외에도 관할지역의 토양 및 쌀, 배추 등의 생활환경 시료를 연 1회 채취하여 방사능 조사를 실시하여 내부 피폭선량 평가를 위한 기초자료로 활용할 것을 제시함. 또한 쑥이나 솔잎 같은 지표식물 역시 매년 방사능 농도를 측정하여, 세슘의 농도 변화에 대해 조사해볼 필요가 있다고 주장함. 탐구보고서를 발표할 때 우리나라의 환경방사선/방사능이 어떻게 감시, 관리되고 있는지에 대해 설명하고, 원자력발전소와 방사선이 체계적으로 검사되고 있어 환경에 대한 피해가 적다는 것을 알려줌.

▶ 세슘의 농도는 방사선과 어떤 관련이 있나요?

세슘은 우라늄의 핵분열 과정에서 얻어지는 물질로서 동위원소 중 하나인 세슘-137은 자연상태에서는 존재하지 않고, 핵실험 등의 결과로 발생하는 인공원소입니다. 이 원소의 농도는 방사능 낙진의 영향을 가늠하는 척도가 됩니다. 세슘-137은 강력한 감마선으로 암세포를 죽이기 때문에 병원에서 자궁암 등의 치료에 사용되기도 하지만 정상세포가 이에 노출되면 반대로 암 등이 발현할 수도 있습니다. 이번 일본 후쿠시마 원전 주변에서 검출되었으며, 체르노빌 원전 사고 때 누출된 방사선입니다.

▶ 우리나라에서는 환경방사능이 어떻게 감시 및 관리되고 있나요?

환경방사능 분석을 위해서는 가장 먼저 환경시료를 채집합니다. 이를 위해 지방방사능측정소에서는 야외 모니터링 포스트에 각종 장비를 설치하여 공기 부유진, 강수, 낙진 등의 시료를 채집합니다. 채집한 시료는 계측 및 분석을 위해 전처리(토양, 강수, 낙진 등의 환경시료를 계측 가능한 형태로 가공하는 것) 과정을 거치게 됩니다. 전처리 과정을 마친 환경시료는 계측 용기에 담아 계측합니다. 감마 계측기에 시료를 담은 용기를 넣어 감마선이 나오는 핵종을 검출합니다. 이렇게 감마계측기에서 측정된 스펙트럼은 이후 분석과정을 거치면서 지속 관리되고 있습니다.

▶ 방사선의 측정 원리는 어떻게 되나요?

방사선이 물질을 통과할 때, 높은 에너지로 인해 원자로부터 전자가 튕겨나가 전자와 이온으로 분리되는 전리작용 또는 이온화 작용이 일어납니다. 이때 발생하는 전자는 전류를 흐르게 하며 그 전하량을 측정해 방사선의 종류와 에너지를 알아낼 수 있습니다. 방사선으로부터 에너지를 얻은 전자는 원자핵에 구속된 채로 높은 에너지를 갖게 되는 들뜬 상태 혹은 여기 상태(勵起狀態)로 존재합니다. 이 전자는 원자핵에 이끌려 다시 바닥 상태로 돌아오면서 그 차이만큼 에너지를 방출하게 되는데 빛의 형태로 나타납니다. 이 빛을 측정하여 방사선의 에너지와 종류를 측정할 수 있습니다. 이러한 여기 상태를 작용시킨 기기를 섬광형방사선감시기라고 합니다.

문학

문학작품의 구성 성분을 이해하고 풍부한 감성과 작품내용에 충실한 해석을 통해 수업시간에 적극적으로 발표하고 모범적인 태도를 보임. 야간 자율학습을 통해 그날 배운 내용을 노트에 정리하고, 특히 소설작품은 시험기간에 복습하기 편하도록 줄거리를 그림으로 그려 급우들에게 쉽게 설명해주고 자료를 거리낌 없이 공유하는 모습을 보임. 문학작품 읽기 수행평가에서 소설 〈아몬드〉를 읽고 감정표현 불능증을 앓고 있는 주인공이 타인과 어울리기 위해 '주입식' 감정교육을 받아 기계적으로 감정을 표현하고, 주변의 인물들과 생활하며 조금씩 감정을 느끼며 성장하는 것을 보면서 사람 사이의 긍정적 상호작용의 중요성을 깨닫게 됨. 자신의 진로인 작업치료로 만나게 될 발달장애나 사례 아동들에게도 신뢰를 바탕으로 긍정적 상호작용을 이끌어낼 수 있도록 그들을 존재 자체로 인정해주고 보듬어주고 싶다는 감상문을 발표함.

▶ 문학 교과가 간호·보건계열에 어떤 도움을 줄 수 있나요?

　문학 과목의 특성상 간호·보건계열과 바로 연결 짓는 것에는 무리가 있지만 문학 작품 속의 주인공을 통해 다양한 사람들의 성격을 파악할 수 있습니다. 또한 인성 역량을 길러줄 수 있는 과목이기에 환자에 대한 배려와 인내심, 희생정신, 팀 협업 능력 및 소통능력을 신장할 수 있습니다. 추가적으로 꼼꼼함, 이성적인 태도 등도 드러낼 수 있습니다.

▶ 환자를 이해하는 데 도움이 되는 문학작품을 추천해주세요.

• 나는 내가 죽었다고 생각했습니다. (질볼트 테일러, 윌북)

　: 하버드대 뇌과학자인 질보트가 직접 경험한 뇌질환을 기록한 이야기

• 모리와 함께한 화요일 (미치 앨봄, 살림)

　: 루게릭병으로 죽음을 앞둔 교수 모리와 영혼의 결핍을 느끼던 제자 미치의 인생이야기

• 페스트 (알베르 카뮈, 더스토리)

　: 평범한 도시에 페스트가 유행하며 도시가 폐쇄된 상황 속 각기 다른 사람들의 이야기

• 나를 보내지 마 (가즈오 이시구로, 민음사)

　: 장기기증자로서 존재하는 복제 인간 캐시와 루스를 통해 인간의 존엄성을 성찰함.

• 샘에게 보내는 편지 (대니얼 고틀립, 문학동네)

　: 심리학자 할아버지가 자폐진단을 받은 손자 샘에게 전하는 인생의 지혜

• 파랑피 (메리 E. 피어슨, 비룡소)

　: 교통사고 후 뇌의 10%로 온 몸을 재건한 후 1년 만에 깨어난 소녀가 자신의 정체성을 찾아가는 과정을 담은 이야기

신경미학에 대한 뇌 연구를 할 때, 기능적 자기공명영상(fMRI)을 사용하여 과학적으로 연구하는 것의 중요성 지문을 잘 분석함. 기존에 알고 있는 MRI와 fMRI의 차이점에 대한 궁금증을 가지고 조사하여 정리함. 또한 조사과정에서 MRI기계가 X-ray나 CT와는 다르게 방사성 물질이 없기에 위험부담이 적어 뇌 연구에 많이 사용된다는 사실을 알게 되었으며 조사내용을 체계적으로 작성함.
진로나 관심 분야에 대해 탐구보고서를 작성하는 시간에 '환경방사능 실태조사'라는 보고서를 작성하여 발표함. 우리나라는 원자력 발전이 중요한 에너지원으로 사용되고 있기에 환경방사능 실태를 조사하여 환경오염 방지와 안전성 확보가 필요하다는 탐구목적을 밝힘. 이후 신문기사 검색을 통해 원전 내 측정기준에 삼중수소가 존재하지 않는 것과 그 위험성에 대해 조사함.

▶ **fMRI는 무엇이며, fMRI와 MRI의 차이점이 궁금해요.**

기능적 자기공명영상(fMRI)은 인체의 장기와 조직의 선명하고 상세한 사진들을 찍기 위하여 전파와 강력한 자기장을 사용합니다. fMRI 촬영은 정확히 어느 부분의 뇌가 사고, 언어능력, 움직임, 감각 등 일을 하는지 알 수 있습니다. 즉, fMRI는 뇌를 조사하는 MRI라고 말할 수 있습니다. MRI는 자석으로 구성된 장치에서 인체에 고주파를 쏘아 신체 부위에 있는 수소원자핵을 공명시켜 각 조직에서 나오는 신호의 차이를 디지털 정보로 변환하여 영상화하는 것을 말합니다. MRI는 X-ray처럼 이온화(전리) 방사선이 아니므로 인체에 무해하며, 환자의 자세 변화 없이 원하는 방향에 따라 인체에 대해 횡축 방향, 종축 방향, 사선 방향 등의 영상을 자유롭게 얻을 수 있다는 장점이 있습니다.

▶ **삼중수소는 자연계에도 존재하고 그 양이 적은데 왜 위험한가요?**

삼중수소는 이미 자연 상태에 존재하고 있는 방사성 물질이지만, 내부 피폭에는 주의가 필요합니다. 삼중수소는 베타선을 방출하는데, 그 수준이 약 $6\mu m$로 약하여 피부를 뚫거나 외부 피폭을 일으키지는 못합니다. 또 삼중수소가 포함된 물이나 음식을 섭취하더라도 7~14일 내 대소변이나 땀으로 배출됩니다. 일본이 바다로 오염수를 배출한 뒤 해당 해역의 수산물을 오염시키고, 이 수산물을 장시간 섭취하면 신체 내 방사성 물질이 축적됩니다. 삼중수소가 인체 내 정상적인 수소를 밀어내고 그 자리를 차지하면, 베타선을 방사하면서 삼중수소가 헬륨으로 바뀌는 핵종전환이 일어납니다. DNA에서 핵종전환이 발생하면 유전자가 변형, 세포사멸, 생식기능 저하 등 신체 손상을 입을 수 있기 때문입니다.

언어와 매체

수업 시간에 배운 문법 내용인 외래어 표기법을 의학용어에 적용해 보고서를 논리 정연하게 작성하고 급우들에게 발표함. PPT라는 적절한 매체를 활용해 주로 시각자료를 통해서 각 의학용어들의 유래와 읽는 방법을 효과적으로 소개함. 'Barbiturate' 같은 약물 이름의 경우에는 뇌의 GABA수용체에 작용해 신경흥분을 억제하여 진정이나 수면의 효과를 일으킴과 같이 약물의 효과를 설명하여 청중의 관심을 사로잡음. 평소에 외우기 어려웠던 의학용어에 대해 이 활동을 기회로 효과적으로 습득할 수 있었다고 느낀 점으로 설명함. 발표내용을 완벽하게 이해하려고 열심히 공부하는 모습에서 성실성을 확인할 수 있었고 적절한 자료를 활용하는 능력이 뛰어나 앞으로 기대가 되는 학생임.

 면접

이 활동을 하면서 바르비투르(Barbiturate) 외에 새로 알게 된 의약물이 있나요?
발포르산(Valproic acid)이 있습니다. 주로 두통을 예방하거나 뇌전증을 치료하는 데 사용하는 것으로 알려져 있습니다. 하지만 이 약물의 작용 메커니즘은 아직 불분명하나 '바르비투르'처럼 뇌에서 GABA 신경전달물질이나 히스톤 탈아세틸화 효소, 전압 개폐 나트륨 통로 등에 영향을 미쳐 작용하는 것으로 알고 있습니다.

GABA와 GABA 수용체의 작용하는 역할이 무엇인가요?
GABA는 뇌에서 흥분을 억제하는 시냅스에서의 신경전달물질입니다. 따라서 특정 뉴런에서 분비된 GABA가 다음 뉴런에 있는 GABA 수용체와 결합하게 되면 K+나 Cl- 통로에 의해 과분극을 유도하게 됩니다.

이는 흥분의 전달을 유도하는 탈분극과는 반대되는 현상으로 흥분을 오히려 억제하는 효과를 만들어냅니다. 바르비투르(Barbiturate)는 GABA 대신 GABA 수용체에 작용을 함으로써 신경 흥분 억제를 인위적으로 유도하여 수면을 일으키는 효과가 있습니다.

 영어 관련 교과 세특

영어독해와 작문

타이포셔너리, 히든 픽쳐, 도표 완성하기 등 다양한 과제를 성실히 수행하고 영어실력을 향상시키기 위해 노력함. 간호사를 희망하는 학생으로 '칼로리 섭취의 중요성'에 대한 영어지문을 읽고 내용을 요약하고 어휘의 의미와 파생어 조사, 구문 분석 및 지문에 대한 자신의 의견을 작성함. 극심한 다이어트로 인해 섭식장애나 거식증으로 고통받는 사람들이 많은데 충분한 칼로리의 섭취는 신체적 건강뿐만 아니라 정신적 행복감까지 줄 수 있음을 알게 됨. 특히 청소년기의 학생들에게 적절한 교육이 필요하다는 내용으로 보고서를 작성함.

▶ **섭식장애와 거식증의 차이점은 무엇인가요?**

섭식장애 : 불규칙한 식사 습관, 폭식, 음식에 대한 조절 상실, 음식에 대한 과도한 집착, 영양결핍 상태인데도 음식 섭취를 거부하는 등 주로 무리한 다이어트에 의하여 촉발되는 식사행동상의 장애입니다.

거식증 : 섭식장애의 주요 증상 중 하나로 신경성 식욕부진증을 흔히 거식증이라고 합니다. 살이 찌는 것이 두려워서 음식에 대한 욕구가 있으면서도 기초대사량에 필요한 에너지를 섭취하는 것을 거부하는 증상입니다.

신경성 식욕부진증이 있는 사람은 정상 체중의 최소 혹은 그 이상으로 체중을 유지하는 것을 거부하고 저체중이어도 비만이라고 생각하는 등 자신의 체중이나 몸매에 대해 왜곡된 평가를 하면서 저체중의 심각성을 부정합니다.

또 다른 주요 증상으로는 신경성 폭식증이 있고, 신경성 폭식증이란 짧은 시간에 많은 양의 음식을 섭취한 뒤 스스로 혹은 약물을 통해 일부러 구토를 유도하는 증상입니다. 구토를 하면 폭식을 여러 번 반복할 수 있기 때문에 먹고 토하고 또 먹는 행동을 반복합니다.

▶ **섭식장애와 거식증을 치료하는 방법이 궁금해요.**

섭식장애를 가진 사람들이 스스로 좋아지기는 매우 어렵기 때문에, 가능한 한 빨리 전문적인 도움과 지원을 받는 것이 중요합니다. 섭식장애 치료는 질병을 지속시키는 생각과 행동, 감정, 신체적 느낌 등을 이해하고 효율적으로 통제할 수 있게 도와주는 인지행동치료와 약물치료를 비롯한 다양한 치료들을 실시합니다. 일정한 일과 활동을 확실히 정해주고 매일 같은 시간에 식사하도록 구조화되고 지지적인 환경을 조성해야 합니다. 여기에 역동적 정신치료와 행동수정 프로그램, 가족치료 등을 병행할 때 효과적인 치료 결과를 기대할 수 있습니다.

💬 **학부모 질문**

Q 세특 작성 사례를 보면 무엇을 조사해서 발표하거나 보고서를 적는 방식이 많은데 그런 활동만을 적을 수 있나요?

A 아닙니다. 그 과목을 어떤 방식으로 공부했는지, 그 단원을 이해하기 위해 노력한 내용, 실험을 하거나 무엇을 직접 만들어 보는 활동 등 자신의 개별화된 역량을 보여줄 수 있는 내용이면 좋습니다. 특정 교과목에 대해 이런 활동과 후속활동으로 심화적인 활동 모습을 보여주는 것도 좋습니다. 예를 들어 기술가정 세특의 경우 '3D 프린터의 종류와 모델링하는 방법을 익히고, 분자의 입체적인 구조를 이해하고자 직접 분자의 구조모형을 모델링하여 출력해보면서 이를 이해하는 모습을 보임' 등의 활동을 할 수 있습니다.

영어뉴스를 활용한 수업에 적극 참여하고 각 주제에 대해 깊이 고민해보며 시사이슈에 대한 감각을 키움. 강아지공장, 청소년 생체시계 등의 생명과학 분야에 관심을 많이 보이고 자신의 의견을 소신껏 발표함. 암치료 외 관련된 지문을 읽고 평소 관심이 많았던 화학치료법에 대해 소개함. 화학치료법의 원리와 부작용 등에 대해 조사하고 영어로 PPT를 제작하여 관련 주제의 어휘를 알기 쉽게 제시함. 화학치료법의 방식에 대한 TED강의를 듣고 정리하여 그림과 함께 발표하여 급우들의 이해를 도움.

▶ 항암화학요법의 원리와 부작용에 대해 알려주세요.

항암화학요법이란 항암제를 이용하여 암세포가 자라는 것을 막거나 죽이는 전신적인 치료 방법입니다. 항암화학요법은 수술, 방사선요법과 함께 암 치료의 3대 방법 중 하나입니다. 항암제에는 주사제와 경구로 복용하는 알약이 있습니다.

전통적인 항암제는 '세포독성 항암제'로 빠르게 분열하며 증식하는 세포를 공격하여 분열을 차단함으로써 암세포를 죽입니다. 전통적인 항암제인 세포독성 항암제는 종양세포와 정상세포 간의 자라는 속도의 차이를 이용해서 치료효과를 얻습니다. 종양세포는 정상세포에 비해 수백 배 빨리 자라는 특성이 있으며, 항암제는 세포의 성장과 분열을 억제하기 때문에 체내로 항암제가 주입되면 정상세포보다 빨리 자라는 암세포가 주로 죽게 됩니다.

이런 특성을 이용해 정상세포의 손상은 최소화하면서 종양세포만을 선택적으로 죽이게 됩니다. 그러나 이 과정에서 종양세포만큼이나 빠른 성장속도를 보이는 혈액세포, 모근세포, 점막세포, 생식세포 등도 손상되면서 골수기능 저하(백혈구/적혈구/혈소판 감소), 탈모, 구내염, 설사, 불임 등의 특성석인 부작용이 나타날 수 있습니다. 항암제의 가장 흔한 부작용으로는 메스꺼움과 구토가 있습니다. 이는 항암제가 구토를 유발하는 뇌의 특정 부위를 자극하기 때문입니다. 다행히 최근에는 구토를 유발하지 않는 약제도 많으며 다양한 구토억제제가 개발되어 예전에 비해 구토의 정도가 많이 완화되었습니다. 성인의 몸에는 암세포 외에도 혈구세포, 점막세포, 생식세포 등 빠르게 분열하는 세포들이 일부 있는데 세포독성 항암제를 사용하게 되면 이러한 세포들도 손상됩니다. 최근에는 암세포와 관련된 특정 단백질(=표적세포)만 공격하는 분자표적치료제도 널리 사용되고 있습니다.

▶ 항암화학요법의 치료방법에 대해 알려주세요.

항암제는 보통 2~3가지 약제를 함께 사용하는 복합항암화학요법이 많이 사용됩니다. 전통적인 세포독성항암제는 그 특성상 치료에 따른 독성 때문에 일정 기간(대개 1~5일)의 치료가 끝나면 휴식기간이 필요합니다. 이 기간 중에 백혈구 수치가 떨어졌다가 다시 회복됩니다. 이 기간을 고려해서 항암제는 대개 2~4주 간격으로 투여합니다. 그러나 최근 항암제가 다양해지면서 매일 또는 매주 투여하는 약제들도 늘어나고 있습니다.

항암화학요법 투여 일정은 암의 종류, 항암제의 종류에 따라 다르게 적용합니다. 일반적으로 보조항암화학요법의 경우 3~6개월간 투여하는 것이 보통이지만 경우에 따라 1년 이상의 치료가 필요할 수 있습니다. 유방암에 사용하는 여성호르몬억제제의 경우는 5년간 약제를 투여하게 됩니다. 완화적 항암화학요법의 경우 6~8주간 치료 후(보통 2~3주기) CT 등의 영상검사를 시행하여 치료효과를 판정합니다. 항암효과가 있는 것으로 판단될 경우 같은 약제로 일정기간 치료를 더 시행하며 효과가 부족한 것으로 판단될 경우 항암제의 종류를 바꾸어 다시 치료를 시작합니다.

영어 성취도가 우수하며 지문 독해 능력이 뛰어난 학생으로 평소 영어 과목을 좋아하고 영어권 문화에 대한 흥미와 관심이 높고 기본기가 잘 갖추어져 있음. 이러한 실력을 바탕으로 수업 시간에 배우는 지문들을 분석할 때 뛰어난 어휘력 및 독해 실력을 드러냄. 특히, 풍부한 배경지식을 통해 주어진 지문을 빠르게 읽고 핵심어휘와 요지를 파악하는 능력이 뛰어남. 자신이 한번 정한 진로를 위해 끊임없이 정진하는 모습을 보이는 학생으로 수업시간에 다룬 지문 중 '질의응답으로 알아보는 방사선 방사능 이야기'에 관한 글을 읽고 방사선과 방사능의 차이와 종류, 관계를 알게 됨. 평소에 의문을 가지고 있던 인공방사선과 자연방사선의 차이와 둘 중 어떤 것이 더 위험한지에 대해 탐구하는 열의를 보임. 에세이쓰기 활동시간에 햄버거 구조형식의 영어식 문단쓰기를 쉽게 이해하고 논리적으로 생각을 정리함. 자신의 진로를 주제로 우리의 체내를 검사할 수 있는 방법들에 대해 X-ray, CT, MRI 등을 예로 제시하며 각각의 특징을 설명함.

▶ **방사능/방사선 관련 사고에는 어떤 것이 있나요?**

체르노빌 원전 사고는 플루토늄 제조용 흑연로를 민생용으로 전용한 설계로, 중성자를 흑연으로 감속하고, 연료집합체마다 순환하는 물로 노심을 냉각하는 구조였습니다. 사고 당시 긴급 냉각 펌프를 움직이는 전력을, 발전 터빈의 관성을 이용해서 실험하고 있었습니다. 실험 당시 연료 안에 중성자를 흡수하는 제논의 축적이 계속되었고, 원자로의 출력을 유지하기 위해 사고 직전에는 많은 제어봉이 인출되었습니다. 사고는 불안정한 원자로를 긴급 저지하려고 했을 때, 제어봉 투입 시에 생기는 일시적인 출력 상승이 원자로를 제어불능의 폭주상태로 빠뜨린 결과라고 생각되고 있습니다.

▶ **병원에서 사용하는 엑스선은 방사선이라 할 수 있나요?**

엑스선은 인류가 처음으로 그 존재를 발견한 방사선입니다. 방사선 검사는 물질의 종류에 따라 엑스선의 투과력이 다른 점을 이용해서 몸 안의 구조를 촬영하는 검사입니다. 이외에도 방사선 검사에 관해서 더욱 혁명적인 진보를 가져온

것은 컴퓨터 단층촬영장치(CT)입니다. CT의 원리는 몸을 회전하면서 각 방향에서 엑스선에 의한 영상을 촬영하고, 그 영상의 농도를 엑스선이 온 방향으로 잡아 늘여 서로 겹치면 그 교차된 곳에 농도의 상이 그려지는 것입니다.

관련 영상

알기 쉬운 원자력 에너지 이야기(K-MOOK)
http://www.kmooc.kr/courses/course-
v1:KAISTk+NQE625+2018_K7/about

자연방사능_식품의약품안전처
https://www.youtube.com/
watch?v=GKfNcOngQU8

실용영어

평소 수업 태도가 우수하며, 매우 밝은 성격의 학생임. 수업 중 지문에 등장한 단어의 유의어, 반의어 등을 정리하여 어휘의 미묘한 쓰임을 파악하는 등 독해실력 향상을 위해 노력함. 영어 자체를 좋아하고 문장구조에 대한 이해도가 높으며 무엇보다 빠르게 문장을 읽어 의미단위로 끊어 읽는 능력이 뛰어남. 방사선학과로 진로를 정하고 지문과 연계하여 'Precautions of radiation in terms of treatment field and diagnostic field'에 대하여 조사하고 보고서를 작성함. 전문용어가 포함되어 다소 어려울 수도 있는 주제이지만 논문과 자료들을 참고하며 짜임새와 가독성이 좋은 장문의 에세이를 작성함. 또한 인상적이었던 주제나 진로와 관련된 주제를 스스로 탐구하며 보고서에 잘 기록함. '의료과실에 대한 병원과 의사의 대응'에 관한 글을 읽고, 의료인으로서 자신의 의료과실을 인정하고 환자와 보호자에게 직접 사과하고 책임지는 태도가 필요하다는 의견을 피력함. '방사선 노출'이라는 주제의 글을 읽고, 오늘날 방사선이 의료상 치료과정을 추적하고 관찰하는 데 도움이 되긴 하지만, 의료방사선 처치를 받을 때 반드시 의사와 상담을 받은 후 결정할 필요가 있다는 생각을 표현함.

▶ 의학 분야에서 전리방사선은 어떤 도움을 주나요?

　다양한 질병의 진단 및 치료에 방사성 의약품이 사용되는데 이 물질은 신체기관별 잘 흡수될 수 있도록 개발되었습니다. 전리방사선은 전기 발생기가 꺼지면 방사선 방출을 중지하는 반면, 방사성 소스는 방사능 붕괴과정에서 수정할 수 없는 방사선을 방출합니다. 또한 방사선 요법치료를 위해 전리방사선을 이용하는데, 일부의 원소에서 외곽전자를 분리시켜 이온화시키는 방사선으로 알파입자, 베타입자, 중성자 등의 입자선과 짧은 파장을 갖는 전자파인 감마선과 X선이 있습니다. 방사선으로 인한 위험의 크기는 선량에 비례합니다. 진단용 X선 및 핵의학 진단에 활용되어 방사선의 위험은 적으면서 정확한 진단을 하는 데 사용됩니다.

▶ 소량의 방사선에도 노출이 된다면 어떤 영향을 미치나요?

　히로시마와 나가사키 피폭자들에 대한 60년 이상에 걸친 조사를 통해 2~5년의 잠복기를 걸쳐 백혈병에 의한 과잉사가 나타났으며, 10년 남짓 걸려 정상으로 돌아왔습니다. 또한 0.5그레이를 넘는 원폭방사선을 받은 사람들 중에는 10~20년 잠복기를 거쳐 유방암이나 폐암 등이 나타났습니다. 방사선이 유전자에 닿으면 유전자를 구성하고 있는 원자와 원자 사이의 결합을 끊어 버리는 유전자 손상(radiation-induced DNA-damage)이 일어납니다.

　이러한 유전자 손상은 노출된 방사선 양이 적은 경우에는 비교적 단시간에 복구(copy and DNA repair)됩니다. 하지만 방사선 양이 많고 유전자 손상이 심한 경우에는 모든 손상이 제대로 복구되지 않고 그중 일부가 잘못 복구될 수도 있습니다. 이처럼 소량의 방사선에 노출된 경우 큰 피해를 주지 않지만 오랜 기간 지속된다면 잠복기간을 걸쳐 방사선 조직반응과 다른 종류의 피해를 줄 수 있기에 조심해야 합니다.

기하

수업 시간에 문제를 풀이함에 있어 대수적인 풀이뿐만 아니라 기하적 성질을 활용한 풀이법에 흥미를 보이며 수학 학습에 열정적인 태도를 보임. 더불어 이차곡선이 실생활에 활용된 사례를 찾아보며 흥미를 높였고, 현수선과 포물선의 차이에 대해 궁금해하는 모습을 보임. 독서활동을 통해 다양한 수학적 사실과 수학자의 일화에 대해 익히는 계기가 되었음. 특히 컴퓨터 단층 촬영기기 또는 신장결석 파쇄기가 어떤 수학적 원리를 바탕으로 구성되는지 이해하면서 의학에서 사용되는 장비들이 수학적 개념을 바탕으로 이뤄졌다는 사실에 놀라워하는 모습을 보임.

▶ **컴퓨터 단층 촬영기기에 어떤 수학적 원리가 숨어 있나요?**

컴퓨터 단층 촬영기기는 여러 위치에서 일정한 방향으로 X선을 쬐어 인체를 통과한 X선의 양을 반대편 X선 감지기를 통해 양을 측정하여 그래프로 나타낼 수 있는데, 이 그래프를 시각화한 영상을 사이노그램(Sinogram)이라고 합니다. 이때, 사이노그램은 X선이 통과하는 영역의 길이를 구하여 수학적으로 X선의 흡수량을 적분값으로 환산하여 단면을 확인할 수 있습니다.

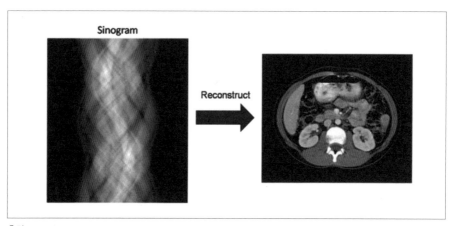

출처 : Guy Gilboa

▶ 신장 결석 파쇄기에 활용된 수학적 원리는 무엇인가요?

타원의 한 초점 F에서 나온 빛이나 전파는 타원 위의 점에 반사되어 타원의 다른 초점 F를 향해 진행합니다. 이 성질은 요로결석이나 신장결석 등을 치료하는 의료기계인 체외충격파 쇄석기 즉 신장 결석 파쇄기에 활용됩니다.

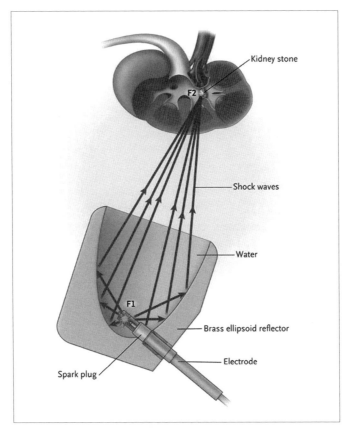

출처 : 체외충격파쇄석기

▶ 수학 및 과학과 관련된 의료기기를 소개해주세요.

전자기유도와 그에 따른 유도전류의 과학적 원리를 기반으로 한 의료기기로 자기공명영상(MRI)과 경두개자기자극(TMS)이 있습니다. 자기공명영상(MRI) 기기는 강한 자기장을 발생시켜 우리 몸에 있는 수소 원자핵들을 공명시켜 원자핵에서 발생하는 전자기파를 검출하여 인체 구조의 영상을 얻어냅니다. MRI의 사진을 보면 사람이 누워있는 베드가 움직여 큰 원형 동굴장치 속으로 들어가는데 여기에 강력한 자석이 있습니다. 이 자석으로 인해 수소 원자핵이 들뜬 상태에서 바닥상태로 안정될 때 방출되는 에너지를 영상으로 표현하여 보여줍니다.

경두개자기자극(TMS) 기술은 머리 주위에 코일을 통하여 강한 자기력을 생성시키고, 그 자기장을 두뇌로 전달하여 신경세포의 탈분극을 유도하고 두뇌를 자극하는 방법입니다. 이렇게 신경계 여러 장애를 치료할 수 있는 방법으로 사용되고 있습니다.

수학 2

탄산음료 속 이산화탄소의 부피는 커지고 겉넓이는 작아질수록 에너지가 작아짐을 알고, 기포의 반지름과 에너지의 함수를 조사함. 반지름이 극대일 때보다 더 크거나 작으면 기포가 터지거나 사라짐을 통해 자연 속의 미분을 알게 됨. 공급곡선과 생산곡선의 교점에서 균형 거래량과 균형 가격을 구하는 과정을 조리 있게 잘 발표하고, 도형의 넓이를 정적분으로 계산하여 소비자 잉여와 생산자 잉여를 구하여 경제와 정적분이 밀접함을 알게 됨. 생활에서 미적분이 적용된 예로 혈류속도 함수의 순간변화율로 혈관질환 진단, 최대이윤 계산, 정적분을 활용한 심장 혈액 박출량, 지니계수를 조사하고 관련 문제를 해결하여 제출함. 프렉탈 구조인 코흐곡선의 특이점을 잘 설명하고, 실생활에 많이 활용되는 사례를 찾아서 프랙탈 카드를 만들어 학생들에게 시각적으로 보여줌.

▶ **혈류속도 함수의 순간변화율을 활용해 혈관 질환을 어떻게 진단하나요?**

혈관 반지름의 길이가 R이고 길이가 L인 원기둥의 관으로 생각할 때, 혈관을 지나는 혈류의 속도 v는 혈관 벽면에서의 마찰로 인하여 혈관의 중심축에서 가장 빠르고, 중심축으로부터의 거리 r이 증가함에 따라 감소하여 벽면에서는 0이 됩니다. 이때 η를 혈액의 점성, P를 혈관의 양끝에서의 압력차라고 하면, 혈액의 속도(v)는 $v = \dfrac{P}{4\eta l}(R^2 - r^2)$ 입니다. 혈류속도를 통해 동맥경화, 심근경색, 뇌졸중과 같은 심혈관질환을 진단할 수 있습니다.

▶ **정적분을 활용해 심장 박출량은 어떻게 측정할 수 있나요?**

심장의 건강상태를 알아보는 한 가지 방법이 심장이 한번 수축할 때마다 뿜어내는 혈액양인 심장 박출량을 측정합니다. 이때 색소 희석법을 많이 사용하는데, 색소가 우심방으로 주입되면 심장을 거쳐 대동맥으로 흘러 들어갑니다. 이때 주입된 색소의 양을 A, 색소가 없어지는 데 걸리는 시간을 T, 대동맥에서 색소가 감지되는 시간 t에서 색소의 농도를 c(t)라 하면, 심장박출량(F)은 $F = \dfrac{A}{\displaystyle\int_0^T c(t)dt}$ 와 같이 정적분을 이용하여 계산할 수 있습니다.

 과학 관련 교과 세특

통합과학

멘토–멘티 짝 활동에서 멘토의 역할을 맡아 멘티 학생에게 단백질이 합성되는 원리인 생명 중심 원리에 대한 내용을 설명해주고 의학 분야에서 활용되는 인슐린의 대량 생산과 관련된 생명공학 기술을 논리 있게 설명함. DNA가 전사과정을 거쳐 RNA가 되고 RNA의 유전정보를 번역과정을 거쳐 단백질이 생성되는 시스템적인 생명 중심원리를 정확하게 이해하고 있음을 확인할 수 있었음. 유전자 재조합 기술을 활용해 인슐린 생성 유전자를 세균의 보조 DNA인 플라스미드에 삽입한 후 대장균에 넣어주어 대장균이 분열하면서 인슐린이 대량생산될 수 있음을 알기 쉽게 멘티 학생에게 잘 설명 해주는 모습에서 학문에 대한 이해력이 뛰어난 학생임을 확인할 수 있었음.

▶ 생명 중심원리에 대해 자세히 알려주세요.

생명 중심원리는 센트럴 도그마(central dogma)로 불리는 것으로 유전정보의 흐름을 설명하는 원리입니다. 대략적으로 DNA의 유전정보가 전사되어 mRNA를 거쳐 핵공을 통해 세포질로 빠져나가면 리보솜이라는 세포 소기관에 의해 유전정보가 번역되어 단백질로 합성되는 과정입니다. 이때 DNA의 주형가닥으로부터 여러 전사인자와 RNA중합효소가 전사 개시 복합체를 이루어 종결신호가 있는 곳까지 DNA 유전정보와 상응하는 pre-mRNA를 만들게 됩니다. 이후 진핵세포의 경우 유전암호가 없는 인트론을 제거하고, 여러 가공과정을 거쳐 성숙한 mRNA를 만들게 됩니다. 핵으로 빠져나온 mRNA의 정보는 리보솜에 의해 번역되어 아미노산의 펩타이드 결합을 통해 필요한 단백질을 합성하면서 생명현상을 유지합니다.

▶ 플라스미드는 어떤 역할을 하는지 궁금해요.

세균과 같은 원핵세포에는 핵양체 부위에 있는 주 DNA뿐만 아니라 여러 원형의 보조 DNA가 존재합니다. 이 보조 원형 유전체를 플라스미드라고 합니다. 플라스미드는 이동성을 가지고 있는데, 세균끼리 플라스미드를 교환하면서 환경에 적응하면서 살아갑니다. 특히 암피실린이나 테트라사이클린과 같은 항생제를 특정 세균에 적용해서 제거했다고 하더라도 만약 살아남은 개체가 있고 이 개체의 플라스미드에 해당 항생제 저항 유전자가 존재한다면 개체가 분열하면서 다른 주위의 세균에도 이 플라스미드를 주게 된다면 특정 항생제가 무용지물이 되는 상황이 발생할 수 있습니다.

물리치료와 같은 의학과 3D프린터에 관심이 많은 학생으로 수업 시간에 배운 화학 분자구조의 개념을 활용해 다양한 약품에 존재하는 화학 분자의 모형을 3D프린터로 제작해 급우들에게 발표함. 이를 통해 화학 분자구조의 개념을 정확하게 이해하고 있으며, 분자구조에 따라 극성분자와 무극성분자를 쌍극자모멘트를 통해 확인할 수 있었음. 평소에 수업 태도가 성실하고 순수 과학과 의학에 대한 열정이 뛰어나 앞으로 기대가 되는 학생임.

▶ **분자구조를 더욱 쉽게 확인할 수 있는 방법이 있나요?**

화학물질이 어떤 효과를 보이고, 생명체 내에서 효소가 활성 부위에 결합해서 기능을 수행하는 화학물질의 분자구조를 알아야 이를 이해하는 데 도움이 됩니다. 분자구조는 중심원자의 원자가전자에 의해 분자구조를 예측할 수 있습니다. 특히 14족 원소인 탄소(C)가 2개의 원소와 결합하면 직선형, 3개의 원소와 결합하면 평면 삼각형, 4개의 원소와 결합하면 사면체 등 다양한 구조를 가지게 됩니다. 15족 질소(N)처럼 비공유 전자쌍이 1개인 경우 삼각뿔이 되며, 16족 산소(O)처럼 비공유 전자쌍이 2개인 경우나 굽은형 구조를 가집니다. 따라서 중심원자가 무엇이며, 이 원자와 결합하는 원자가 몇 개인지, 비공유 전자쌍이 몇 개인지에 따라 분자구조를 예측할 수 있습니다.

▶ **아스피린을 복용하면 피가 잘 멈추지 않는 이유가 궁금해요.**

아스피린의 효과는 사이클로옥시게나제-1과 2라는 효소와 관련되어 있습니다. 사이클로옥시게나제는 혈전 생성에 관여하는 트롬복산 생성에 관여합니다. 아스피린은 사이클로옥시게나제에 작용하여 혈전 생성 억제 효과가 있으며 그 외에 사이클로옥시게나제 억제에 따른 해열, 진통 등의 효과를 가지고 있습니다.

플라스틱, 섬유, 영양소, 세제 등 우리 주변에 탄소 화합물의 종류가 다양한 형태로 존재한다는 것을 이해함. 생명과학과 화학이 밀접한 관계가 있음을 인지하고 생명과학의 원리와 화학의 원리를 함께 연계하여 이해하려는 경향을 보임. 우리 몸에 이상이 생겼을 때 '프로스타글란딘'이라는 물질이 생성되는데 이 물질은 위벽을 보호하는 역할도 하지만 고통을 주는 물질이기 때문에 진통제를 먹으면 이 물질의 생성을 막아 통증을 없애주는 원리임을 여러 자료를 통해 조사하고 과다 복용 시 속쓰림을 유발하는 것을 이해함.

▶ **프로스타글란딘(prostaglandin)의 종류와 효과에 대해 소개해주세요.**

체내의 각종 장기에 널리 분포하는 지방산 유도체 생리활성 물질로 세포막을 구성하는 인지질 일부를 떼어내어 생합성되는 지질의 한 종류입니다. 프로스타글란딘은 인간을 비롯해 다른 동물의 거의 모든 조직에서 발견되고, 필수지방산(essential fatty acid)이 효소에 의해 프로스타글란딘으로 유도됩니다.

모든 프로스타글란딘은 5탄소 고리를 포함하여 20개의 탄소원자를 가지고 있습니다. 피부에 세균이 침투하면 비만세포라는 세포가 우리 몸을 지키기 위해 프로스타글란딘을 포함한 여러 가지 신호를 분비합니다. 프로스타글란딘이 혈관을 확장시키기 때문에 면역세포들이 세균을 공격할 수 있게 도와줍니다. 즉, 혈관을 확장시키는 신호물질 중 하나라고 할 수 있습니다.

▶ **소염진통제는 어떤 원리에 의해 발열과 통증을 멈추게 하나요?**

인체의 특정 부위에 세균감염이나 세포 손상이 발생하면, 인체는 자가 방어 시스템을 가동하여 스스로 프로스타글란딘을 분비하여 혈관을 확장시키고, 확장된 혈관을 통해 다량의 혈액을 공급합니다. 그 과정에서 통증과 발열이 발생하게 됩니다. 그런데 소염진통제는 프로스타글란딘의 생산을 억제시키고 혈관을 수축해 인체의 자가 방어시스템 가동을 중단시켜 혈액의 공급량을 줄여줍니다. 혈액 공급량의 감소로 면역이 비활성화되어 백혈구의 공격력이 약해져 발열과 통증이 가라앉습니다.

교과학습시간에 삼투현상에 대해 학습하고 자신의 관심 분야인 보건과 관련하여 신장의 삼투현상과 관련해 조사보고서를 작성하여 제출함. 이를 통해 삼투압의 기본 정의와 신장의 다양한 기능을 함께 소개함. 또한 신장에 이상이 있는 환자들이 사용하는 인공신장의 삼투현상 원리를 자세히 소개하고 인공신장기가 환자 혈액 속의 다양한 노폐물을 제거하는 원리를 자세히 소개함. 질병관리본부의 자료를 인용하여 혈액투석의 실제 상황을 정리하여 투석환자들의 고통과 주의사항도 세밀하게 조사함. 교과에서 배운 학습을 자신의 진로와 관련하여 다양한 조사를 하면서 탐구보고서를 작성할 수 있는 탐구 능력을 보여줌. 르 샤틀리에 원리를 학습하고, 우리 몸속에서 르 샤틀리에 원리가 적용되는 완충용액에 대해 조사해 자세히 발표함. 혈액 속에서 탄산과 탄산수소이온이 혈액의 pH를 조절하는 역할을 수행하는 원리와 화학적인 조절기제에 대해 설명하고, 완충용액에 의해 항상성의 유지되는 원리를 발표함.

▶ 르 샤틀리에의 원리(Le Chatelier's principle)가 무엇이며, 완충용액과 어떤 연관이 있는지 궁금해요.

르 샤틀리에의 원리는 화학 평형상태에 있는 계에 영향을 주는 변수인 농도, 온도, 부피, 압력의 변화가 생겼을 때 변화를 상쇄시키는 방향으로 새로운 화학 평형상태에 도달하게 되는 것을 말합니다. 완충용액은 산이나 염기를 넣을 때 pH의 변화를 완화시키는 방향으로 새로운 평형에 도달하는 것이기에 르샤틀리에 원리의 한 예라고 할 수 있습니다.

▶ 혈액 속에서 완충용액에 의해 항상성이 유지되는 원리는 무엇인가요?

완충용액이란 어떤 용액에 산과 염기를 추가로 넣고 나서도 그 용액의 pH의 변화가 거의 없는 용액을 말합니다. 우리 몸속의 완충용액인 혈액으로 아무리 많은 산과 염기성 식품을 먹어도 일정한 pH를 유지할 수 있습니다. 예를 들어 고기류와 같은 산성식품을 많이 먹게 되면 수소이온이 증가하여 완충용액 속의 탄산수소이온과 결합하여 탄산을 형성하여 pH 7.3~7.4로 일정하게 유지됩니다. 혈액에 풍부하게 존재하는 약산인 탄산(H_2CO_3)과 짝염기인 탄산수소이온 (HCO_3^-)이 혈액의 pH를 일정하게 유지하는 역할을 하고 있습니다. 탄산의 농도는 혈중 이산화탄소 농도에도 의존하므로 결국은 이산화탄소와 탄산수소이온이 우리 몸의 pH를 조절하는 기능을 맡는 것과 같습니다. 탄산과 이산화탄소 및 탄산수소이온이 포함된 평형식은 다음과 같습니다.

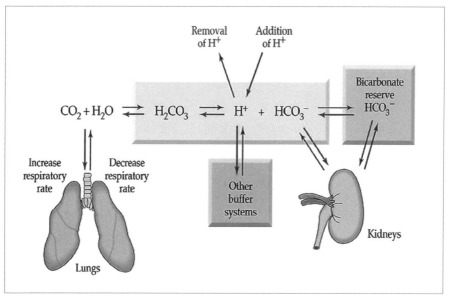

출처 : body buffer system_Eureka:Biochemistry & Metabolism

수업 시간에 배운 흡열반응에 대한 예시로 물리치료의 일종인 한냉 치료를 예시로 들어 설명한 후 흡열반응에서의 엔탈피 변화에 대해 논리 있게 발표함. 한냉 치료에서 사용하는 방법 중 화학적 냉각제에서 물과 질산암모늄 반응이 흡열반응이고 이때 엔탈피 변화량의 부호는 양수임을 정확하게 설명함. 화학적 냉각제를 사용해 몸의 주변 온도를 떨어뜨려 교감신경이 작동하게 되고 이로 인해 혈관이 수축하는 생물학적 원리를 알기 쉽게 설명하는 모습에서 생물학과 화학에 대한 이해력이 좋음을 확인할 수 있었음.

▶ 한냉 치료의 원리는 무엇인가요?

한냉의 작용 원리는 냉의 신체 적용 시 조직 내의 분자 움직임의 속도에 변화를 주어서 순환을 억제 혹은 촉진함을 이용합니다. 냉은 분자가 움직일 때 생성되는 에너지 형태로, 조직 내의 분자가 느리게 움직일수록 열은 적게 발생합니다. 이로써 출혈 후 냉자극은 혈액순환을 억제시켜 출혈의 양을 줄이는 것입니다. 조직 내에서 냉은 증발, 대류에 의해 전달되는 것보다는 주위 조직과 냉에 접촉되면 신체표면으로부터 주위환경으로 열을 이동시켜 열을 상실하게 만듭니다. 얼음이나 냉분무를 이용하여 냉각시킬 때 피부온도가 급격하게 떨어지다가 그 후에는 서서히 떨어지는데 10분 경과 후에는 섭씨 약 12~13도 정도 낮은 평형온도에 달하게 되며, 피부 더 깊숙이 있는 피하지방, 심부 근육 등은 훨씬 더 천천히 온도가 떨어지게 됩니다.

▶ 한냉자극치료의 효과에 대해 소개해주세요.

임상에서 한냉자극치료의 효과는 조직이 온도를 낮춤으로 효과를 얻고자 합니다. 급성외상인 경우 한냉치료는 먼저 동맥의 혈관을 수축시킴으로써 출혈을 줄이고, 조직의 신진대사와 히스타민과 같은 혈관 운동 자극물질을 자극해 염증반응을 억제하고, 조직의 삼출을 줄이는 데 있습니다. 그리고 동통에 대한 역치 수준을 상승시킴으로 환자가 좀 더 편암함을 얻게 하는 목적이 있습니다.

그 밖의 효과로는 신체 대사 활동을 감소시키고 근육의 긴장도를 감소시키고, 부종 감소, 관절염증 감소, 위장관 운동성 증가, 신경전도 속도를 느리게 함으로써 동통 효과 등의 생리적 효과를 기대할 수 있습니다.

생명과학 2

'인류복지에 이바지한 과학의 발견 찾기'에 참여하여 '결정화 촉진 기술'의 전망을 내다봄. 균일한 액상으로부터 일정한 모양과 크기를 갖는 고체입자를 형성하는 결정화 기술을 신약개발이나 생물 분리공정에 응용하면 좋겠다는 의견을 제시함. COVID19는 RNA바이러스 중 가장 커서 결정화 촉진기술을 응용하여 백신을 개발하는 데 도움이 될 것이라고 서술함. '효소저해제와 리포솜'에 대한 의문을 갖고 아스피린, HIV 단백질 분해효소 억제제 및 리포솜 기반 의약품에 대해 자세하게 조사하여 서술함.

▶ **결정화 촉진 기술이란 무엇이며, 어디에 활용될 수 있나요?**

물질의 결정화가 이뤄지려면 먼저 결정 씨앗이 만들어져야 합니다. 이 씨앗이 점점 성장하면서 결정으로 만들어집니다. 큰 결정을 빠르게 얻으려면 결정이 더 크게 뭉쳐지는 '오스트발트 숙성'이 일어나야 합니다. 오스트발트 숙성은 입자 크기가 다양할 때 크기가 상대적으로 작은 입자는 계속 작아지고, 큰 입자는 점점 커져 결국 작은 입자가 소멸하는 현상입니다.

이온성 고분자가 녹아있는 용액에서 이런 통념과 반대되는 현상을 발견했습니다. 용액 속에서 소용돌이 같은 흐름에 충격을 주면 오히려 결정화가 빨라지는 기술입니다. 기존보다 최소 10배 이상 빨리 결정이 자라며 성장 속도는 회전 속도와 고분자의 길이에 비례합니다. 이러한 결정화 기술은 조미료와 같은 식품에서부터 반도체, 의약 등의 전자, 정밀화학 산업 분야에 이르기까지 매우 폭넓게 이용되고 있습니다.

▶ 효소 저해제가 무엇이며, 어디에 활용될 수 있나요?

효소 저해제는 효소의 작용 부위에 결합하여 그 활성을 억제시키는 물질입니다. 효소 저해제가 효소에 결합함으로써 효소와 기질(substrate)의 결합을 막고 결과적으로 효소의 촉매작용을 방해하게 됩니다. 효소의 활성을 막음으로써 병균을 죽이거나 신진대사의 불균형을 바로잡을 수 있기 때문에 효소 저해제는 약이나 제초제, 살충제 등으로 이용할 수 있습니다.

▶ 리포솜을 이용해 약물을 전달할 수 있는 이유가 궁금해요.

리포솜은 인위적으로 만든 1개 이상의 막(지질 2중층)을 가진 구형의 소낭 구조물입니다. 약물을 포함한 물질의 효율적인 전달을 위한 리포솜의 주요한 기능은 특정한 세포나 기관 표적에 해당 물질을 전달시키는 것입니다. 물질 전달은 수동적이냐, 능동적인 방법이냐에 따라 좌우되는데, 수동적인 전달은 리포솜의 자연적인 확산 패턴에 의존합니다. 능동적 전달은 표적세포 표면에 있는 특정 분자나 거대분자(단백질 등)를 인식할 수 있는 리간드를 부착하는 방법을 이용합니다.

생명과학 2

의학과 생물학에 대한 열정이 뛰어난 학생으로 수업 태도가 성실한 학생임. 세포호흡에서 각 단계인 TCA회로, 산화적 인산화를 정확하게 이해하고 이를 급우들 앞에서 광합성 단계인 명반응과 암반응을 구분하여 그림을 그려 잘 설명함. 수업시간에 다루었던 효소의 경쟁적 저해제와 비경쟁적 저해제의 차이를 잘 이해하고 있으며 수업내용과 연계해 '효소의 저해제를 활용한 치료약 개발'이라는 주제로 발표함. 발표를 준비하는 과정에서 효소에 대해 심화내용을 공부해본 모습에서 성실함을 확인할 수 있었음. RNA중합효소가 DNA에서 RNA로 전사하는 과정부터 생성되는 가닥 기준으로 5′ 말단에서 3′ 말단으로 전사가 이루어지는 방향까지 정확하게 알고 있어 특정 염기서열을 배치해놓은 DNA 주형가닥을 제시해주면 이를 mRNA 코돈으로 잘 변환하고 주어진 코돈표를 활용해 어떤 아미노산 배열이 나타나는지 정확하고 빠르게 표현이 가능하여 어려움을 겪고 있는 급우들을 도와줌.

▶ 효소의 경쟁적 저해제와 비경쟁적 저해제의 차이는 무엇인가요?

효소는 생체 내에서 물질대사의 반응 속도에 도움을 주는 생체촉매입니다. 이때 효소가 관여하는 화학반응에 참여하는 물질을 '기질'이라고 하는데, 이 기질이 효소와 결합하면 반응이 일어나게 됩니다. 효소의 부위 중 기질과 결합하는 부위를 '활성부위'라고 하는데, 경쟁적 저해제는 효소의 활성부위에 결합하여 기질이 결합하지 못하게 합니다. 즉, 기질과 저해제가 활성부위를 두고 경쟁을 하게 되는 것입니다. '알로스테릭 효소'와 같은 경우 효소의 활성부위를 제외한 다른 물질과 결합할 수 있는 부위인 '알로스테릭'이라는 곳이 존재합니다. 비경쟁적 저해제가 알로스테릭 부위에 결합하게 되면 효소의 활성부위가 변화되어 기질과 더 이상 활성부위에 결합하지 못하게 됩니다.

▶ 주어진 DNA 주형가닥의 염기서열을 통해서 만들어지는 아미노산의 배열을 어떻게 유추하나요?

전사가 이루어지는 구간인 transcriptional unit의 유전자 부분에서 인트론 부위가 제거되었다고 가정하여 엑손의 염기서열이라는 전제하에 유추가 가능합니다. RNA 중합효소로부터 전사되는 방향은 생성되는 가닥을 기준으로 5′ 말단에서 3′ 말단 순입니다. 즉, 주형가닥 기준으로 3′ 말단에서 5′ 말단으로 이동하면서 그와 상보적인 염기를 만들게 됩니다. 이때 개시 코돈에 해당하는 5′-AUG-3′으로부터 종결코돈에 해당하는 UAA, UAG, UGA에 상보적 결합을 할 수 있는 tRNA가 없어 아미노산의 펩타이드 결합이 정지됩니다. 그래서 개시 코돈인 AUG에 해당되는 메싸이오닌부터 3염기를 해석하면 아미노산 배열을 알 수 있습니다.

물리치료가 신경계 질환의 치료법이 될 수 있음을 알게 된 후 신경계와 관련된 내용에 관심을 가짐. 신경세포인 뉴런에서 자극이 전달될 때 뉴런의 축삭돌기 말단에서 분비되는 물질의 정체를 발견한 뢰비의 실험을 페임랩의 형식으로 급우들에게 설명함. 뢰비가 신경이 연결되어 있는 개구리 심장과 신경이 끊겨있는 개구리 심장을 준비한 후 링거액으로 서로 연결되게 배치한 실험 상황을 3D프린터로 직접 제작한 모형을 활용해 생동감 있게 재현함. 부교감 신경을 자극해 신경이 연결되어있는 심장의 박동수를 줄였더니 신경이 끊겨있는 심장도 박동수가 줄어드는 현상의 원인이 부교감 신경의 축삭돌기 말단에서 분비되는 아세틸콜린이라는 신경전달물질임을 논리적으로 잘 설명함.

▶ 뉴런에서 신경전달은 어떤 원리로 이루어지나요?

　뉴런과 뉴런 사이 공간인 시냅스 틈이 존재합니다. 그로 인해 신경 전달과정인 전기적 신호로 이동되지 않아 축삭돌기 말단 시냅스 소포에 들어있는 신경전달물질인 화학물질로 자극을 전달합니다. 시냅스 이전 뉴런에서 신경전달물질이 분비되면 시냅스 이후 뉴런에 존재하는 수용체와 이 물질이 결합하고 나트륨 통로가 열리게 되면서 다량의 Na^+이 들어와 탈분극이 일어나게 됩니다. 반면 신경전달물질이 억제될 경우 시냅스 이후 뉴런의 K^+통로나 Cl^-통로가 열리게 되면서 과분극을 유도하게 되고 결국 신경전달이 끊기게 됩니다.

▶ 뢰비의 실험에 대해 자세히 소개해주세요.

　만약 뉴런과 뉴런 사이의 흥분 전달이 뉴런 내부에서 일어나는 전도방식인 전기적인 방식이라면 링거액으로 연결되어있다고 하더라도 신경이 끊긴 개구리 심장의 박동수는 변화가 없어야 합니다. 하지만 뉴런과 뉴런 사이의 흥분 전달은 신경전달물질이 직접 방출되는 화학적 방식이기 때문에 부교감 신경의 축삭돌기 말단에서 분비되는 아세틸콜린에 의해 링거액으로 연결되어있는 신경이 끊긴 개구리 심장에서도 천천히 박동하게 됩니다. 뢰비의 실험은 뉴런과 뉴런 사이에서는 어떤 방식으로 자극이 전달되는지 발견한 실험이라고 할 수 있습니다.

 면접

과학사 수업시간에 뉴런에서 자극의 전달과 관련된 실험을 재현했다고 되어 있는데, 뉴런에서 자극이 전도되는 것과 전달되는 것의 차이점을 설명해주세요.

뉴런에서 자극이 전도되는 것은 이온의 이동으로 인한 전기적 방식을 사용하고, 한 뉴런에서 다른 뉴런으로 자극이 전달될 때는 신경전달물질을 통한 화학적 방식을 사용하는 것이 큰 차이입니다. 전도는 자극이 주어지면 Na+통로가 열려 나트륨이온이 유입되어 탈분극이 일어나고, 나트륨펌프로 분극 상태로 가는데 시간이 많이 걸리기에 K+통로가 열려 칼륨이온을 내보내 재분극이 일어나는 방식으로 자극이 이동합니다.

반면 전달은 시냅스 이전 뉴런의 시냅스 소포에서 아세틸콜린과 같은 신경전달물질을 분비하면 시냅스 이후 뉴런의 가지돌기에서 신경전달물질을 받아들이는 수용체에 의해 이온통로 개폐를 조절합니다.

 사회 및 기타과목 교과 세특

통합사회

교통·통신의 발달에 따른 변화에 대한 학습을 통해 이런 변화가 일상생활에 어떻게 영향을 끼쳤는지에 대해 남다른 관심을 가지고 있으며, 정보화와 연관시켜 어떻게 변화될 것인지에 대해 흥미를 가짐. 특히 사회문화적 측면에서 원격진료와 원격교육에 관심을 가지고 이런 변화가 사회에 어떤 도움을 줄지 생각함. 더 나아가 4차 산업혁명에 의해 나타나게 될 사회구조와 일상생활의 긍정적인 변화에 대해 조사함. 원격진료뿐만 아니라 인공지능 프로그램이 치료과정에서 도움을 주고, 치매환자의 위치를 알리는 프로그램을 이용하여 치매환자를 보다 효과적으로 보호 및 관리가 가능하다는 것과 보호자에게 안심 서비스를 제공하는 등 보다 체계적인 의료서비스를 제공할 수 있음을 발표함.

▶ 원격진료에 대한 찬반의견을 말해주세요.

찬성 측	• 의료 접근성 향상 　– 도서·산간지역 등의 거동이 불편한 환자, 전염병 발생 시 의료편의성 높임. • 전염병으로 인한 팬데믹 대비 　– 신종 감염병 유행이 되풀이되는 상황 속에서 효과적인 대처가 가능함. • 비상시 신속한 조치가 가능함.
반대 측	• 비대면 진료의 불확실성과 한계 　– 의사가 직접 관찰, 소통하며 병을 보다 정확하게 진단하게 됨. • 의료 현장의 혼란 가중 　– 원격진료로 발생할 문제들에 대한 법적, 제도적 준비 부족 • 지방병원 및 동네의원의 몰락 　– 대형병원에 대한 선호로 의원 편중으로 인해 의료 접근성 하락

▶ 우리나라 원격진료는 언제쯤 정착하게 되나요?

　대한민국 원격의료의 출발은 2002년 3월 의사-의료인 간 원격진료 제도가 도입되었습니다. 하지만 여러 번 법제화의 시도에도 불구하고 정치적 이해관계와 의료계의 반대로 무산되길 반복하였습니다. 정부는 2014년 9월부터 의료 취약지역의 의료 접근성을 높이고 만성질환자에 대한 관리를 강화하기 위해 원격의료 시범사업을 시행하였습니다. 그러나 최근 발생한 코로나19 사태로 인해 정부는 전화나 화상을 이용한 진료 상담과 처방을 일시적으로 허용하였습니다. 원격의료 확대 필요성을 주장하는 산업계와 일반 시민의 요구가 더해지면서 논의가 수면으로 부상했습니다.

▶ 원격진료가 빠르게 도입되지 않는 이유는 무엇인가요?

　2012년 3월, 병원에서 환자를 진찰하지 않고 전화 통화 후 처방전을 발급해 벌금형을 받은 산부인과 의사가 있었습니다. 의료법 17조 1항 에 '직접 진찰한' 부분이 있는데 당시 헌재는 다수의견으로 의료법상 '직접 진찰한'은 '대면해 진료를 한' 이외에는 달리 해석의 여지가 없다고 판단했습니다. 하지만 재판관 4인은 소수의견으로 '직접 진찰'이란 문구가 반드시 '대면 진찰'을 의미하는 것으로 볼 수도 없다는 의견을 제시했습니다. 지금은 다양한 웨어러블 디바이스와 화상으로 정밀한 진료가 가능하기에 법의 해석을 다시 재정립할 필요가 있습니다.

윤리와 사상

코로나19 확진자 동선 공개의 개인정보 침해 문제를 칸트와 공리주의의 관점에서 진단해봄. 칸트의 입장에서 보았을 때 모든 인간은 그 존재 자체로 가치있고 존엄하므로 우리는 타인의 인권을 침해하지 않을 의무를 가지며, 개인정보를 침해해서도 안 된다고 주장함. 이와 반대로 공리주의의 입장에서는 소수의 개인정보 노출을 감수하고라도 확산을 막아 보다 많은 사람이 이득을 본다면 옳은 행위이므로 개인정보를 공개할 것을 요구함. 이 두 사상가의 관점을 정확하게 분석한 부분이 인상적임. 두 사상가의 입장을 진단한 후 보다 많은 사람이 이익을 본다고 하더라도 소수의 동의가 없다면 그 행위는 옳지 않다는 자신의 생각을 밝힘.

▶ **코로나19 확진자 동선 공개로 인한 부작용에는 어떤 것들이 있나요?**

각 지자체는 정해진 가이드라인 없이 서로 다른 기준을 적용해 확진자 동선을 지나치게 자세히 공개하면서 '사생활 침해'와 '국민 생명권 우선'이라는 찬반 논쟁이 팽팽하게 맞섰습니다. 정부와 지자체가 코로나19 확진자의 이동 경로를 알리는 과정에서 사생활 정보가 필요 이상으로 과도하게 노출되는 사례가 발생했을 뿐만 아니라 상세한 이동 경로를 공개하면 오히려 의심 증상자가 사생활 노출을 꺼려 자진 신고를 망설이거나 검사를 기피할 우려가 있습니다.

▶ **외국은 확진자 동선 공개를 어떻게 하고 있나요?**

그동안 서방국가에서는 개인의 인권 침해라는 이유로 이 같은 방법을 우려하거나 도입을 꺼렸습니다. 하지만 코로나 팬데믹이 점점 심해지자 미연방정부는 질병통제예방센터(CDC)와 협력해 코로나19 발병이 가능한 장소를 예측하고 자원이 필요한 곳을 결정하기 위한 전화 지리 위치, 데이터 통합 포털을 준비했습니다. 구글은 2일 사람들의 동선에 대한 방대한 자료의 일부를 공유할 것이라고 밝혔으며 매사추세츠공대(MIT) 연구원들은 코로나19 환자와 그들이 접촉한 사람들을 추적하기 위한 앱을 개발, 그 사용에 대해 연방정부와 협의했습니다. 일부 유럽 국가들은 개인의 허락을 받아 확진자와 감염에 노출된 사람들과 격리가 필요한 사람들을 추적하는 프로그램을 만들고 있습니다. 체코와 아이슬란드는 이미 이런 프로그램을 도입했으며 영국, 독일, 스페인 등도 유사한 프로그램을 연구 중입니다. 벨기에의 연구원들도 코로나 확진자 추적을 위한 모바일 앱을 개발하고 있습니다.

▶ '코로나 낙인'이 무엇인가요?

어떤 사람이 나쁜 사람으로 낙인되면 그 사람에 대한 부정적 인식이 사라지지 않는 것을 '낙인효과'라고 합니다. 코로나19의 팬데믹 이후 확진자와 확진자 가족들이 '코로나 낙인'으로 고통을 호소한 사례가 적지 않을 것으로 분석됩니다. 확진자나 완치 후 퇴원한 이들은 자신이 주변에 피해가 된다고 여겨 죄책감, 외출에 대한 불안감, 자가격리에 따른 정신적 고통 등을 호소하고 한 번 확진자로 낙인찍히면 완치하더라도 편견을 씻어내기엔 역부족이라는 것입니다. 정상적인 사회생활은커녕 일상생활과 인간관계에서 모두 타격을 받아 정신건강 회복이 어렵다는 생각 때문에 '고로나 닉인'이라는 새로운 단어가 생기기도 했습니다.

생명윤리 단원 공부를 하면서 의료윤리에 관심을 가지고 도덕적 탐구보고서를 제출함. 의료인은 인간의 생명을 다루는 직업으로 철저한 책임과 전문적 윤리의식을 지녀야 함을 알고, 의료윤리의 4대원칙을 조사하여 발표함. 특히 선행의 원칙으로 악행금지에 비교하여 능동적으로 요구되는 윤리원칙으로 환자에게 더 적극적인 선행을 행해야 함을 주장함. 의료혜택은 불평등하지 않고 공평하게 나누어주는 정의법칙의 중요성을 강조하고, 불평등의 사례를 조사하여 제출함. 자연과 인간에게서 인간중심주의와 탈인간중심주의 관련 주제탐구활동을 하고, 후쿠시마에 버려진 동물을 보호하는 활동에 대한 책을 읽고, 인간의 잘못으로 죽어가는 동물에 대한 현실을 알 수 있었음. 손으로 학습지 만들기 활동에 참여하여 서양사상가의 얼굴을 그리고 죽음관을 정리하여 작성함. 죽음을 통해 현재의 삶의 소중함을 강조함.

▶ **의료윤리의 4대 원칙은 무엇인가요?**

의료윤리의 4대 원칙에는 자율성 존중의 원칙, 악행금지의 원칙, 선행의 원칙, 정의의 원칙이 있습니다.

자율성 존중의 원칙 : 개인은 누구나 자신의 일을 결정할 자율권을 가지며, 충분한 정보에 근거한 동의가 환자의 자율성 보장에 중요한 부분이 됩니다.

악행금지의 원칙 : 신체적, 심리적 이해관계의 훼손을 주는 의술은 하지 않겠다는 원칙입니다.

선행의 원칙 : 온정적 간섭주의, 선한 일을 위해 의술을 사용하라는 것입니다.

정의의 원칙 : 진료현장에서 부딪히는 윤리적인 문제들을 어떻게 해석하고, 결정해야 할지를 정하는 문제입니다.

▶ **인간중심주의와 탈인간중심주의는 어떤 학자가 주장한 이론인가요?**

인간중심주의는 인간이 자유적 존재이며 도덕적으로 존중의 대상이라고 생각하는 이론으로, 대표적인 학자로는 아리스토텔레스, 데카르트와 칸트가 있습니다. 아리스토텔레스는 식물은 동물을 위해, 동물은 인간을 위해 존재한다고 주장하였습니다. 데카르트는 이성을 갖는 존재는 인간뿐이며, 자연은 이성이 없기에 이용당하는 것이라 주장했습니다. 칸트는 인간과 자연을 직접 의무 대상과 간접 의무 대상으로 나누어 바라보았습니다.

탈인간중심주의는 감정중심주의, 쾌락을 느낄 수 있는 감수주의, 생명중심주의 등 인간중심주의에 반대하는 학자들의 이론을 말합니다. 쾌고감수주의자인 싱어는 쾌고감수능력을 도덕적 고려 대상으로 설정하고, 고통을 느낄 수 있는 존재는 도덕적 존중을 받아야 한다고 주장했습니다.

▶ 의료윤리 사례에 대해 소개해주세요.

환자 A는 고혈압, 당뇨, 치매의 기저질환으로 평소 요양병원에서 생활하는데, 하지 및 좌측 상지 마비가 있으나 휠체어로 거동이 가능하였습니다. 내원 전날 혈압이 떨어지고 객담이 증가하며 당일에는 의식 저하 및 발열이 있어 응급실을 경유하여 병동에 입원하였습니다. 입원 후 혈압 및 산소포화도가 저하되었으나 인공 삽관 등과 같은 처치는 주 보호자가 거부한 상황이었으며, 나머지 환자 가족 모두가 연락이 되지 않았습니다. 당시 윤리위원회에서 임종기 판단에 대해 논의하였을 시 환자에게 인공 삽관이나 심폐소생술 등의 처치를 하여도 소생 가능성은 지극히 낮다고 판단하였습니다.

위의 사례처럼 가족과 연락이 되지 않거나 전혀 왕래를 하지 않으며 환자에 대해 일체 관여하지 않은 경우도 문제가 될 수 있습니다. 이와 같은 상태로 연명의료 중단을 결정하게 되는 것은 현재 법으로는 불가능하며, 의료진 입장에서도 법적인 문제가 발생하는 것은 아닌지 고민되는 상황입니다. 하지만 환자가 밀기상태에 임종이 임박하여 더 이상 소생 가능성이 없다고 판단하여 연명치료를 시행하여도 연장할 수 있는 기간이 수일에서 수주라면, 무의미한 치료의 중단을 결정할 수 있도록 법이 뒷받침되고 있습니다.

출처 : 내과전공의 의료윤리 사례집(https://url.kr/ycxo9s)

생명윤리에 대해 배운 적이 있는데 자신이 의료계열의 연구원이라고 생각하고 인간에 의해 행해지고 있는 여러 생명 관련 연구에 대해 자신의 윤리적 견해를 설명해주세요.
의료 계열의 연구를 진행하거나 생명공학기술을 사용할 때 저마다의 과정에서 윤리적 문제가 발생하는 것은 불가피합니다. 따라서 각 연구나 공학 기술에 대해 윤리적 문제를 검토해 허용되는 기준을 제도적으로 마련해 연구를 진행할 때 계획서를 제출하도록 하여 마련한 기준을 토대로 허가 여부를 결정하도록 하는 방식을 생각해보았습니다.

심리학

심리학 영역에 대한 글을 읽고 그중 임상심리학에 흥미를 가짐. 정신장애나 심리적 문제를 평가하고 치료하는 것을 목적으로 하는 학문이기 때문에 인간의 마음의 상처를 다룰 수 있다는 부분에 매력을 느껴 이를 바탕으로 임상심리학의 접근 방법 및 주요 영역을 설명하고 임상심리학의 예시를 들어 친구들의 눈높이에 맞춰 정리하여 발표함. 인간에 대해 정서적, 신체적, 인지적 측면에서 다각도로 이해하려는 노력이 엿보임.

▶ **상담심리와 임상심리의 차이는 무엇인가요?**

　임상심리 : 정신과 환자이거나 정신장애를 겪고 있는 환자들을 대상으로 합니다. 그래서 상담심리보다는 주로 심리평가와 치료를 하게 되며 이상심리에 대한 연구를 하게 됩니다. 임상심리학자는 심리평가와 심리치료, 연구를 주로 하게 됩니다. 병원에서 일한다면 주로 심리평가를 통해 환자가 현재 상태에 이르기까지 심리적 메커니즘을 분석하고 정신장애를 진단하며 환자들을 대상으로 한 심리치료를 하게 됩니다.

　상담심리 : 일반인들의 성장과 일상생활의 적응을 돕기 위한 상담을 주로 합

니다. 일상에서 어려움을 겪는 이들, 정신질환의 치료보다는 심리적 성장을 위한 상담을 필요로 하는 이들을 대상으로 합니다. 상담심리학자는 정상인에 가까운 이들을 상담하는데, 일반인들을 대상으로 하다 보니 환자들을 대상으로 한 장애판정검사인 신경심리검사, 정신장애 진단 검사 등은 수행하지 않습니다.

▶ 인지심리학과 어떤 차이가 있나요?

인지심리학은 여러 행동 측정치를 수집하고 분석하여 인간의 정보처리의 구체적인 특성을 밝히는 학문 분야입니다. 현재까지 많은 인지심리학자들은 인간의 정보처리 용량은 어떠한 방식으로 제한되어 있는가, 우리를 둘러싼 다양한 자극, 정보들 중 어떠한 특징을 지닌 자극들이 우리의 주의를 끄는가, 우리의 기억은 어떻게 형성되고 인출되는가와 같은 인간의 마음을 이해하기 위한 기초적이고 근본적인 질문을 이해하고자 노력했습니다.

예시로 주의력결핍 과잉행동장애(Attention Deficit Hyperactivity Disorder, ADHD) 진단을 받은 아동이나 성인들의 인지적 특성을 이해하고 궁극적으로 치료에 효과적인 인지 프로그램을 개발하기 위해 노력하고 있습니다.

독서
심화 탐구

전공적합성
인재 독서

 나는 대한민국 물리 치료사다(이문환, 책과나무)

나는 대한민국 물리 치료사다 줄거리

대한민국의 물리치료사들이 느끼고, 겪은 이야기들을 소개한다. 척추질환에 대해 잘못 알려진 의료지식에 관한 것, 물리치료사의 직업적인 특성과 미래전망에 관한 것, 의사 사회에 대한 신랄한 비판 등 학자적 양심으로 현대 의료의 문제점과 의료 권력을 독식하고 있는 의사 사회에 대해 지식인으로서 하고 싶은 이야기를 들려준다.

저자는 각종 질병이 일어나는 원인이 근육에 있다고 말한다. 특정 자세를 장시간 취하거나 장시간 운동을 하면 해당 근육에 근피로가 생겨 통증유발물질이 분비되면서 통증이 유발된다. 이때 뇌에서 내려보내는 통증 사인을 무시하지 말고, 해당근육을 이완 혹은 휴식을 취하게 함으로써 근육이 경직되어 통증이 발생하는 이러한 악순환을 예방할 수 있다는 것이다.

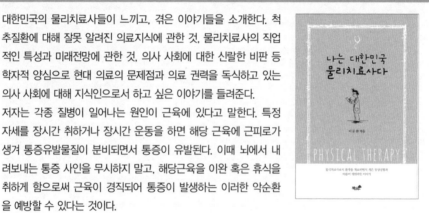

▶ 이 책을 읽고, 가장 기억에 남는 부분은 무엇인가요?

우리나라 의사는 의사, 치과의사, 한의사로 구분되는 반면에 미국은 의사, 치과의사, 카이로 의사, 물리치료사로 구분된다는 부분이었습니다. 물리치료사가 의사의 지시 감독을 받는 보조 역할이 아니라 의사와 같은 위치에서 치료방법을 결정하는 사람이라는 것입니다. 스포츠 구단의 팀닥터가 없을 때 팀닥터의 임무를 대행할 정도로 매우 중요한 직업임을 알게 되었습니다.

▶ 보정용 속옷이 허리에 좋지 않은 이유가 궁금해요.

몸을 강하게 압박하면 복근을 눌러주기 때문에 허리가 펴지고 편안해지지만 이런 기분 좋은 느낌이 계속되는 것은 아닙니다. 척추가 움직일 때마다 척추를 감싸고 있는 근육이 받쳐줘야 척추 관절에 부담이 덜한데, 보정속옷이 허리를 감싸서 척추 근육 역할을 하면 실제 근육은 점차 위축되고 약해지기에 허리가 더 안 좋아지게 됩니다.

▶ 이 책에서 수술보다는 물리치료를 권하는 이유는 무엇인가요?

근육이 뭉쳤다고 병원치료를 받지 않습니다. 그 이유는 며칠 쉬거나 충분한 휴식을 취하면 근육은 정상상태를 유지할 수 있기 때문입니다. 현대의학의 치료 방식은 근육이 뭉쳐있는 부위에 주사액을 주입하여 근육을 이완시키거나 통증 전달통로를 마취시키기 위해 진통제를 놓아줄 수 있습니다. 또는 인공디스크를 넣기도 하고, 밀려 나온 디스크를 레이저나 고주파로 치료하거나 수술을 하기도 합니다. 하지만 통증의 원인은 근육이 뭉쳐 있는 경우가 많으므로 뭉쳐 있는 근육을 풀어야 통증을 해결할 수 있습니다.

◉ 작업치료사가 글을 씁니다(글쓰는 치료사, 부크크)

작업치료사가 글을 씁니다 줄거리

작업치료사는 의료기사로 정신적으로 문제가 있거나 발달과정에서 장애를 입은 환자가 독립적으로 일상생활을 할 수 있도록 돕는다. 질병 그 자체보다는 질병으로 인한 기능의 저하에 관심을 두며, 그에 적합한 치료 방법을 선택한다. 저자는 종합병원에서 근무하는 7년차 작업치료사로서, 클라이언트의 삶에 대한 글을 직업 프로파일 적듯이 풀어나간다.

책에서는 작업치료사로서 가장 큰 가치를 클라이언트들과의 신뢰를 바탕으로 한 치료 관계 형성이라 정의하고, 환자가 아닌 클라이언트들을 존중하고 그들의 인권과 존엄을 지켜주기 위해 배려하는 것이 중요하다고 강조한다.

그리고 작업치료사와 클라이언트의 치료과정을 치료사가 일방적 주도권을 가진 것이 아닌, 함께 작업을 구성하고 계획하며, 치료과정에서 동기부여하고 지지자 역할을 해주는 '라이프 디자이너'라고 스스로를 칭하며, 여러 임상 케이스와 에피소드들을 흥미롭게 소개한다.

▶ **작업치료사는 어떤 일을 하나요?**

병 또는 장애로 인해 혼자 할 수 있었던 '작업'들을 수행할 수 없게 되어 힘들어하는 사람에게 스스로 작업할 수 있도록 안내하고 돕는 일을 합니다. 너무나도 당연시 여겼던 것들이 한순간의 사고나 뇌졸중으로 혼자서 걷는 것이 힘들어지고 자신의 의지로 움직이는 것을 힘들어하는 환자들에게 신체적 치료뿐만 아니라 신뢰를 바탕으로 치료적 관계를 형성해 나갈 수 있도록 돕는 일을 합니다.

▶ **이 책에서 인상 깊었던 부분은 무엇인가요?**

작업치료의 대상자인 환자들을 할아버지, 할머니, 삼촌, 이모 등의 친숙한 호칭으로 부르지 않고 '클라이언트'라고 부르며 존중하는 부분이 가장 인상적이었습니다. 인격적으로 대하는 것의 중요성을 알고, 신체적 불편함을 치료하기 위해 온 치료의 주체인 클라이언트들에게 선택권을 줘야 한다는 가르침 때문입니다. 한 명, 한 명의 클라이언트들을 존중하고 배려하고자 하는 저자의 마음을 확인할 수 있었습니다. 그로 인해 환자를 대하는 방법을 깨달을 수 있었습니다.

▶ **작업치료사가 되는 방법은 무엇이며 전망은 어떠한가요?**

대학교 및 전문대학(3년제)에서 작업치료학 전공 후 작업치료사 국가시험에 합격해 보건복지부 장관이 발급하는 면허를 받게 되면 대학병원 및 요양병원, 재활전문 병원 등과 보건소, 장애인 종합복지관, 발달장애 치료연구소 등에서 작업치료사로 활동할 수 있습니다. 최근 들어 의학기술의 발달로 질병으로 인한 사망은 줄어들었지만, 고령화로 인해 다양한 질환이 발생하고 있습니다. 또한 교통사고나 산업재해 등으로 인한 신체적, 정신적 장애가 증가하는 추세이기에 작업치료사에 대한 수요는 더욱 증가할 것입니다.

▶ **재활로봇이 많이 도입되었는데 어떤 이점이 있는지 궁금해요.**

병원에서 치료, 검사, 측정에 사용되는 치료재활로봇을 비롯하여 집에서 개인이 사용하는 일상생활 보조로봇까지 재활로봇에 포함될 수 있습니다. 직립 보행재활이 가능한 보행보조기 리워크(ReWalk)는 다리와 상체의 일부를 지지하는 금속 브레이스, 엉덩이, 무릎, 발목에 움직임을 제공하는 모터, 기울임(tilt) 센서, 컴퓨터와 전기공급장치를 가진 배낭으로 구성되어 있습니다. 리워크는 보행, 기립, 의자에서 앉고 서기 동작에 있어 추가적인 안정성(stability)을 제공하기 위해서 양손에 지팡이를 사용합니다. 사용자 인터페이스 장치로 손목에 착용하는 무선 리모트 제어장치를 통해 서기, 앉기, 또는 걷기가 가능합니다.

▶ **재활로봇의 종류를 알려주세요.**

일상생활 보조로봇, 신체기능 대체로봇, 재활치료로봇, 사회심리 재활로봇으로 나눌 수 있습니다.

구분	설명	예시
일상생활 보조로봇 (Assistive Robot-for activities of daily living)	환자가 독립적으로 일상생활을 영위하기 위해 보조해주는 로봇	이동 보조로봇, 식사 보조로봇
신체기능 대체로봇 (Robotic prosthetics and orthotics)	절단되거나 손상되어 제 기능을 하지 못하는 신체를 대신하는 로봇	로봇 의수·의지 보행보조로봇
재활치료로봇 (Therapeutic exercise robot)	뇌졸중 등으로 저하된 신체의 기능을 향상시키기 위한 재활치료를 수행하는 로봇	상·하지 재활로봇
사회심리 재활로봇 (Socially assistive robot)	인간과 로봇 사이의 사회적인 교감을 통해 삶의 질을 향상시키는 데 도움을 주는 로봇	감성로봇

출처 : 지식경제부 고시 제2010-71호(2010.4.1), 지식경제 기술혁신사업 공통운영요령

 응급실 간호사의 30일 (김효진 저, 지식과 감성)

응급실 간호사의 30일 줄거리

신규 간호사가 24시간 쉴 틈 없이 환자가 오가는 응급실에서 30일 간의 경험을 글로 솔직하게 기록했다. 근무 중 다양한 사람들을 만나면서 항상 건강할 것 같던 몸도 때론 아플 수 있다는 것을 실감한다. 그런 깨달음은 현재 건강하게 근무하는 저자도 언젠가는 환자가 되어 병동 침대에 눕게 될 수도 있다는 생각으로 이어지게 되어 내 앞에 있는 환자가 나의 미래이자, 내 친구이며, 나의 부모이자, 모든 사람이 될 수 있음을 깨닫고, 누구든 환자로 침대에 누울 수 있을 것이라고 생각한다. 각자의 인생이 담긴 손으로 응급실 문을 두드리는 환자들을 대하는 응급실 간호사들의 이야기를 담았다.

▶ 간호사 직무의 특성상 심리적 충격을 받게 되는 일이 많은데 이를 극복하기 위한 별도의 관리법이 있나요?

생명을 다루는 현장에서 일하는 간호사의 특성상 갑작스러운 죽음을 목격하

는 경우가 많습니다. 특히 중증외상으로 신체가 훼손된 환자나 희귀병이나 돌보던 환자의 죽음 역시, 간호사의 심리적 스트레스를 초래해 심리적, 신체적, 행동적 문제 등이 생길 위험이 커집니다. 따라서 자신에게 적합한 심리적 충격을 극복하는 방법을 찾아야 합니다. 뿐만 아니라 간호사들의 소명의식을 높일 수 있는 행정적 지원도 마련되어야 하며, 부족한 인력을 보충하는 등 근무환경도 개선되어야 할 것입니다. 병원 자체에서도 심리적 외상 관리 프로그램을 운영하여 정기적인 상담뿐만 아니라 자아 탄력성 향상, 감정 훈련 등을 통해 심리적 지지와 관리의 필요성이 있습니다. (출처: 중환자실 간호사의 심리적 외상 체험)

▶ **병원 내 응급실 의료진 폭행 사건이 빈번히 발생하고 있는데, 그 이유와 방지책에는 어떤 것들이 있나요?**

2018년 6월 기준, 응급의료 방해로 신고된 2,053건 중 방해행위자의 82.5%는 환자이며, 15.6%는 보호자로 나타났습니다. 또한 이 중 67.6%는 주취자로, 응급의료 종사자의 62%가 폭행을 경험할 정도로, 응급실 내 진료 방해 행위 및 폭력이 빈번하게 일어나고 있습니다. 응급실 폭행으로 의료진 공백이 발생하게 되면 다른 응급환자의 생명을 위협하는 일이 발생할 수 있는 만큼, 이는 어떠한 이유에서도 허용되어서는 안 되는 중대 범죄입니다. 따라서 보건복지부는 강력한 대응으로 '형량하한제'를 국회 입법을 통해 2019년 1월 도입하게 되었습니다.

상해	10년 이하의 징역 또는 1000만 원 이상 1억 원 이하의 벌금
중상해	3년 이상이 유기징역
사망	5년 이상의 유기징역 ~ 최대 무기징역

• 심신미약의 사유로 처벌 감경받을 수 없도록 조항 신설
• 주요 사건의 경우 구속 수사를 원칙으로 대응

이외에도 응급실에 전담 보안 인력을 의무적으로 배치하도록 하고, 응급실과 경찰 간 비상연락 시스템 구축, 주취자 응급의료센터 증설 검토 및, 정신응급의료기관 지정 운영 등의 방안을 수립했습니다. 더불어 응급실 진료 방해 분쟁의 이유인 의료진의 설명 부족, 불친절, 긴 대기시간 등 이용자를 고려한 진료 체계의 개선 역시 필요합니다.

 바디 우리 몸 안내서(빌 브라이슨, 까치)

바디 우리 몸 안내서 줄거리

우리는 자신의 몸에 의지하면서 평생을 살아가지만, 우리의 몸이 어떻게 구성되어 있으며, 어떤 방식으로 움직이는지 그 안에서 어떤 일이 이루어지고 있는지 전혀 모르는 사람들이 많다. 인체는 어떻게 기능하고, 자체적으로 얼마나 놀라운 치유 능력을 지니고 있을까?

'영국의 배우이자 프로듀서인 베네딕트 컴버배치'의 몸을 이루고 있는 요소로는 총 59가지 원소가 필요하다고 한다. 그중에 탄소, 산소, 수소, 질소, 칼슘, 인이 99.1%를 차지한다. 사람에게서 가장 큰 비중을 차지하는 것은 산소로, 우리 몸 공간의 61%를 차지한다. 우리 몸의 3분의 2가 아무런 냄새도 없는 기체로 이뤄졌지만 풍선처럼 가벼우면서도 통통 튀지 않는 이유는 산소가 대부분 수소와 결합하여 물로 이루어져 있기 때문이다. 자연에서 가장 가벼운 축에 드는 산소와 수소가 결합하여 가장 무거운 것 중의 하나를 형성하는 것이다. 그것이 당신의 본질이다.

우리를 만드는 데 총 70억×10억×10억 개의 원자가 들어간다. 이러한 원자들은 우리가 존재하는 동안, 어떻게든 계속 활동을 하고, 나를 나로 만들고, 우리에게 형태와 모습을 제공하고, 우리가 삶이라는 희귀하면서 대단히 흡족한 조건을 즐길 수 있도록 필요한 모든 무수한 체계들과 구조들을 만들고 유지한다.

▶ **셀레늄 부족으로 발생할 수 있는 병은 어떤 것들이 있나요?**

고혈압, 관절염, 빈혈, 암 등의 발병 원인으로 셀레늄 부족을 들 수 있습니다. 반면 셀레늄 섭취가 과할 경우에는 간에 돌이킬 수 없는 중독 현상을 일으킬 수 있습니다.

▶ **우리 몸은 어떻게 진화하고 있는 것일까요?**

DNA는 대단히 안정적이어서 수만 년 동안 존속할 수 있습니다. 지금 내가 사용하는 물품에도 나의 DNA는 남아 있습니다. 또한 DNA는 정보를 대단히 충실하게 전달합니다. 복제되는 문자 10억 개당 약 1개꼴로 오류가 일어날 수 있습니다. 세포 분열이 1번 일어날 때, 오류, 즉 돌연변이는 3개쯤 생깁니다. 몸은 이 돌연변이를 대부분 무시할 수 있지만, 아주 이따금 지속적인 의미를 지니는 것이 생겨나게 됩니다. 이것이 바로 진화입니다.

▶ **피부에 털집(구멍)이 나 있는 이유는 뭘까요?**

우리 몸에는 셀 수 없이 많은 털집이 있습니다. 털집은 두 가지 일을 하게 되는데 이는 먼저 털을 자라게 하고, 피지를 분비하는 것입니다. 피지는 땀과 섞여서 피부에 기름기 있는 층을 형성합니다. 이 기름층은 피부를 부드럽게 하고 많은 세균의 침입을 막는 역할을 합니다.

▶ **거대 바이러스에는 어떤 것이 있나요?**

2013년 엑스마르세유 대학교의 장미셸 클라베리 연구진은 판도라바이러스 (pandoravirus)라는 거대 바이러스를 발견하였습니다. 유전자가 무려 2,500개나 되고 그중 90%는 자연의 어디에서도 발견된 적이 없었습니다. 그들은 세 번째 거대 바이러스인 피토바이러스(pithovirus)도 발견했습니다. 더욱 크고 그만큼 더

기이한 바이러스였습니다. 현재까지 발견된 거대 바이러스는 5개의 집단입니다. 모두 지구의 다른 모든 바이러스들과 다를 뿐만 아니라, 그들끼리도 크게 다릅니다.

 난생처음 치과진료(윤지혜 외 3인, 군자출판사)

난생처음 치과진료 줄거리

치과위생사는 치과 질환자를 대상으로 구강 보건 교육 및 예방치과 처치를 하며, 치과 진료를 협조하고 경영 관리를 지원하기도 한다. 이 책은 임상에서 궁금했던 것들을 힘들게 배울 수밖에 없었던 저자들이 후배 치과위생사들에게 다양한 노하우를 알려주기 위해, 치과 진료 매뉴얼 형식으로 출간한 책이다.
기초적인 이론과 임상 실무를 함께 정리해서 획일화된 교육자료가 없어서 교육이 어려웠던 점을 보완하고, 이로 인해 치과마다 통일되지 않은 내용으로 교육을 받아야 했던 치과위생사들의 수고를 덜어 준다. 저자는 치과위생사들의 업무 노하우를 스태프의 입장에서 제시하여 독자가 현장감을 느끼며 이해도를 높일 수 있게 함으로써, 여러 치과위생사의 치과 생활에 도움이 되고자 한다.

▶ **치과위생사가 되려면 어떤 과정을 거쳐야 하며 업무는 어떻게 되나요?**

치위생사는 치과질환자를 대상으로 구강보건교육 및 예방치과 처치, 치과진료 협조 및 경영 관리를 지원하는 일을 합니다. 구강관리, 치과의사의 진료 보조, 학교, 병원 등에서의 구강보건교육 실시, 환자의 구강 건강상태 기록 및 진료기록 관리, 병원관리 등 다양한 업무를 담당하고 있습니다. 치위생사가 되기 위해서는 대학에서 치위생학을 전공한 후 치위생사 국가시험에 합격하여 면허증을 발급받아야 치위생사가 될 수 있습니다.

▶ **치주질환은 무엇이고, 효과적인 예방법은 무엇인가요?**

　치주질환은 치아를 받치고 있는 잇몸과 치주인대, 치주골 조직에 염증이 생기는 것을 말합니다. 치주질환의 발생 원인에는 흡연, 스트레스, 질병 등 다양한 원인이 있지만 주된 발생 원인은 부적절한 구강위생입니다. 치아 표면에 남아 있는 음식 찌꺼기로 인해 구강 내 세균이 증식하고, 이 세균이 만들어내는 물질의 지속적인 자극이 염증반응을 일으키게 되어 치주조직이 파괴됩니다. 염증질환으로 치아의 뿌리나 잇몸이 녹는 증상이 심각해질 수 있으므로 빠르게 염증을 치료해야 합니다.

　치주치료의 가장 중요한 목적은 플라그와 치석을 효과적으로 제거하는 방법입니다. 따라서 올바른 칫솔질과 주기적인 스케일링으로 구강을 관리해야 합니다. 증상이 심해질 경우, 염증을 제거하기 위한 치조골 재생술 등을 시행하거나, 심한 경우에는 발치까지 해야 합니다. 치주질환을 예방하기 위해 꾸준한 관심을 가지고, 정기적인 검진을 통해 올바르게 관리하는 것이 바람직합니다.

▶ **스케일링을 자주 하지 않을 경우 치주염 외에 인체에 어떤 영향을 주게 되나요?**

　치석은 치태가 입안에 오래 잔존 시 타액의 무기질과 만나 돌처럼 단단하게 석회화되어 생기는 치아 부착물로 그 자체로는 병을 일으키지 않지만 거칠고 다공성의 표면은 치태가 부착하기 쉬운 환경을 제공하여 줌으로써 간접적인 영향을 미칩니다. 치석이 생기는 이유로는 식습관으로 발생합니다. 산성이 많은 음식, 당분, 밀가루 음식과 해로운 지방 섭취 시 치석이 쌓일 수 있습니다. 이런 지석을 오래 방지하면 지수질환이 발생할 수 있습니다. 또한 치주질환은 영양상태의 이상, 혈액성 장애, 면역결핍성 장애, 내분비계의 장애에서도 발생할 수 있습니다. 영양상태의 이상으로는 단백질, 비타민의 결핍 등이 불충분하거나 부적당한 영양 자체가 치은염이나 치주염을 직접 야기하지는 않지만, 감염에 대한 면역반응을 저하시키면서 발생할 수 있습니다. 내분비계의 장애는 갑상선 호르몬, 뇌하수체 호르몬, 성호르몬에 의해서도 치주질환이 촉발될 수 있습니다. 또한 당뇨병환자에게서는 말초혈관 장애, 조직회복력 저하, 면역기능의 저하 등으로 인해 치주조직의 빠른 파괴를 볼 수 있습니다.

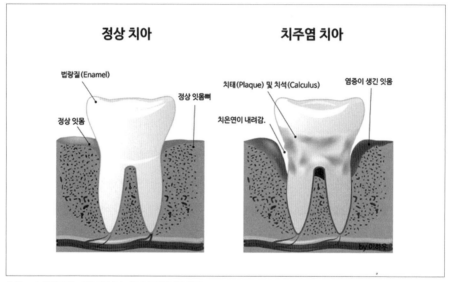

출처 : 스케일링에 대해 알아볼까요?_정신의학신문

방사선 방사능 이야기

대다수의 사람들은 방사선이나 방사능에 대해 부정적으로 생각하며, 인류를 위협하는 존재로 인식하며 꺼린다. 그러나 우주의 시작인 빅뱅의 직후에 이 세상에는 방사선밖에 없었으며, 오늘날까지도 방사선은 우주에 가득 차 다른 물질과 함께 우주를 형성하고 있다. 이 책은 후쿠시마 원전 사고로 인한 불안을 해소하기 위해 기획되었다. 실제로 대량의 방사능이 사람의 건강이나 생명을 위협했던 예는 역사 속에서 적지 않았다. 하지만 위험을 피하기 위해 무서워하기만 한다면 아무 소용이 없다. 피해를 방지하기 위해서는 그것들의 성질에 대해 정확히 알고, 어떤 식으로 피해를 주는지 알아야 현명하게 대처할 수 있을 것이다.

▶ 방사능과 방사선은 어떻게 다른가요?

방사능은 방사능(방사성)물질의 원자핵이 단위시간당 붕괴되는 수를 의미하며, 방사능 강도를 측정하는 단위로는 Bq(베크렐)을 사용합니다. 방사선은 원자핵이 붕괴될 때 방출하는 알파선(α선), 베타선(β선), 감마선(γ선)과 같은 일종의 공간을 이동하는 에너지로 사람이 방사선을 쬐였을 경우의 영향 정도를 나타내는 측정단위로는 Sv(시벨트)가 있습니다. 방사선과 방사능을 에어컨으로 비유한다면, 에어컨에서 나오는 시원한 바람은 방사선이고, 에어컨의 용량은 방사능에 비유할 수 있습니다.

▶ 병원에서 사용하는 방사선도 몸에 나쁜가요?

비행기, 건축물, 햇빛 등에도 약간의 방사능 물질이 섞여 있어 우리는 일상생활에서도 어느 정도의 방사선에 노출되어 있습니다. 우리 몸에 해가 되는 방사선량은 100mSv(밀리시버트)입니다. 이 이상의 방사선이 몸에 피폭될 경우 몸속

DNA가 손상되고 돌연변이를 일으켜 세포가 죽게 되어 암, 홍반, 백내장 등 여러 가지 질병에 걸릴 수 있습니다. X-ray를 한 번 검사하는 것은 비행기를 2~3시간 타는 정도의 방사선량과 같습니다. 몸에 이상 반응이 나타나는 확률은 X-ray에 천 번 정도 노출했을 경우라고 할 수 있겠습니다. 이렇듯 자연 방사선과 의료목적의 치료 방사선은 방사선량 한도에 포함되지 않아 인체에 미치는 영향이 미미하다고 할 수 있습니다.

▶ **원자력발전소는 왜 해변 주변에 주로 세우나요?**

원자력발전소는 원자로에서 발생하는 열로 수증기를 만들고, 그 수증기의 압력으로 터빈을 돌려서 전기를 일으키는 발전소입니다. 발전소에는 열을 식히기 위한 설비를 설치하고 계속해서 냉각시키지 않으면 안됩니다. 그래서 대량의 물을 쉽게 얻을 수 있는 바다 가까이에 원자력발전소나 화력발전소를 세우는 것입니다.

▶ **핵분열 때 어떤 일이 일어나나요?**

중성자는 전하를 띠지 않는 입자이므로 플러스의 전하로부터 반발력을 받는 일 없이 원자핵에 접근할 수 있습니다. 별로 속도가 빠르지 않은 중성자를 원자핵에 집어넣어 중성자수가 하나 더 많은 동위원소를 만들 수 있습니다. 그리고 안정된 원자핵에 비해 중성자수가 하나 더 많은 원자핵은 베타 붕괴해서 원자번호가 하나 큰 원소가 될 가능성이 있습니다. 핵분열이 일어나는 것은 원자핵을 구성하는 입자 1개당 결합에너지가 커지면 불안정하기 때문에 분열이 일어납니다. 특히, 원자번호 26번인 철부근을 피크로, 입자의 수가 많아질수록 원자핵은 1개로 있는 것보다 2개로 나눠지는 쪽이 더 안정적이기 때문입니다. 핵분열로는 원자핵이 마구 찢기기 때문에 분열로 생긴 파편 모두 안정된 원자핵이라 할 수는 없습니다. 그런 불안정한 원자핵 중 브롬이나 요오드 등, 수십 초의 반감기로 매우 높은 에너지 상태인 원자핵에 베타 붕괴하는 것은 원자로를 안전하게 운전하는 데에 매우 중요합니다.

▶ **방사선은 그 외에 어떤 성질을 가지고 있나요?**

방사선은 불투명한 물체도 투과하는 것이 특징이라고 생각하기 쉽지만, 물체의 투과성은 방사선의 종류와 에너지에 따라 다릅니다. 알파선은 물질을 통과할 때, 그 통로를 따라서 밀도 높은 절리나 여기를 일으키기 때문에 비교적 짧은 거리를 통과시켜도 많은 에너지를 잃어버립니다. 그러므로 에너지가 매우 높지 않은 한 강한 투과성을 갖지 못합니다. 전하를 가진 입자의 방사선이라도 베타선과 전자선은 궤도전자와 질량이 같아서 스스로 궤도전자에서 큰 반작용을 받기 때문에 전리나 여기를 드문드문 일으킵니다. 이 때문에 베타선과 전자선은 알파선이나 양성자선에 비해 에너지를 잃는데 필요한 거리가 길고 보다 큰 투과성을 가지게 됩니다.

치과의사들이 하는 그들만의 치아 관리법 줄거리

치아와 잇몸이 망가지는 원인은 국소적인 원인과 전신적인 원인이 있다. 국소적인 원인은 세균과 힘(치아를 세게 부딪치는 힘)이다. 충치와 풍치는 세균에 의해서 생긴다. 그러나 세균은 양치질로 충분히 예방을 할 수 있다. 전신적인 원인은 내 몸이 건강하고 면역력이 좋아야 한다. 이 단순한 원리만 알면 누구나 신경치료와 발치를 막을 수 있다. 우리나라는 임플란트 수술을 많이 받아왔다. 임플란트는 의사의 치료가 반, 환자의 관리가 반이다. 하지만 꾸준히 정기검진을 하거나 양치질 관리를 잘하는 임플란트 환자는 많지 않다. '호미로 막을 걸 가래로 막는다'는 속담처럼 일을 크게 키우기 전에 미리미리 예방하는 것이 가장 좋기에 하루에 3분 동안 정성껏 양치질을 해야 한다. 스케일링 시술은 1년에 한 번은 건강보험 적용이 된다. 스케일링으로 막을 수 있는 구강병은 정말 많다. 치아 사이 충치도 막고 잇몸에 생기는 염증도 막을 수 있다. 또 올바른 양치질 방법도 스케일링을 하고 난 후 치과에서 가르쳐준다.

▶ **치아미백의 원리와 지속기간이 궁금해요.**

치아미백은 변색된 치아 표면의 색을 밝게 하는 것으로 치아의 색을 원래의 색조로 회복시키거나 더 희게 하는 시술입니다. 과산화수소가 분해되면서 나오는 산소가 치아의 법랑질에 착색된 물질을 표백시키는 원리입니다. 자세히 말하면 변색된 치아에 과산화수소(H_2O_2), 카바마이드 퍼록사이드(Carbamide peroxide)가 주성분인 미백제를 도포하여 색소물질을 산화시키는 것입니다. 치아미백은 미백제가 치아 속으로 스며들어 치아 속까지 하얗게 만드는 것으로 치아미백을 받은 후에 하얗게 유지되는 기간은 3~5년간 지속됩니다.

▶ **치아미백 후 시린 증상이 있는데 치아에 안 좋은 건 아닌가요?**

치아미백을 한 후 치아가 시리다거나 찌릿찌릿하다는 사람들도 있지만 이러한 것들은 일시적인 현상입니다. 정확히 미백이 치아에 해가 되지 않지만, 치과의사의 정확한 진단 없이 하는 미백은 해가 될 수도 있습니다. 하지만 치과의사의 정밀한 진단에 맞춰 하는 치아미백은 전혀 해가 되지 않습니다. 예를 들어 충치나 풍치, 치아 마모증이 있는 부위에 치아 미백제를 바르면 크게 문제가 되므로 그런 부위는 댐(보호제)을 막아 놓고 미백 치료를 해야 합니다.

▶ **신경치료의 장단점에 대해 알려주세요.**

신경치료는 충치, 잇몸병, 파절 등으로 치아의 신경이 자극을 받아 손상되거나 염증이 생겼을 때 해당 치아의 신경을 모두 제거하여 치아의 통증을 줄이고 치아를 보존하는 치료입니다. 신경치료 중에서도 충치균이 치아의 경조직뿐만 아니라 치아 신경조직이 있는 치수까지 침범하여 신경치료를 해야 할 때는 떼워 주는 치료를 하지 않고 크라운 치료 위주로 씌우는 치료를 해주어야 합니다. 하지만 이 과정을 거치지 않는다면 신경치료를 한 치아는 치아 내부의 신경을 제거하고 충치균에 감염된 치아 내부의 조직도 일부 제거하고 그 부분을 치과 재

신경 치료 방법

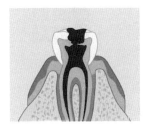

STEP. 01 충치제거

마취 후 충치를 제거합니다

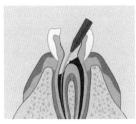

STEP. 02 신경소독

치아뿌리쪽 신경관 안의 오염된 신경을 제거하고 깨끗히 소독합니다

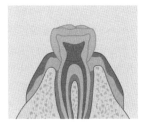

STEP. 03 신경 치료 완료

염증이 제거되고 신경관 내부가 완벽히 깨끗해지면 충전물로 메워줍니다

출처 : 신경치료_에스플란트치과병원

료로 채워 넣게 되면서 충치로 인해 아팠던 증상도 사라지게 되지만 치아는 신
경이 없기 때문에 더 이상의 영양분이 공급되지 않게 됩니다.

▶ 치실은 어떻게 선택하는 것이 좋을까요?

치실 사용은 잇몸 질환 예방, 치아 사이의 충치, 치아 뿌리 쪽 충치 발생을
줄여줍니다. 치실의 굵기는 굵은 것보다는 가는 것이 잇몸의 자극을 최소화합니
다. 치실을 이용하면 잘 발견되지 않는 치아 사이 충치 예방에도 좋습니다.

세계사를 바꾼 전염병 13가지(제니퍼 라이트, 산처럼)

세계사를 바꾼 전염병 13가지 줄거리

이 책은 코로나19 못지않게 역사상 인류가 공포에 떨었던 전염병 13
가지에 대한 이야기를 풀어내며, 어떻게 그 전염병들을 극복해왔는지
를 살펴본다. 흑사병, 천연두, 매독, 결핵, 소아마비, 에이즈 등 익숙한
역병부터 우리에게 낯선 이름의 병들까지, 전염병의 역사적 맥락과 전
염병이 창궐했을 당시에 생긴 일들, 그리고 이를 어떻게 극복해냈는
가를 소개한다.

당대의 역사적 인물들이 세상을 뒤흔들었던 전염병들과 어떻게 싸웠
는가를 돌아보고, 그와 동시에 우리가 살아가고 있는 '전염병의 시대'
를 헤쳐나갈 지혜를 일깨워준다. 또한 끔찍한 전염병의 발병으로 죽
어가는 사람들을 위로하는 방법과 어떤 희생들로 고귀한 성취를 이루
어내어 지금의 문명에 도달하게 되었는지도 살핀다.

저자는 우리가 직면한 전염병에 대한 과제를 과거와 동일한 시각으로 바라본다. 과거의 경험에 비추
어봤을 때 지도자, 정부 당국, 언론의 역할은 전염병과의 전쟁에서 승패를 좌우할 만큼 막중하며, 개
개인의 인식과 행동도 그 못지않게 중요하다는 것을 보여준다.

▶ **전염병으로 역사의 전환이 이루어졌던 사례를 소개해주세요.**

흑사병은 쥐에 기생하는 벼룩에 의해 페스트균이 옮겨져 발생한 급성 열성 감염병입니다. 유럽인구 3분의 1의 목숨을 앗아간 흑사병으로 인해 교회의 권위가 떨어지고 봉건제도의 권위도 약화되었습니다. 이로써 흑사병은 중세시대를 끝내고, 르네상스 시대를 열게 되었습니다.

천연두는 두창 바이러스에 의해 유발된 감염성 질병으로 치사율이 30%에 달했는데 잉카제국을 멸망시키는 데 일조했습니다. 잉카를 멸망시킨 프란시스코 피사로가 잉카제국에 도착했을 때 제국은 황위 계승 내전으로 혼란스러운 동시에 천연두가 퍼지고 있었습니다. 군사력을 상실한 상태에서 잉카제국은 스페인 군사들에게 허무하게 멸망당하고 맙니다. 스페인 독감은 조류독감의 일종으로 제1차 세계대전 도중인 1918년에 처음 발생해 흑사병보다도 더 많은 사망자를 발생시켜 지금까지도 인류 최대의 재앙으로 불리는 전염병입니다. 전염성이 강하고 많은 사망자를 발생시켜 제1차 세계대전 종전에도 영향을 주었다는 의견도 있습니다.

▶ **인류에게 크나큰 재앙인 전염병을 극복하기 위해 가장 중요한 것은 무엇인가요?**

전염병 창궐 시 적절한 치료약이나 백신이 개발될 때까지 효과적인 질병 통제를 위해서는 지도자의 리더십, 정부 당국의 대처, 언론의 역할이 매우 중요합니다. 코로나19 최초 발병으로부터 1년이 지난 지금, 우리나라는 OECD국가 중 인구 10만 명당 환자 수는 세 번째, 사망자 수는 두 번째로 낮은 것으로 나타났습니다. 이는 K-방역이란 이름 아래 정부의 투명한 정보관리와 국민의 협조를 통해 이루어낸 결과라 할 수 있습니다. 개개인이 방역의 주체가 되어 신속한 정보 공개와 신뢰 아래 대응해나가는 것이 전염병 확산을 막는 데 가장 중요하다는 것을 알 수 있습니다.

두 얼굴의 백신 줄거리

백신은 현대의학의 발전 지표로 인간의 면역체계를 지원해 각종 질병을 예방하는 것을 목표로 개발되었다. 백신접종은 실제로 많은 전염병으로부터의 수많은 사람의 생명을 살렸다. 하지만 오늘날, 백신 안정성의 불안으로 인해 많은 사람이 백신 접종을 거부하거나 접종 반대의 목소리를 높이기도 한다. 이러한 여론이 형성된 데에는 현대의학, 특히 백신에 대한 불신이 가장 큰 원인이다.

저자는 백신의 여러 주제에 대해서 다루는데 매년 겨울 맞게 되는 인플루엔자 백신접종은 다른 백신과 달리 보호기간이 1년 정도에 그쳐, 이런 특성에 의문을 갖기 마련이다. 이 책은 이와 같이 백신과 관련된 최근까지의 논쟁과 이슈들을 정리하며, 의심의 근원이 무엇인지 살펴보고 백신과 관련된 우리의 선택에 보다 명확한 근거를 제공한다.

▶ **백신은 어떤 원리로 질병을 예방하고, 언제부터 접종되기 시작했나요?**

우리 몸의 면역반응은 크게 선천성 면역과 후천성 면역으로 구분됩니다. 그 중 후천성 면역의 여러 특징 중 하나인 면역 기억을 활용한 것이 백신의 원리입니다. 후천성 면역 기억은 예전 인체에 침범했던 병원체의 정보를 기억하여, 같은 병원체에 감염되었을 때 이에 대해 더 빠르고 강한 면역반응을 유도할 수 있게 합니다. 백신으로 특정 병원체에 대한 항원을 인체에 주입하면 우리 몸에서는 면역체계가 활성화되고, 가벼운 증상 또는 증상 없이도 병원체에 대한 기억 세포가 생성됩니다.

1세대 백신 개발은 우두를 이용해서 천연두를 치료하는 방법을 제안한 에드워드 제너에 의해 이루어졌습니다. 에드워드 제너는 소를 키우는 사람들이 우두에 노출되면서 오히려 천연두에 걸리지 않는다는 점에 주목하여, 천연두를 예방하기 위해 우두를 접종하였고 이것이 효과가 있다는 점을 증명하였습니다.

2세대 백신 개발은 루이 파스퇴르가 광견병 백신, 콜레라 백신 등을 개발하면서 이루어졌습니다. 또한 이때까지만 해도 독성이 없는 병원체를 통한 질병 예방방법을 백신이라 부르지 않았지만, 파스퇴르가 제너의 천연두 예방법을 기리기 위해서 자신이 개발한 광견병 예방법을 백신이라 부르게 되었고, 이것이 백신이라는 이름의 유래가 된 것입니다.

▶ **생백신과 사백신의 차이는 무엇이며, 그 종류에는 어떤 것들이 있나요?**

생백신은 살아있는 바이러스나 세균을 약독화해서 독성을 제거한 백신입니다. 1회 접종으로 장기간의 면역을 유도하는데, 백신에 포함된 병원체에 의한 증상이 나타날 수 있지만 대부분 약하게 지나갑니다. 하지만 살아있는 병원균이기 때문에 면역력이 떨어진 상태에서 생백신을 접종하면 해당병원균에 감염될 수도 있습니다. 사백신은 바이러스나 세균을 배양한 후 열이나 화학약품으로 병원균을 비활성화시킨 백신입니다. 면역반응이 생백신에 비해 약해서 추가접종이 필요하고, 백신의 첨가 성분에 의한 국소반응이 발생합니다. 사백신은 생백신과 달리 면역력이 약한 사람에게도 안전하게 사용할 수 있습니다.

• 생백신의 종류 : 대상포진, 수두, 홍역(BCG), 결핵(MMR), 경구용장티푸스 백신
• 사백신의 종류 : 폐렴구균, A형 간염, B형 간염, 파상풍, 인유두종바이러스 (HPV), 기타 인플루엔자 백신

▶ **인플루엔자 백신이 다른 백신들과 다른 점은 무엇인가요?**

인플루엔자 백신은 인체의 면역반응을 이용하여 인플루엔자 바이러스에 의

한 감염을 예방하는 백신으로 국내에는 불활성화 백신을 사용하고 있습니다. 인플루엔자 불활성화 백신은 사백신으로 살아있지 않은 병원체를 배양한 후 불활성화시켰기 때문에 몸 안에서 증식할 수 없고, 면역력이 약한 사람에게 투여해도 감염증을 유발하지 않아 안전합니다.

인플루엔자 바이러스는 거의 매년 소수의 아미노산이 변화되는 항원 소변이와 1년 미만인 효과 지속기간 때문에 매년 접종해야 한다는 점이 다른 백신들과 가장 큰 차이점입니다. 특히 인플루엔자 불활성화 백신은 다른 백신과 동시 접종을 해도 항체 반응을 감소시키거나 부작용의 빈도를 증가시키지 않기 때문에 동시 접종이 가능합니다.

 쉽게 풀어쓴 생명윤리의 이해(노희선, 대광의학)

쉽게 풀어쓴 생명윤리의 이해 줄거리

이 책은 뇌사와 장기이식, 인공임신중절 등의 생명의 가치, 생명윤리에 대한 사회적 쟁점을 다룬 책으로 윤리학, 간호학, 보건학, 심리학에 대한 선행연구를 바탕으로 기술되어 있다. 제1부 '생명윤리의 이해'에서는 유교와 불교, 기독교의 생명관을 바탕으로 '생명'의 근원에 대해 설명한다. 또한 우리에게 익숙한 한국 전통사회의 가정교육 모습을 통해 생명윤리의 일면을 이해하도록 시도하였다. 2부 '생명윤리의 쟁점'에서는 생명윤리와 관련해 갈등과 문제가 되고 있는 쟁점들을 이야기하며, 예비 보건 의료인으로서의 자세와 윤리의식에 대한 각오, 다짐을 하는 것을 목표로 한다.

이 책은 쟁점에 대한 갈등 그 자체보다는 문제해결을 위한 미래적 과제에 초점을 두고 있다.

▶ 동물실험을 대체할 수 있는 방법에는 무엇이 있나요?

기술의 발전으로 컴퓨터를 통한 시뮬레이션, 오가노이드를 이용한 인공장기 등 다양한 방면으로 동물실험을 대체하려는 노력이 이루어지고 있습니다. 최근에는 화장품 등 화학물질이 인체와 환경에 어떤 영향을 미치는지 검사하기 위해 동물실험을 대체할 인공장기를 활용한 비건 화장품이 큰 인기를 얻고 있습니다. 이는 '오가노이드'로 미니장기를 뜻하며, 장기의 세포를 일부 채취하여 배양해 또 하나의 장기를 만드는 방법입니다. 이렇듯 인공장기를 잘 활용할 경우, 많은 실험용 동물을 대체할 수 있습니다.

▶ 대리모에 대한 국내외 법규와 내용에는 어떤 쟁점이 있나요?

현재 국내에서는 대리모 출산과 관련해 직접적인 규제가 없어 법의 사각지대에 놓여 있는 상황입니다. 대리모를 둘러싼 사건이 발생했을 때 생명윤리 및 안전에 관한 법률 제23조 3항에 따라 돈을 받고 난자를 제공하거나 이를 이용하는 행위는 불법으로 판단하지만, 대리모를 의뢰한 본인들의 난자와 정자로 체외수정 후 대리모 자궁에 착상시킬 경우는 처벌하지 않습니다.

그리고 의뢰인과 대리모 사이에 계약이 제대로 이행되지 않았을 때 민법을 통해 금전적 문제를 해결하고 있습니다. 국외의 경우 영국과 미국의 일부 주는 합법이고, 독일과 프랑스는 불법입니다. 이러한 대리모에 대한 논쟁은 계약을 공식적으로 인정하고, 법으로 관리하고 지원하는 것이 바람직하다는 찬성 측과 돈을 받고 아이를 사고파는 것은 아이의 인권 차원에서 윤리적으로 허용될 수 없다는 반대 측이 대립히는 상황입니다.

융합형
인재 독서

 역사를 바꾼 17가지 화학이야기 2(페니 르 쿠터 외, 사이언스북스)

역사를 바꾼 17가지 화학이야기 2 줄거리

이 책은 화학분자들이 세상에 어떤 변화를 일으켰는지에 대한 내용을 담은 화학 교양서이다. 2편 '아스피린에서 카페인까지'에서는 최초로 합성된 해열·소염 진통제이자 혈전예방약인 아스피린과 세균 감염을 치료하는 데 사용되는 약물인 항생제의 발견에서 시작해, 모르핀과 카페인, 니코틴의 발견, 경구 피임약의 등장과 DDT와 프레온 가스의 발견 등으로 구성되어 있다. 역사 속에서 활약한 화학분자들의 이야기를 담은 이 책은 향신료부터 프레온 가스에 이르기까지 다양한 화학물질들이 인간의 의식주 구조를 바꿔온 과정을 쉽게 풀어서 이야기해준다.

▶ **아스피린은 진통효과뿐만 아니라 다른 질병 치료에도 효과가 있나요?**

아스피린은 130년 전인 1899년 독일의 제약사인 바이엘 사에서 출시하였습니다. 염증, 발열, 통증을 일으키는 프로스타글란딘의 생성에 관여하는 효소인 사이클로옥시게나제를 억제하기 때문에 항염, 해열, 진통작용을 나타냅니다. 이러한 아스피린의 숨겨진 효능이 많아 만병통치약으로 불리기도 합니다. 제일 먼저 밝혀진 혈전 형성을 방지하는 기능으로 심혈관계 질환자의 피를 묽게 하여 심혈관 질환을 예방할 수 있도록 도와줍니다. 그리고 아스피린이 뇌졸중 위험을 31%로 떨어뜨린다는 연구와 더불어 항혈소판 기전과 암세포 자멸 등으로 항암효과가 있다는 연구 결과로 대장암과 위암 등의 발병률을 낮춰준다는 보고도 있습니다. 이외에도 당뇨 합병증 지연효과도 있으며, 최근에는 방광암, 유방암에서도 유의미한 효과를 보이고 있습니다.

▶ '알칼로이드'란 무엇이고, 어떤 것들이 있나요?

알칼로이드는 초기에는 질소를 포함하는 식물 유래 화학물질을 총칭하는 말이었으나 이제는 자연적으로 존재하면서 질소를 포함하는 전체 물질을 의미합니다. 대부분 염기성을 띠고 있기 때문에 식물로부터 추출이 용이합니다. 알칼로이드는 포유동물의 신경계에 작용하거나 암이나 병원균의 성장을 억제하는 등 다양한 생리 활성을 가지고 있습니다.

현재까지 12,000개가 넘는 알칼로이드 물질이 발견되었으며, 알칼로이드는 항암, 항염 효과부터 향정신성 의약품, 담배나 커피와 같은 기호식품까지 인체에 다양한 영향을 끼치는 물질들이 많이 있습니다. 대표적인 알칼로이드의 종류로는 니코틴, 모르핀, 카페인, 코카인, 헤로인 등이 있으며, 그 외에도 디메틸트립타민, 상귀나린, 아트로핀, 캠프토세신 등이 있습니다.

📍 수학의 쓸모(닉 폴슨 외 더 퀘스트)

수학의 쓸모 줄거리

인간과 AI의 대결에서 좌절을 맛보았던 여러 사건은 우리 역사에 있어서 오래지 않으며 드물지도 않다. 수많은 사람은 곧 기계가 인간의 자리를 대신할 것이라고 이야기한다. 실제로 개별적인 인간은 어느 정도의 편견을 가진데다 계산능력에도 분명한 한계가 있어서, 전반적으로 잘못된 의사결정을 내린다는 연구 결과도 존재한다. 그에 반해 계산기, 스마트폰 등의 지능형 시스템은 날로 똑똑해지고 있다.

그렇다면 인간이 사용하는 수학의 쓸모는 어디에 존재하는 것일까? 이 책은 누구나 살면서 한 번쯤 맞닥뜨리는 일상 속 문제들을 다루고 있다. 수학은 똑똑한 사람들이 대단한 문제를 해결하는 데에 사용되기도 하지만, 나아가 보통 사람들도 평범한 문제를 해결하는 데 매우 유용하게 쓰인다.

무엇보다 이 책은 수학에 문외한인 사람들도 쉽게 이해할 수 있게 쓰였다. 수학적 개념을 몰라도 이해할 수 있으며, 불확실성이 심화되는 앞으로의 세상에서 보다 정확한 답을 얻을 수 있게 해준다.

▶ **책 속에 등장하는 나이팅게일이 어떤 방식으로 데이터를 활용했나요?**

어릴 적부터 수학을 좋아한 나이팅게일은 크림전쟁에서 총으로 죽는 사람보다 감염으로 죽는 사람이 더 많다는 것을 발견하고 이를 의료 통계에 접목하여 야전병원을 설치하는 데 기여하였습니다. 나이팅게일은 데이터의 시각화 능력이 탁월했는데, 군 병원의 불미스런 상황에 정부의 주목을 이끌어내고, 대중들에게 쉽게 다가갈 수 있도록 했습니다. 또한 '맨드라미 다이어그램'이라는 통계처리 방법을 고안해 시간에 따른 사망률의 변화와 질병에 따른 사망률의 증감을 한눈에 볼 수 있도록 했습니다. 그리고 전쟁에서 돌아온 후 민간에서도 질병별 사망률 등의 기본적인 의료통계가 정리되지 않았다는 것을 알게 되어 공중보건의 응급사태라 명명하였습니다.

184

비슷한 시기에 유럽 대륙의 통계학자들이 범죄와 인구변화 등 복잡한 사회과학적 문제를 통계학으로 접근해 다루는 것을 인지한 후, 이러한 통계적 기법을 의료 분야에도 적용하고자 노력했습니다. 이러한 그녀의 행동은 오늘날 국제 질병 분류체계를 만들 때 뚜렷한 모델이 되었고, 모든 현대 전염병학과 의료 데이터 과학을 위한 바탕이 되었습니다.

▶ **보건의료 빅데이터 활용에 대한 논쟁이 끊이지 않는 이유가 궁금해요.**

바이오헬스 산업이 발달함에 따라 보건의료 빅데이터에 대한 효용가치가 더욱 커져가고 있습니다. 정부 역시 공공정보 개방정책과 더불어 국내에서도 보건의료 분야의 빅데이터 연구가 활발히 이루어지게 되었습니다. 빅데이터 분석을 통해 유전자 데이터를 수집하고 개인의 진료기록까지 분석하게 되면 다양한 건강 관련 정보를 얻게 되어 질병의 재발률이나 특정 유전병 발병 확률, 개인 건강관리 등 다방면으로 활용할 수 있게 된다는 찬성 측 의견입니다. 또한 웨어러블기기, IoT 등과의 결합을 통해 개인맞춤형 건강관리가 가능하게 됩니다. 그리고 빅데이터 공개 시스템을 통해 누구나 동등하게 의료에 대한 정보를 얻게 되어 의료 분야에 있어 빈부격차를 줄이고 국가 전체의 건강 수준을 향상시킬 수 있습니다.

반면에 빅데이터가 개인정보를 모두 기록, 저장하게 되므로 소위 '잊혀질 권리'가 침해되는 문제가 생긴다는 의견입니다. 분야의 특성상 데이터가 삭제되지 않으면 다른 보건의료 혜택에서 제외되어 건강관리에 문제가 발생할 수도 있다는 것입니다. 또한 생체정보와 질병, 치료 이력, 유전체 정보 등의 데이터를 통해서 해당 데이터의 주인 식별이 가능해져 이에 대한 영리 목적의 정보 악용 가능성이 생기게 됩니다.

미적분으로 바라본 하루 줄거리

이 책은 미적분을 어렵게 느끼는 사람들도 쉽게 이해할 수 있는, 하루의 일상 속에 녹아든 미적분을 스토리텔링으로 쉽게 이해할 수 있도록 풀어쓴 책이다.

미적분학을 이용해 사람의 혈관이 특정한 각도를 유지하면서 나누어지는 이유를 설명하고, 공중으로 던진 모든 물체가 포물선을 그리는 이유, 공상인 줄만 알았던 시간여행이 가능하기도 하다는 것, 우주가 팽창하고 있다는 것을 증명하며 우리가 알고 있는 시공간에 대해서 다시금 생각해보게 한다.

우리는 보통 미적분을 떠올리면 딱딱한 교과서와 지루한 추상적인 방정식을 연상하기 마련이다. 하지만 이 책에서 말하는 미적분은 재미있고, 이해하기 쉬우며, 우리가 사는 세상 모두를 둘러싸고 있다.

커피 속에서 수학을 찾고, 고속도로와 밤하늘에도 미적분이 녹아있음을 발견할 수 있다. 이 책을 통해 우리는 완전히 새로운 방식으로 수학을 바라보게 될 것이다.

▶ **혈관의 내경 크기와 벌어지는 각도에 관한 수학적 원리가 궁금해요.**

머레이의 법칙은 관 속의 유체량이 보존될 때, 반경이 r_0인 관이 여러 개의 작은 관으로 분지할 경우(r_1, r_2, r_3, …, r_n), $r_0^3 = r_1^3 + r_2^3 + r_3^3 + r_0^3 … + r_n^3$이 성립한다는 법칙입니다. 머레이는 혈관 내 혈액의 에너지 값과 혈관을 통해 혈액이 흐르도록 하는 에너지 값의 합인 비용함수를 정의하고, 그 값이 최소가 되는 지점을 찾아 이 법칙을 도출했습니다. 이 법칙에 따르면 유체의 수송이나 수송기계의 유지비용을 최소화할 수 있고 동물의 혈관이나 호흡계통, 식물의 물관부, 그리고 곤충의 호흡계통에서도 발견할 수 있습니다. 또한 머레이의 법칙은 공학 분야에서 강력한 생체모방 설계 도구이며, 자가치유 소재(self- healing material), 배터리, 광촉매 및 가스센서의 설계에도 적용되었습니다.

머레이의 법칙을 적용시켜 복잡한 미세 혈관 네트워크를 만들었을 때 액체 수송, 즉 체액 수송은 더욱 효과적이었습니다. 머레이의 법칙이 적용된 리튬이 온배터리는 안정성이 좋아졌고 빠른 충전과 방전이 가능해졌습니다. 단계별로 이뤄진 관 네트워크가 충전과 방전 시에 전극이 받는 스트레스를 완화해 수명을 늘릴 수 있습니다. 또한 광촉매를 이용해 물속의 유기염료를 효율적으로 분해할 수 있음을 보였고, 곤충의 기공과 구조가 비슷한 머레이 물질로 빠르고 민감하며 반복적으로 쓸 수 있는 가스검출기도 만들 수 있습니다.

 창조하는 뇌(데이비드 이글먼, 쌤앤파커스)

<table>
<tr><td colspan="2">창조하는 뇌 줄거리</td></tr>
</table>

이 책은 넷플릭스의 다큐멘터리인 '창의적인 뇌의 비밀'을 책으로 출판한 것이다. 인간이 다른 동물로부터 가지는 차별점에 대한 의문에 대해, 이 책은 그 답이 자신의 기대를 깨뜨리고 싶어하는 인간의 욕구가 만들어낸 '일탈하는 창의성'에 있다고 말한다.

이 책은 뇌와 창의성의 비밀을 밝혀가는 여정에 대한 이야기를 담고 있다. 저자는 공통의 연구주제인 '뇌의 작동 원리'에서 뻗어나가, 로봇, 컴퓨터, 건축, 인공지능부터 문학, 음악, 미술에 이르기까지 500만 년 인류 역사 속 위대한 업적을 남긴 인물들과 우리 삶에 큰 영향을 미친 발명들을 분석해 창의성의 비밀을 밝혀낸다. 창의적이고 혁신적인 예술과 과학, 최신 기술 혁신 사례들을 들여다봄으로써 각 분야를 아우르는 혁신의 실마리를 찾아내는 것을 시도한다.

[면접문항]

▶ 이 책에서 가장 인상 깊었던 부분을 소개해주세요.

인간이 다른 동물과 차별화할 수 있는 가장 큰 장점은 창의력이며, 이로 인해 무한한 가능성을 가질 수 있게 되었다고 생각합니다. 이 책에서 그러한 인간의 창의력을 과학적, 예술적 접근을 통해 혁신적인 아이디어가 탄생한 과정과 희대의 천재라 불리는 다빈치, 피카소, 아인슈타인, 잡스 등의 남다른 접근법과 사고의 과정을 접할 수 있었습니다. 그중에서도 '반복 억제'가 인상적이었습니다. 저자는 인간이 주변의 모든 것에 신속히 적응하는 이유를 이 반복 억제 현상에서 찾았는데, 우리의 뇌는 무엇을 오래 볼수록 그것을 볼 때마다 뇌가 보이는 반응은 점점 줄어든다는 것입니다. 반복은 안정감과 익숙함을 주지만 뇌는 늘 새로운 자극을 갈망하면서 '혁신'을 이끌어냅니다. 이를 계기로 스스로 과거를 답습하거나 틀에 박힌 대로 받아들이기보다는 조금을 비틀어도 보고, 뒤집어 생각해보기도 하며 생각의 물길을 여러 갈래로 나누어 접근해보게 되었습니다.

▶ **창의력을 발휘하여 문제를 해결했던 사례나 경험이 있다면 이야기해주세요.**

〈창조하는 뇌〉를 읽고, 창의력이란 무에서 유를 창조하는 것이 아닌, 기존에 있던 아이디어나 기술을 활용해 새로운 접근을 하는 것이라는 것을 배웠습니다. 코로나19라는 팬데믹 상황 속에서도 이러한 창의력이 빛난 케이스가 있는데, 대표적인 것이 드라이브 스루 형식의 선별진료소 운영입니다. 전염성이 강한 만큼, 사람 간의 접촉을 최소화할 수 있고, 많은 사람을 빠르게 검사하기 위한 방법으로 일부 전문가들이 낸 아이디어를 지자체에서 적극 도입해 해외에서도 아이디어 혁신이라며 화제가 된 방식입니다. 창의력을 바탕으로 한 기발한 아이디어와 이를 즉시 실행하는 능력은 위기를 극복할 수 있는 큰 힘이 될 수 있다는 것을 보여준 사례라고 생각합니다.

진화의 배신 줄거리

이 책은 역사와 진화라는 거대한 맥락 속, 유익한 유전자들이 자연 적으로 선택되고 작동해 온 과정을 흥미진진하게 설명한다. 태초의 인류를 위협한 가장 큰 문제는 굶주림, 탈수, 폭력 등의 위협을 피하 고 살아남을 수 있도록 하기 위해 필요 이상으로 음식을 먹어두고, 소금을 간절히 원하고, 신속하게 혈액을 응고시키는 보호체계를 발 달시켜 살아남았다. 이처럼 많은 음식을 섭취하여 저장하는 전략을 택하여 목숨을 유지하였다. 그런데 이러한 선택은 겨우 2세기라는 짧 은 기간 사이에 목숨을 보호해주었던 전략이 이제는 현대병의 원흉 으로 돌변해 우리의 건강과 삶을 심각하게 위협하는 요인이 되었다. 저자는 책에서 이런 유전자의 형질들이 어떻게 비만과 당뇨병, 고혈 압, 불안, 우울증, 심장질환 등의 질병을 유발하는지 명쾌하게 설명 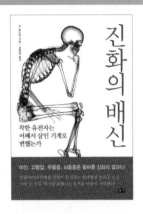 한다. 나아가 유전자가 세상의 변화 속도를 따라잡지 못하는 인류 역사상 초유의 사태를 인간이 어떻 게 대처할 수 있는지에 대한 길을 제시한다.

▶ **퇴행성 뇌질환은 조기진단이 중요하다고 하는데 어떻게 알 수 있나요?**

알츠하이머병, 파킨슨병 등과 같은 퇴행성 뇌질환은 뇌세포에서 만들어지는 신경전달물질이 적절히 분비되지 않아서 발생합니다. 알츠하이머병 환자들은 신 경전달물질 가운데 아세틸콜린이 부족하거나 글루탐산염이 높은 특징이 있습니 다. 또한 도파민이 부족하면 몸이 굳어지며 떨리는 파킨슨병에 걸리기 쉽고 조 현병이나 주의력 결핍 과잉 행동장애와 같은 정신질환의 원인이 됩니다.

신경전달물질과 관련된 신경질환은 특정 수용체 작용제나 수용체 길항체로 치료를 하는 데 효과는 그다지 성공적이지 않습니다. 따라서 알츠하이머병이나 파킨슨병과 같은 신경질환의 조기진단을 위해서 신경전달물질의 적절한 분비를 위한 지속적인 신경전달물질 농도 변화를 모니터링하는 것이 매우 중요합니다.

▶ 당뇨병은 완치될 수 없는 질병인가요?

제1형 당뇨병은 췌장에서 인슐린을 분비하는 베타세포가 면역세포의 공격으로 인하여 파괴되어 발생하는 형태의 당뇨병입니다. 인슐린의 분비량이 부족하거나 정상적인 기능이 이루어지지 않으면서 발생합니다. 당뇨병은 완치되기는 힘든 병이지만, 췌장의 기능이 거의 망가진 경우에는 당뇨병 치료의 마지막 방법으로 췌장이식이 있습니다. 인슐린이 분비되는 췌장을 이식함으로써 인슐린 투여 없이 혈당을 조절하도록 하는 수술로, 췌장이식은 당뇨병을 치료할 수 있는 강력한 치료방법입니다.

하지만 인슐린 치료에 비해 수술 자체는 물론, 수술 부작용 때문에 어려움이 큽니다. 최근에는 췌장의 역할을 대신해주는 '인공췌장'을 통해 24시간 자동적으로 혈당을 측정하고, 필요한 양의 인슐린을 주입해주는 역할을 수행할 수 있는 기술도 등장했습니다.

 노화의 종말(데이비드 A 싱클레어 외, 부키)

노화의 종말 줄거리

노화와 유전 분야에 해박한 저자가 25년 동안의 연구를 집대성한 책이다. 이 책은 수명과 장수, 인간과 생명의 패러다임에 관한 여러 충격적인 사실과 비밀을 담고 있다. 우리는 노화를 불가피하고 자연스러운 과정으로 여긴다. 그래서 노화를 부정하는 것은 자연을 거스르는 일이라고 생각한다. 하지만 저자는 이 모든 생각을 반박한다. "노화는 정상이 아니라 질병이며, 이 병은 치료가 가능하다"는 것이다.

저자는 40억 년 진화의 역사와 최신 유전학, 후성유전학, 의학, 과학에 근거해서 단 한 가지 노화의 근본적인 원인을 제시한다. 또 현재 우리가 노화를 예방하고 치료하기 위해 해야 할 것들과 인간

의 수명이 빠른 속도로 길어지고 있는 수명 혁명에 따라 앞으로 예상되는 여러 문제와 그것을 대처할 방법을 제시하기도 한다.

▶ 최근 역노화기술 개발이 시작되고 있다는데 사실인가요?

네, 카이스트는 시스템생물학 연구를 통해 노화된 인간의 진피 섬유아세포를 정상적인 젊은 세포로 되돌리는 역노화의 초기 원천기술을 개발했습니다. 연구팀은 세포 노화의 분자 조절 네트워크를 구축하고 네트워크의 조절 논리를 추론하기 위해 인간 진피 섬유아세포로 단백질 배열 시험을 수행하고 데이터와 진화 알고리즘을 사용해 분자 간의 조절 관계를 최적화했습니다. 또한 네트워크 모델 분석에서 노화 상태를 정지상태로 전환하는 유망한 표적인 PDK1을 확인하고, 노화된 인간 진피 섬유아세포에서 PDK1의 억제가 노화의 특징을 근절하고 엠토르 신호전달을 억제하여 세포주기로의 진입을 복원해 피부재생 능력을 회복한다는 것을 보여주었습니다.

▶ 라파마이신이 수명연장에 도움이 된다는데 어떤 내용인가요?

라파마이신은 시롤리무스라고도 하는데, 면역체계를 약화시켜서 새로 이식된 장기에 대해 거부반응을 일으키지 않도록 하는 면역억제제로 신장 이식환자의 장기 거부반응 예방을 위해 주로 사용됩니다. 이러한 라파마이신이 미국의 쥐를 대상으로 한 연구에 의하면 칼로리 제한이 수명연장에 작용하는 기전과 비슷하게 작동하여 사람의 나이로 환산하면 10년 정도의 수명이 증가한 결과를 도출했습니다. 또한 스위스에서 라파마이신은 나이를 먹으면서 근육이 노화되고 약해지는 근감소증의 진행을 지연시킨다는 것을 쥐 실험 결과를 통해 알게 되었습니다.

바이러스 쇼크 줄거리

중국 사스, 메르스, 지카 바이러스 등 인류는 치명적 바이러스에 속수무책 당하고 있고, 현재도 진행 중이다. 인류와 변종 바이러스의 전쟁, 이 책은 그 실체를 적나라하게 파헤쳐서 올바르게 대처할 수 있도록 바이러스에 대한 정보를 제공한다. 또한 바이러스의 역사와 탄생 계기부터 최근 자주 출현하는 박쥐 바이러스의 정체를 밝히고, 예방하고 대처하는 방법을 상세히 소개하고 있다.

세계동물보건기구 전염병 전문가이면서 세계적으로 전염병 연구 활동을 활발히 펼치고 있는 저자는 바이러스에 대한 궁금증을 해소시킨다. 바이러스의 정체와 미생물의 역사, 신종 바이러스의 탄생 계기, 오래전부터 인류와 공생해 온 바이러스의 역사 그리고 그로 인해 인류가 어떠한 위험에 노출되게 되었는지에 대한 이야

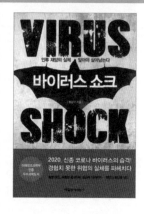

기를 전문적이면서도 이해하기 쉽게 풀어쓰고 있다. 마지막으로 신종 바이러스에 대한 세계적인 대처법과 개인이 바이러스를 막을 수 있는, 생각보다 복잡하지 않은 예방법까지 소개하고 있다.

▶ 왜 인수공통감염병이 큰 문제인가요?

인간의 몸 밖에서는 살아갈 수 없는 병원체의 경우 백신을 통해 질병을 완전히 정복할 수 있습니다. 하지만 동물의 몸을 숙주로 삼아 간헐적으로 인류를 공격하는 병원체의 경우는 다양한 방역 조치를 통해 유행을 어느 정도는 막을 수 있지만 동물의 몸에 숨어 계속 살아 남게 되기 때문에 모든 동물을 멸종시키지 않는 한 근절시킬 수가 없습니다. 그렇기 때문에 새로운 인수공통감염병이 유행하게 되면 치료와 예방법을 찾는 데까지 어느 정도의 희생이 불가피합니다. 과거에 유행했던 스페인 독감, 사스, 메르스 모두 인수공통감염병이었고, 코로나19 역시 인수공통감염병에 속하는 만큼, 앞으로도 우리가 알지 못하는 새로운 인수공통감염병이 등장하게 될 것입니다.

▶ 인수공통감염의 병원체는 어떻게 유행하게 되며, 백신의 효과는 어떻게 되나요?

인수공통감염의 병원체는 여러 가지가 있습니다. 특히 RNA 바이러스는 쉽게 돌연변이가 일어납니다. 물론 대부분의 돌연변이는 개체의 사멸로 이어지지만, 바이러스는 숫자가 엄청나게 많고 분열 속도도 매우 빠릅니다. 수많은 돌연변이가 일어나다 보면 전파력이 늘거나 독성이 강해지는 등 바이러스의 생존에 도움이 되는 방향으로 돌연변이가 일어납니다. 또한 바이러스의 생존에 도움이 되는 특성은 자연 선택에 따라 보존되고 대물림되며, 바이러스도 그렇게 진화하게 됩니다.

인수공통감염 병원체는 동물의 몸속에서 계속 변이를 일으키며 진화하기 때문에 효과적인 백신을 만들기 어렵습니다. 매년 수많은 과학자가 모여 그 해 유행할 균주를 예측하여 독감 백신을 만들지만, 때로는 예측이 빗나가 독감 백신이 거의 효과를 거두지 못하고 많은 희생자를 내기도 합니다. 이미 알려진 몇 가지 형질의 조합에 대처하기도 이렇게 어려운데 완전히 새로운 병원체에 대해 효과적이고 안전한 백신을 만들기는 굉장히 어렵습니다.

10퍼센트 인간 줄거리

이 책은 우리가 지금껏 간과해온 미생물의 중요성에 대해 이야기한다. 저자는 미생물이 우리의 인생에서 가장 믿고 의지할 수 있는 동반자이고, 미생물의 불균형은 우리가 예상하지 못하는 나쁜 결과를 낳을 수 있다고 이야기한다. 또한 우리가 지구에서 인류보다 먼저 생존해온 미생물을 어떻게 효율적으로 활용하고 공존하며 진화했는지 생각해볼 수 있게 한다.

저자는 제2의 게놈, 마이크로바이옴에 관한 연구들을 제시하며 몸속 미생물의 불균형이 비만, 자폐증, 피부질환, 정신건강의 악화로 이어지는 과정에 대해 밝힌다. 또한 항생제 남용, 무분별한 제왕절개, 신중하지 못한 분유 수유, 항균제품에 대한 맹신은 우리의 몸에 악영향을 끼칠 수 있다는 주장에 대한 근거를 제시하기도 하며, 획기적 치료법인 대변 미생물 이식의 현재와 미래에 관해 논한다.

▶ 프로바이오틱스의 효능에 대해 알려주세요.

세계보건기구는 프로바이오틱스를 충분히 섭취했을 때 건강에 좋은 효과를 주는 살아있는 균으로 정의합니다. 가장 잘 알려진 프로바이오틱스의 효능은 장 건강 개선입니다. 장에 도달하여 장 점막에서 생존할 수 있는 프로바이오틱스는 젖산을 생성하여 장내 환경을 산성으로 만듭니다. 산성 환경에서 견디지 못하는 유해균들은 그 수가 감소하게 되고 산성에서 생육이 잘 되는 유익균들은 더욱 증식하게 되어 장내 환경을 건강하게 만들어 줍니다. 이외에도 프로바이오틱스는 과민성대장증후근 증상 완화, 면역체계 기능 향상, 충치예방, 요로감염 방지, 체중감소, 혈중 콜레스테롤 감소, 알레르기 및 여드름 억제효과 등 건강 개선에 도움이 되는 효능을 가지고 있습니다.

▶ 자폐아 출산에 장내 세균이 영향을 줄 수 있나요?

여성의 장내세균이 자폐아 출산에 직접적인 영향을 미친다는 사실과 함께 자폐 증세를 유발하는 뇌 영역도 새로 밝혀졌습니다. 산모 면역 활성화는 영장류와 설치류 자손 모두에게서 신경발달장애와 관련된 행동 이상을 유발합니다. 태아가 산모 염증에 노출되면 자폐 스펙트럼 장애가 발생할 가능성이 높아집니다. 임신한 생쥐에서 소화기관에 있는 한 종류의 장내세균으로 인해 T헬퍼17 면역세포가 만들어지고, 그 세포가 생성하는 인터루킨17 단백질은 자손의 행동 및 피질 이상을 유발합니다. 또한 산모 순환에서 그 단백질이 증가함에 따라 T헬퍼17 면역세포가 활성화되고, 모성 장내 박테리아를 유도하는 성향을 가진 장내세균이 자가 염증 증후군으로 인해 임산부의 자손에게서 신경발달장애의 위험을 증가시킬 수 있습니다. 또한 임신 중 바이러스 감염은 신경발달장애의 빈도가 증가하는 것과 상관관계가 있습니다.

세계미래보고서 2021 줄거리

기후변화, 자연재해, 지구 온난화 등은 환경오염으로 인한 것이며, 그것은 인간이 불러온 문제들이다. 이러한 문제가 해결되지 않는다면 더 큰 재앙이 찾아온다는 예측과 시그널은 수도 없었다. 최근에 우리를 습격한 코로나19 역시 예측이 아주 불가능한 재앙은 아니었다. 《월스트리트 저널》은 팬데믹과 같은 글로벌 전염병이 예전보다 더 자주 찾아올 것이라고 말한다. 인구의 세계적인 증가와 도심화로 인해 생활공간의 밀도가 높아지고, 글로벌화로 인한 빠른 연결성도 그 원인이 된다.

전염병의 연대기는 오랜 역사를 갖고 있다. 그렇기에 비단 코로나19만이 문제가 아니다. 미래의 팬데믹은 더 심각한 전염병으로 우리의 일상생활에 악영향을 미칠 것이다. 물론 흑사병으로 인구의 3분의 1이 죽음을 맞던 시절처럼 속수무책으로 당하지만은 않을 것이다. 아이러니하게도 발전된 기술로 구축된 문명사회가 코로나19의 빠른 확산의 원인이 되기도 했지만, 그 기술은 심각한 위기에 빨리 대응할 수도 있게 했다. 코로나19의 습격은 분명 위기지만, 우리가 어떻게 대처하느냐에 따라 이것은 새로운 기회가 될 수도 있다. 그 기회로 나아가는 새로운 길을 이 책에서 발견할 수 있을 것이다.

▶ **코로나 백신의 종류와 특징에 대해 알려주세요.**

현재 가장 대중적으로 알려진 코로나 백신은 크게 2종류로 나눌 수 있습니다. 바이러스 벡터 백신과 RNA 백신입니다. 바이러스 벡터 백신은 항원유전자를 인체에 무해한 다른 바이러스 주형에 주입해 체내에서 항원 단백질을 생성함으로써 면역반응을 유도하는 백신입니다. 대표적으로 아스트라제네카, 얀센 등의 백신이 해당됩니다. 바이러스 벡터 백신은 RNA 백신에 비해 열에 안정적인 특징이 있습니다. RNA 백신은 항원 유전자를 RNA 형태로 주입하여 체내에서 항원이 단백질을 생성해 면역반응을 유도하는 백신으로, 대표적으로 화이자, 모더나 등의 백신이 있습니다. 제조기간이 짧아 단기간에 대량생산이 가능하다는 장점이 있지만, 냉동상태로 보관되어야 한다는 단점이 있습니다.

국내 도입 코로나 19 백신 비교

국내 도입 코로나 19 백신 비교					
	아스트라 제네카	화이자	모더나	얀센	노바백스
방식	독감 바이러스 전달체로 활용	전령 RNA	전령 RNA	아데노 바이러스 전달체로 활용	합성 항원
예방 효과	62~70% 영국, 브라질 3상 62%, 저용량, 표준 용량 70%	95% 연령, 인종, 민족적 차이 없이 일관	94.1% 최소 3개월 항체 유지	평균 66% 미국 72%, 남아공 57%, 라틴아메리카 66%	89.3% 영국발 변이 85.6%, 남아공발 변이 60%
계약 물량	계약 완료 2~3월 도입 2000만 회분 1000만 명분	계약 완료 7월 도입 2000만 회분 1000만 명분	계약 완료 5월 도입 4000만 회분 2000만 명분	계약 완료 4월 도입 600만 회분 600만 명분	계약 추진 중 2분기 도입 예상 4000만 회분 2000만 명분
접종 횟수	2회	2회	2회	1회	2회
1회 접종 비용	3~5 달러 약 3300 ~ 5400원	19.5 달러 약 2만 1500원	15~25 달러 약 1만 7000 ~2만 8000원	10달러 약 1만 900원	16달러 약 1만 7000원
보관 유통	6개월 동안 냉장상태(2~8℃) 보관, 운반, 취급 가능	−70℃ 이하의 초저온 '콜드 체인' 통해 유통	−20℃ 보관이 원칙, 2~8℃ 최대 30일간 안정적인 상태 유지	2~8℃에서 최소 3개월, −20℃에서 2년 보관	2~8℃에서 1~3년 보관

출처 : 중앙재난안전대책본부

▶ **책에서 소개하고 있는 세상을 바꿀 혁신적인 미래 기술 9가지 중 특별히 인상 깊었던 부분이 있다면 소개해주세요.**

나나이트(Nanaties)로 불리는 작은 나노로봇을 생명공학과 접목해 다양한 작업을 수행할 수 있게 된다는 부분이 인상 깊었습니다. 눈에 보이지 않는, 아주 작은 로봇은 의료 분야에서 혈관 속에서 활동하며 수술과 약물 주입 등에 도움을 주었습니다. 또한 2030년쯤에는 나노로봇을 두뇌에 이식해 직접 지식을 저장하는 것도 가능해지는 등 영화나 공상과학 소설 속에서나 있을 법한 일이 현실에서 가능하다는 점이 매우 충격적이었습니다. 기술의 개발로 인류의 삶의 질은 더욱 향상될 것이지만, 기술이 악용될 소지로부터 자유로울 수는 없는 만큼 이 부분에 대한 윤리적, 제도적 고민이 병행되어야 합니다.

 그것은 죽고 싶어서가 아니다 (유영규, 북콤마)

그것은 죽고 싶어서가 아니다 줄거리

이 책은 스위스에서 조력자살을 선택한 한국인 2명이 거쳐간 전 과정을 따라가며 관계자들의 이야기를 듣고, 그들의 선택과 그 이유에 대해 풀어나간다. 왜 그들은 머나먼 스위스까지 가서 스스로의 삶을 마감했어야만 했는지를 돌아보며 '존엄한 죽음'의 의미와 '죽음을 선택할 권리'에 대해 고찰해본다.

스스로 삶의 마지막을 결정하는 것 역시 인권이라는 생각을 바탕으로 삶 자체가 죽음보다도 더 고통스러울 수 있는 현실에 대해 알아보려고 한다. 병마의 끝자락에서 죽음을 앞둔 사람들은, 죽음 자체에 대한 두려움이 아닌, 죽음에 이르는 과정에 대한 공포가 가장 고통스럽고 두렵다고 말한다.

책에서는 스위스행 조력자살 이외에도 한국 보라매 병원 사건, 일본 도카이대 부속병원 사건, 프랑스 뱅상 왕베르 등 국·내외 안락사 사건들을 언급하며 그들이 선택한 죽음에 대해 설명한다.

누구나 언젠가는 죽게 되지만, 죽음을 준비하는 이는 드물며, 우리 사회에서 죽음을 논하는 건 일종의 금기라 할 수 있다. 자신이 삶과 죽음의 주체가 될 수 있는, 존엄한 죽음에 대한 논의를 이제는 본격적으로 마주해야 할 때이며, 어떤 방법을 통해 보다 나은 삶과 죽음을 선택할 수 있을지에 대한 사회적, 제도적 준비가 필요한 때이다.

▶ **적극적인 안락사를 허용하는 국가와 우리나라의 상황은 어떠한가요?**

적극적 안락사는 사전적 의미로 의사, 간호사와 같은 제3자가 동물이나 사람의 생명을 단축시킬 목적으로 죽음을 적극적으로 돕는 행위를 말합니다. 말기 암 환자에게 독극물을 주사하여 죽음에 이르게 하거나 환자의 혈관에 공기를 주입하게 하는 경우처럼 제3자의 행위가 죽음에 직접적인 원인이 되는 안락사를 의미합니다.

적극적 안락사를 시행하는 국가는 네덜란드, 벨기에, 룩셈부르크 등이 있습니다. 캐나다는 퀘벡주만 안락사를 허용하지 않고, 다른 주는 적극적 안락사를 허용합니다. 현재 우리나라는 소극적 안락사인 '연명의료결정법(존엄사법)'이 시행되고 있습니다. 이는 회생 가능성이 없는 환자가 자기결정이나 가족의 동의로 연명치료를 중단하는 법으로 호스피스 및 임종 과정의 환자에 관한 법입니다. 최근에는 죽음을 선택할 권리를 인간의 기본권으로 보는 시각이 퍼지고 있으며, 적극적 안락사가 새로운 화두로 등장했습니다. 2019년 서울신문이 전국 성인남녀 1,000명을 대상으로 실시한 여론조사의 결과에 따르면 응답자의 80.7%가 우리나라에도 적극적 안락사가 허용되어야 한다고 답했습니다.

국가별 안락사 시행 현황

	스위스	네덜란드	벨기에	캐나다	룩셈부르크
적극적안락사	×	○	○	○	○
조력자살	○	○	○	○	×

- 영국, 독일, 프랑스, 일본, 한국은 적극적 안락사와 조력자살 모두 금지하고 있다. 미국의 일부 주는 허용하고 있다.
- 존엄사 : 현행 연명의료결정법에 따르면 '임종 과정에 있는 환자'가 심폐 소생술, 인공호흡기, 혈액 투석, 항암제 투여 등의 연명의료를 무의미하다고 느끼고 원치 않을 경우 이를 중단할 수 있다.

- 소극적 안락사 : 식물인간 상태처럼 의식 없는 환자에게 생명 유지에 필요한 치료를 중단해 죽음에 이르게 하는 방식이다.

- 적극적 안락사 : 의사가 환자에게 직접 독극물을 주입해 사망에 이르게 하는 방식이다.

- 조력자살 : 의사에게 환자가 독극물을 처방받아 자신이 직접 약을 먹거나 주입해 사망하는 방식이다.

지식채널e	관련 영상
죽기 위해 떠난 사람 - 104세가 되던 해 긴 여행을 떠난 사람 https://url.kr/zk542b	스위스서 죽음을 택한 한국인을 찾아서 https://www.youtube.com/watch?v=jMSa-9a8xYc

자소서 엿보기

계열별 관련 학과
자소서 엿보기

 간호학과 자소서

지원 동기

평소 의학 관련 영화나 드라마를 즐기며 막연히 의료보건 계열에서 일하기를 희망하던 저는 1학년 자율활동 시간에 들었던 응급구조 관련 특강, 의학 및 한의학 전공 소개 강연을 들으며 의료 보건 계열에서 종사하며 겪게 되는 험난하고 위험한 상황들을 생생하게 들으며 꿈을 키워갔습니다. 이후 간호사 초청강연, 간호사 체험 관련 봉사활동을 통해 간호사가 되기로 결심한 후 간호사가 갖추어야 할 기본 소양과 업무에 대해 탐색을 이어갔으며, 생명과학 관련 활동에도 열심히 임했습니다. 그중에서도 존엄사에 대한 보고서를 쓰며 조사하는 과정에서 존엄사를 택해 호스피스 병동으로 옮겨져 죽음을 눈앞에 둔 환자들을 위로해주고 보살펴 주며 마지막을 함께 해주는 호스피스 간호사라는 직업에 매력을 느끼게 되었습니다.

그래서 관련 책을 찾아보다 '호스피스로 삶을 마감하는 사람들'에서 하루에 여러 환자를 만나야 하는 의료진의 바쁨을 잘 알면서도 자신에게 시간을 조금 더 내어 불안함을 덜어줬으면 하는 환자의 글을 보고 스스로의 선택으로 마지막을 정리하는 시간을 가지고 있음에도 그 끝을 두려워하고 있다는 것을 알게 되었습니다. 그들 옆에서 하루하루 의미 있고 소중한 시간들을 함께하며 조금이라도 더 좋은 추억을 가지고 한 번이라도 더 웃고 행복할 수 있도록 진심으로 소통하고 공감하는 호스피스 간호사가 되고 싶다고 생각했습니다.

진로를 확정한 후 주변에서 남자가 간호사를 한다는 것에 대해 신기해하거나 부정적인 반응을 보이는 것을 보며 '간호사'에 대한 우리 사회의 인식에 대해 고민해보았습니다. 아직 여성 직업군이라는 고정관념이 남아있다는 생각에 남자 간호사가 쓴 책인 '미스터 나이팅게일'이라는 책을 읽으며 현장에서의 남자 간호사로서 겪은 애로사항들에 대해 알아보니 책의 저자는 자신이 남자라는 이유만으로 편견을 견뎌내는 것이 가장 힘들었다고 합니다. 환자의 반이 남성인 만큼 남자 환자들의 고충이나 남자 간호사라서 좀 더 잘 해낼 수 있는 일이 있을 거라 생각합니다. 또한 남자 간호사에 대한 편견을 깨기 위해 모든 일에 최선을 다해 성별을 떠나, 간호사들이 하는 모든 업무들을 누구보다 잘 수행하도록 노력할 것입니다.

진로희망	자율활동
죽음을 앞둔 환자가 편히 삶을 마무리할 수 있도록 돕는 호스피스 간호사	응급구조 특강, 의학 및 한의학 전공 소개 간호사 초청강연, 간호사 체험 봉사활동
진로활동	독서
평소 의료 봉사에 관심을 가지고 관련 도서를 읽으며 '존엄사 합법적 시행'에 대해 흥미가 생겨 존엄사를 택한 여성의 사연을 직접 찾아봄. '웰다잉법에 대해 정확히 이해하고 존엄사와 안락사의 차이를 비교 분석하는 보고서를 작성함.	나는 죽을 권리가 있습니다. 스스로 선택하는 죽음 호스피스로 삶을 마무리하는 사람들 미스터 나이팅게일

학업 경험

생명과학1을 배우면서 세포분열 횟수가 한정적이라는 것을 배웠고 돌연변이가 일어나 비정상적으로 빠르고 무한하게 분열하는 세포가 암세포라는 것을 알게 되었습니다. 이를 계기로 미국의 암 전문가가 쓴 〈질병의 종말〉이라는 책을 읽게 되었는데 그 책에는 '유방암을 치료하여 완치한 사람이 나중에 백혈병에 걸리는 것은 치료를 위해 그들이 받았던 화학요법 때문이다'라는 것이었습니다. 저는 여기서 말하는 화학요법이 무엇인지 궁금해졌고 이에 대해 탐구해보기로 했습니다.

조사를 통해 화학요법의 역사부터 종류와 원리, 한계점까지 설명해주는 TED 영상을 찾게 되었고, 이 영상을 정리하여 영어 시간에 발표하였습니다. 화학무기인 머스터드 가스가 세포분열이 빠른 골수를 손상시키는 것을 발견한 과학자들이 이 점을 이용하여 화학요법을 개발하게 되었다는 것을 알 수 있었고, 알킬화 약물과 미소관 안정제 이 두 가지 화학요법의 원리를 알 수 있었습니다. 화학요법은 암세포가 세포분열이 빠르다는 것을 이용하여 암세포를 공격하기 때문에 원래 세포분열이 빠른 골수나 구강, 모낭 등의 세포도 암세포와 함께 손상될 수밖에 없었습니다. 그 결과 탈모나, 메스꺼움, 구토 같은 부작용이 나타나게 되는 것임을 깨달았습니다. 이런 부작용을 최소화하기 위해 암세포만을 표적으로 하는 표적항암제가 개발되고 있다는 것을 알게 되었고 탐구보고서를 작성하기로 했습니다. 많은 연구가 이루어지고 있지만 표적항암제는 암세포를 죽이는 것이 아니라 암세포의 증식을 막는데 그치고 있고 표적인자가 없는 암세포의 경우에는 이 방법을 사용할 수 없다는 한계점을 가지고 있다는 것을 알게 되었습니다.

이 탐구과정을 통해 간호학과에서 생명과학을 배워야 하는 이유에 대해 깨달을 수 있었습니다. 환자를 간호할 때 사용할 치료법이 어떤 원리로 증상을 치료할 수 있고 어떤 부작용이 일어나는지를 알기 위해서는 생명과학적 지식이 꼭 필요하다는 것을 알 수 있었기 때문입니다. 이번 탐구를 통해 저는 생명과학 학습의 가치와 의미를 발견할 수 있었습니다.

생명과학	독서
유전을 배우면서 세포분열 시 분열 횟수가 조절되지 않고 분열시간이 정상세포보다 짧은 돌연변이 세포가 암세포라는 것을 알게 된 후 암 관련 서적을 읽어봄.	질병의 종말

면접 기출 질문

Q 유방암 치료 경력이 있는 환자가 백혈병에 걸리는 이유가 화학요법 때문이라 했는데, 어떤 내용인지 말해주세요.

Q 고등학교에서 배운 교과목 중, 간호학과에서 진학해서 공부를 하게 될 때, 가장 중요한 교과목은 무엇이라 생각하고, 그 이유는 무엇인지 말해주세요.

의미 있는 활동

2019년 2월 중국 우한에서 유행하기 시작한 코로나19는 우리나라에서도 퍼지면서 대구와 경북지역을 중심으로 빠르게 확산했습니다. 기하급수적으로 증가하는 확진자로 인해 의료 시스템의 붕괴가 우려되던 당시 상황은 정말 충격이었습니다. 하지만 코로나19 감염 위험이 있음에도 도움을 주기 위해 한걸음에 달려나가는 간호사들의 모습을 볼 수 있었고 저는 2학년 때 읽었던 〈나는 간호사, 사람입니다〉라는 책이 떠올랐습니다. 2015년 메르스 유행 당시 근무하던 중환자실에 코호트 격리 조치가 취해지고 자기 자신이 감염되었을지도 모르는 불안감 속에서도 간호사로서 본분을 다하는 책 속의 간호사분과 겹쳐 보였기 때문입니다.

저는 사회를 위해 헌신하는 간호사님들께 어떻게 힘이 되어드릴 수 있을지 고민하게 되었습니다. 고민하던 중 시민들의 격려와 응원이 큰 힘이 되었다는 책의 내용이 생각났고 저의 감사한 마음을 직접 표현할 수 있는 손편지 쓰기 활동을 하기로 했습니다. 개인적으로 활동을 하다 이 활동을 여러 친구와 하는 게 더 좋을 것 같다는 생각이 들었고 자율동아리 친구들에게 손편지 쓰기 활동을 제안하여 진행하였습니다. 간호사분들께 힘이 되어드렸다는 것에 큰 뿌듯함을 느꼈지만, 한편으로는 제가 간호사라는 자격을 아직 갖추지 못해 현장에서 직접 힘을 보태지 못한다는 것이 정말 아쉽게 느껴졌습니다. 그래서 꼭 간호학과에 진학하여 앞으로 간호사의 힘이 필요한 곳이 생겼을 때 도움이 되도록 꼭 자격을 갖춘 간호사가 되고 싶다는 다짐을 다시 한번 하게 되었습니다.

봉사활동	동아리활동
코로나19 의료진 응원편지쓰기 (2020.03 ~ 2020.04, 5회)	코로나19 의료진이 응원편지로 큰 힘을 얻었다는 내용의 글을 읽고 근처 선별진료소에서 애쓰고 있는 의료진들에게 감사와 응원의 메시지를 담아 편지를 전달함.

학업 및 진로계획

저는 어렸을 적부터 국내 및 해외에서 의료봉사를 하고 싶다는 생각을 꾸준히 해왔습니다. 그래서 대학 진학 후 학교에서 배운 전문지식을 활용하여 의료시설이 열악하고, 의료진이 부족한 현장에 직접 찾아가 의료봉사를 꾸준히 이어가고자 합니다. 그러기 위해서는 원활한 의사소통을 위해 영어회화 능력이 중요하다 생각하는 만큼, 꾸준히 어학공부를 이어가면서 동시에 환자를 잘 케어하기 위해 제 스스로의 건강과 체력을 관리해 나가겠습니다. 또한 힘든 간호 일에도 명료한 정신을 유지할 수 있도록 정신건강과 심리학에 대해 공부하여 심리적, 육체적으로 항상 자기관리를 철저히 해나가는 데 최선을 다하겠습니다.

앞으로 해외봉사활동 과정에서 그 지역만의 풍토병의 감염인자와 매개체를 조사해 사전에 대처할 수 있도록 스터디를 조직해 구성원들과 의견을 나누는 활동도 하고 싶습니다. 무엇보다 간호사는 환자를 대면하는 직업이기에 환자에게 신뢰를 주고 소통하는 자세가 중요하다고 생각합니다. 그래서 저는 장애인 복지기관 봉사활동을 통해 평소에도 간호대상의 상태와 심리를 면밀히 살피고, 공감하고 소통하는 능력을 갖추기 위해 노력할 것입니다. 대학 졸업 후에는 대학병원 내 임상간호사로 근무하면서 대한의료 관련 감염관리학회에서 주최하는 감염관리 전문 인력 공식연수에 참가하여 전문자격증을 취득하는 것이 저의 첫 번째 목표이기도 합니다.

진로희망	봉사활동
풍토병의 원인을 파악하여 감염을 예방하는 데 기여하는 감염전문간호사 희망	노인요양원에서 봉사활동을 하면서 환자를 대하는 태도와 환자의 상태에 따라 어떻게 대해야 하는지 알게 됨. 또는 환자와 원만한 관계를 유지하는 것의 중요성을 깨닫고 심리학을 추가적으로 공부함.

동아리활동	진로활동
각 지역별 풍토병에 관심을 가지고 조사함. 특히 외국인의 왕래로 풍토병이 국내에서도 발병할 수 있음을 알게 된 후 풍토병에 대비할 수 있는 치료제나 백신이 없는 질병을 조사함.	진로탐색활동으로 간호사를 희망하고 감염관리학회 자료를 찾아보면서 효과적으로 감염병을 통제할 수 있는 방법에 관심을 가짐. 또한 이렇게 배운 지식을 해외 봉사활동을 통해 나눔을 실천하고자 함.

의미 있는 활동

학업에 바쁜 고등학교 생활 속에서도 어머니와 함께 한 달에 한 번, 장애인복지기관에 가는 것은 저에게는 소중한 시간이었습니다. 꾸준히 봉사활동에 참여하면서 어르신들을 위해 환경정화를 하고, 옆에서 수발을 들며 살펴보니 대부분이 추위에 약하시고, 감기에 자주 걸리는 모습을 관찰할 수 있었습니다. 저는 그 원인이 궁금해 생명교과서를 통해 찾아봤고, 기초대사량 부족으로 인해 열량이 적어 추위를 잘 타는 것을 알게 되었습니다. 그리고 감기의 경우에는 면역력이 약해져서인지, 예방접종을 받지 않아서인지가 궁금해 '노년기 예방접종'에 대해서 알아보았습니다.

그런데 예방접종은 모두 비슷할 거라고 생각했던 것과는 다르게 노인예방접종은 소아예방접종과는 접종 목적부터 다르고 발병 예방률을 많이 높여주지 않는다는 사실을 알게 되었습니다. 연령층에 따라 예방접종의 차이가 발생하는 것이 매우 흥미로워 자율동아리부원들과 함께 학교 친구들을 대상으로 설문조사를 실시했습니다. 100명을 대상으로 한 조사에서 예방접종을 한 친구들이 약 55%이고, 이 중 감기에 걸린 확률은 약 11%였습니다. 예방접종을 하지 않은 친구들 중 감기에 걸린 확률은 약 23%라는 결과를 얻게 되었습니다. 의외로 예방접종을 하지 않아도 감기에 걸리지 않는 건강한 친구들이 많다는 것을 알게 되었습니다.

분석해 본 결과, 12시 이전에 잠을 자고 주로 규칙적인 생활을 하는 경우 예방접종 없이도 감기에 잘 걸리지 않는다는 것을 알게 되었고 이러한 생활 면역력을 높이는 것이 중요하다는 것을 인지하게 되었습니다. 이후 복지관에서 결연을 맺은 어르신께 규칙적인 생활을 하고 주기적으로 환기를 시켜야 면역력이 좋아져 감기를 예방할 수 있다고 알려드렸습니다. 이후 보다 전문적으로 면역력에 대해 알아보고자 '면역학'강좌를 듣고 항원 항체 반응에 대해서 이해하고, 적응면역의 정의, 1차, 2차 방어작용과 1차, 2차 면역을 이해할 수 있게 되었습니다.

진로희망	봉사활동
전염병이 확산되는 것을 예방하는 감염전문 간호사 희망	지속적인 봉사활동을 위해 어머니와 함께 계획을 세우고 매달 한 주씩 장애인복지센터에 가서 꾸준히 봉사활동을 함.

동아리활동	생명과학
예방접종과 감기의 발생에 대해 학생 100명을 대상으로 설문조사를 한 후 통계분석과 인터뷰를 통해 예방접종을 하지 않아도 생활면역력을 높여주면 감기 발생을 예방할 수 있다는 결론을 도출한 후 규칙적인 생활과 정기적인 환기의 중요성을 학급에 알리는 활동을 함.	KOCW에서 '면역학' 강의를 찾아 듣고 면역거부반응에 대해 궁금증이 생겨 '이종장기이식의 현황과 전망'이라는 논문을 찾아 읽으며 스스로 관심 분야를 탐구해나가는 모습을 보임.

면접 기출 질문

Q 학교 학생들을 대상으로 예방접종과 감기와 관련해 설문조사를 실시했다는데 자세히 말해주세요.

Q 면역학 강좌를 들었다고 했는데, 어떤 내용들을 배웠고, 특별히 기억에 남는 것이 있다면 소개해주세요.

의미있는 활동

저는 신문사설 탐구동아리에서 다양한 주제의 기사와 사설들을 읽어 보며 의견을 내고 토론하며 세상을 보는 눈을 키워갔습니다. 특히 간호학이나 의료 관련 내용은 더욱 관심을 가지고 보았는데 초등학생이 심폐소생술을 통해 쓰러진 사람을 구했다거나 의식을 잃은 사람을 이웃이 적절한 응급처치로 생명을 살린 기사들을 읽으며 신속한 초기대응과 응급처치의 중요성을 깨닫고 학교나 직장 내 교육을 의무적으로 실시하여 누구나 응급구호를 할 수 있도록 지속적으로 교육하고 홍보해야 한다고 의견을 제시했습니다. 저도 1학년 때 응급처치교육을 통해 몇 가지 대처 방법을 배웠고, 2학년 때 '부산 119 안전 체험관' 견학 시 하임리히법과 심폐소생법을 배웠지만 시간이 지나자 정확한 자세 구현에 어려움이 생기고, 긴박한 상황 속에서 당황하지 않고 해낼 자신이 없는 만큼 일회성 교육이 아닌 지속적 교육이 필요하다 생각했습니다. 이를 통해 머리가 아닌 몸이 기억할 수 있도록 지금도 주기적으로 응급상황을 그려보며 대표적인 구호법을 직접 익히는 시간을 가지게 되었습니다.

그리고 응급실에서 의료진을 향한 폭행과 폭언 사건이 이어지면서 관련 기사 검색을 하던 중 '간호사 인식 왜곡'에 대해 조사하게 되었습니다.

우리나라에서는 외국에 비해 처우가 좋지 않다는 것을 알고는 있었지만 실제 우리 사회에서 간호사라는 직종이 가진 이미지가 상당히 부정적이라는 것을 알고 그 원인을 고민해보았습니다. 우선 여성 직업군이라는 고정관념, 그로 인해 대중 매체 속에 그려지는 이미지는 짧은 치마에 딱 달라붙은 옷 등의 선정적 이미지나 단순한 업무보조로서의 역할로 인식되고 있었고 여기에 익숙해진 대중은 무의식 속에서 간호사에 대한 왜곡된 이미지에 노출되고 있었습니다. 그래서 저는 이것을 역 이용하여 드라마나 광고 속 간호사의 모습을 좀 더 현실감 있고 전문성 있게 그려내 있는 그대로의 모습을 지속적으로 보여준다면 사람들의 인식도 서서히 바로 잡힐 것이라 제안했습니다. 또한 간호사로 직접 근무하면서 긍정적 인식을 심어주는 활동을 찾아 힘을 보태고 싶다고 생각했습니다.

진로희망	진로활동
생명이 오가는 긴박한 현장에서 환자들의 삶을 지켜주는 응급 전문간호사 희망	하임리히법과 심폐소생술 이수 영유아심폐소생술 수강
동아리 활동	**자율 활동**
신문기사와 사설을 읽으며 간호학이나 의료 관련 내용에 대해 심도 있는 분석과 의견을 제시하여 적극적으로 임함. 심폐소생술을 이용하여 신속한 조치를 통한 인명구조의 필요성에 대한 의견을 제시함.	간호사 인식 왜곡 현황 및 개선 방안에 대해 탐구 활동

면접 기출 질문

Q 영유아 심폐소생술과 성인 심폐소생술의 차이에 대해 말해보세요.

Q 간호사에 대한 인식 왜곡의 이유와 개선을 위한 방법에 대해 이야기해보세요.

의미 있는 활동

2학년 여름 종례가 끝나고 집에 가기 위해 자리에서 일어서는 순간 쿵 소리와 함께 한 친구가 쓰러졌습니다. 그 친구의 얼굴은 창백해져 있었고 몸은 경직되어 의식이 뚜렷하지 않은 상태였습니다. 그 상황에서 제가 할 수 있었던 일은 119에 신고하고 보건 선생님께 알리는 것뿐이었습니다.

이 일을 통해 여러 가지 응급상황이 학교에서 발생할 수 있다는 것을 느꼈고 다양한 응급상황과 응급처치 방법을 알리는 것이 중요하겠다는 생각이 들었습니다. 그래서 친구들에게 여러 응급처치 방법을 소개하고 응급상황별로 어떻게 행동해야 할지를 적어 놓은 매뉴얼 책자를 만들면 좋겠다는 생각이 들었습니다. 제가 보건 의료동아리에서 활동하고 있었기 때문에 동아리 친구들에게 함께 매뉴얼 책자를 만들어 보자는 제안을 했고 보건선생님의 도움을 받아 보건실에 비치할 책자를 만드는 활동을 추진할 수 있었습니다.

친구가 쓰러진 이유였던 저혈압 쇼크를 비롯해 과호흡, 아나필락시스 등의 상황과 그에 맞는 응급처치 방법을 제시했으며 위급한 상황이나 어떤 대처를 해야 할지 모르는 상황이 닥쳤을 때는 119에 신고하고 보건선생님께 알리는 등 학교에서 어떻게 행동해야 할지에 대해 언급했습니다. 또 반 친구들에게 직접 알리기 위해 응급처치 방법을 반에서도 같이 진행했습니다. 이 활동을 통해 친구들이 제 활동으로 응급상황이 발생했을 때 잘 대처할 수 있게 되었으며 학교 보건 시스템의 발전에 이바지했다는 생각이 들어 뿌듯했습니다.

자율활동	행동특성 및 종합의견
응급상황별 적절한 응급처지 및 대처법에 대해 자발적으로 배우고 익혀 교내에서의 발생 시 모두가 적극 대처할 수 있도록 매뉴얼 책자를 제작해 배포하고 반에 게시활동을 하며 학교 보건 시스템에 기여함.	종례 후 급우가 갑자기 쓰러진 긴박한 상황 속에서 즉시 119에 신고하고 보건선생님께 알리는 등 발빠른 행동으로 상황 수습을 돕는 모습을 통해 간호보건을 희망하는 학생으로서의 침착함과 빠른 대처능력 등의 자질을 보여줌.

 면접 기출 질문

Q 응급상황별 대처 매뉴얼을 만들었다고 했는데, 저혈압 쇼크 시 어떤 응급처치가 가능한지 말해보세요.

학업경험

저는 뭐든지 눈으로 직접 확인해 보아야 하고, 많은 호기심과 궁금증을 해결하기 위해 직접 행동하는 학생입니다. 1학년 수학시간, 정육면체 안을 지나는 선분에 대한 사고력 문제를 풀 때, 입체공간에 대한 이해의 부족으로 문제해결에 어려움을 겪는 친구들을 보게 되었습니다. 평소 직접 부딪혀 보는 제 장점을 십분 발휘해 직접 모형을 만들게 되었습니다. 종이를 이용해 모형을 만든 후 볼펜으로 중간을 뚫어 문제를 형상화해 이해를 도왔습니다. 이후에도 직접 실행하고 경험해보며 궁금증을 해결해갔고, 2학년 때 '소인수 생명과학 실험' 수업을 수강하게 되었습니다. 평소 좋아하던 과목인 생명과학과 관련해 심화 내용까지 이론을 학습한 후 직접 실험해보며 보다 다양한 체험을 할 수 있었습니다. 온도와 pH에 따른 효소 반응속도 변화 관찰, 척추동물인 양 뇌 해부를 통해 중추신경계의 구조 탐구 실험 등을 직접 해보며 이론으로 배운 내용을 직접 확인했습니다.

그리고 MBL을 이용한 식물의 광합성 실험에서는 스탠드를 조작변인으로 하여 빛에 세기에 따른 광합성 양의 변화를 MBL을 이용하여 산소농도를 측정하는 방식으로 실험을 진행하였습니다. 조작변인인 스탠드를 제외하고 식물의 상태와 크기와 같은 통제변인은 모두 동일해야 했지만, 통제변인이 제대로 실현되지 않아 실험결과를 도출하는 데 어려움을 겪었습니다. 광합성에는 빛의 세기뿐만 아니라 이산화탄소 농도, 온도에도 영향을 받는다는 결론을 도출할 수 있었고, 내용을 정리해 보고서로 작성했습니다.

이렇게 하나하나 직접 경험하고 실행한 실험들의 실험 계획서와 관찰 내용 및 실험결과를 정리해 학기 말에 한 권의 책으로 엮었습니다. 한 학기 동안의 저의 경험과 노하우가 담겨있는 실험탐구보고서 책을 손에 쥐었을 때 느꼈던 뿌듯함과 감동은 아직도 생생하게 남아있습니다. 이렇게 축적된 저만의 경험들을 통해 어떤 일이든 적극적으로 도전할 수 있는 자신감을 가지게 되었으며, 직접 체득한 지식이 더욱 깊어지고, 넓어짐을 깨닫게 되었습니다.

수학 세특

교과서를 재구성하는 활동에서 친구들이 생각지도 못한 새로운 풀이방법으로 더 쉽게 구성해 냄. 모둠원과 협력하여 문제를 해결하는 과정에서 자기 표현력이 뛰어나며 친구들의 발표를 적극적으로 도와주는 등 따뜻한 리더십을 발휘함.

생명과학 실험

'양 뇌의 중추신경계 구조관찰 실험'에서 양의 뇌 각 부분에 대한 외부구조와 절개하여 내부구조를 관찰하고, 각 뇌의 연결 부분과 명칭을 확인 후 부분적인 해부를 시행함. MBL 장치를 이용한 열량 측정실험에서는 실험계획을 수립하고 과자의 연소과정에서 발생하는 식용기름을 관찰하고 유탕 과자의 열량이 높은 이유를 분석하여 보고서에 기록함.

Q 양 뇌 해부에서 본인이 맡았던 역할은 무엇이며, 새롭게 알게 된 사실이 있다면 말해주세요.

의미있는 활동

코로나19로 인해 마스크 착용이 선택이 아닌 필수가 된 상황 속에서 장시간의 마스크 착용이 인체에 미치는 영향에 대해 호기심이 생겨 탐구해보았습니다. 관련 서적과 학술지 등을 참고해 조사하던 중 일회용 마스크와 장시간 피부 접촉에 따른 부작용을 설명한 논문을 읽게 되었습니다. 마스크 착용으로 피부의 온·습도가 높아져 피지 분비와 각질 생성, 세균 번식을 촉진시키고 모공을 막아 각종 염증을 유발한다는 것을 알게 되었습니다.

저는 실제 사용하는 마스크에서 샘플을 채취하여 실제 마스크 속의 세균의 종류와 마스크 오염도에 대해 직접 조사하고 싶어졌습니다. 그래서 생명과학 담당선생님이신 학교 수석선생님을 찾아가 세균 배지 제작과 배양 강의를 듣고, 세균배양에 필요한 조건과 인큐베이터, 오토크레이브와 같은 기자재를 활용하는 방법을 익혔습니다. 이후 12시간 사용한 마스크의 안과 바깥 부분에서 샘플을 각각 채취하여 세균을 배양하였고 그 결과 마스크 안이 밖보다 더 많은 세균이 증식함을 확인할 수 있었습니다. 이를 통해 세균이 증식하기 쉬운 환경으로 피부와 기관지가 노출되어 면역력이 떨어질 수 있음을 알게 되었고, 더불어 비말감염 예방에 마스크의 효과를 확인할 수 있었습니다. 저는 이 활동을 통해 우리 주변에서 서식하고 있는 세균을 직접 확인해보며 철저한 위생관리의 필요성을 확인했으며 막연히 오염되었을 것이라는 예상을 과학적 방법을 통해 직접 확인해보며 과학은 현상을 입증해주는 도구라는 것을 되새기게 되었습니다.

동아리 활동	봉사활동
세균 배지를 제작하는 방법과 배양을 위한 연구방법 특강을 듣고 배지의 종류와 배지제조 방법, 인큐베이터 등 기자재 활용을 익히며 탐구역량을 강화함. 이를 활용해 마스크 속의 세균의 종류와 오염도에 대해 직접 조사해 보고서를 작성함.	학급의 보건 도우미로 봉사함. 코로나 19로 인해 엄중한 보건환경을 유지하기 위해 자발적으로 보건 도우미에 자원하여 학급의 책상과 시설물을 항상 깨끗하게 뒀고 학생들의 체온을 재며 코로나로 인해 피해가 발생하지 않도록 노력함.

Q 세균 배지를 직접 제작했다고 했는데 어떻게 했는지 과정을 설명해주세요.

Q 마스크 세균 배양실험을 통해 알게 된 점을 이야기해주세요.

의미있는 활동

과학에 관심을 가지고 다양한 활동을 하기 위해 기회를 모색하던 중, 고등학교 2학년 때 여러 선생님들의 추천으로 교내 수학·과학 영재반에 들어가게 되었습니다. 영재반에서는 학교 교과목 시간에 할 수 있는 이론수업, 실험을 벗어나 새로운 활동을 할 수 있었습니다. 1년 동안 영재반에서 적정기술, 라디오 조립, 가상 유전프로그램을 이용한 실험 수행 및 토의 등의 활동을 하였습니다. 이 중에서 저는 가상유전프로그램을 이용한 실험 수행 및 토의 활동이 가장 기억에 남습니다. 생명과학 1을 배울 때 임의교배가 불가능하거나 형질이 복잡하고 유전자의 수가 많은 생명체의 경우에는 유전연구가 어렵다고 배웠습니다. 하지만 이 프로그램은 어떤 형질을 변화시킬 것인지를 정할 수 있었고, 유전자의 수를 조절할 수 있는 가상의 프로그램상이기 때문에 교배시간에 의한 제약이 없어 보다 다양한 실험이 가능했습니다. 프로그램을 활용하기 전에 모둠원들과 함께 이론을 바탕으로 토의를 했고 선생님께서 문제로 제시한 가상 유전에서의 순종인 개체를 찾고, 우열관계를 찾아 실험을 완수할 수 있었습니다. 그리고 멘델의 분리법칙과 독립법칙, 카이검증의 수행을 가상 유전프로그램을 이용하여 형질의 비율을 계산하고 직접 검증해볼 수 있었습니다. 고등학교 3년의 기간 동안 저는 과학에 중점을 둔 활동을 통해 생명과학에 대한 관심과 다양한 실험 및 과학 프로그램을 경험하며 사람들의 질병과 건강에 대한 연구를 해보고 싶다는 저의 진로를 확고히 굳힐 수 있었습니다.

진로희망	세부능력 및 특기사항
바이러스, 세균 등 미생물에 대한 연구를 통해 질병 퇴치를 위해 이바지하고자 임상병리 연구원을 희망함.	영재학급 2학년 과정 수학과학통합과정 117시간 이수함.

지원 동기 및 학업 경험

저는 평소 즐겨보던 범죄수사드라마를 통해 시약과 검사를 활용한 증거수집, 사건현장의 모습을 통해 당시의 상황을 그려보는 등 과학기술의 발전이 범죄수사의 중요한 부분으로 작용한다는 것을 느껴 흥미로웠습니다. 그래서 국립과학수사원과 경찰과학수사대에 대해 차이점을 비교해보고 사건 발생 시 전문적이고 정밀하게 현장을 분석하여 조사하는 현장감식반이나 사체를 보고 사망 시간을 추정하거나 사체 주변현장을 포함하여 사망과 관련된 사항들을 종합적으로 조사하는 검시관이 꼼꼼한 성격을 가진 저의 성격과 잘 맞는다는 것을 깨닫게 되었습니다. 이후 혈액을 통해 다양한 질병을 알 수 있다는 뉴스를 보고 '혈액학' 강의를 찾아들으며 범죄현장에서 혈흔이 범죄사실 입증에 어떤 도움을 줄 수 있는지도 조사해보았습니다.

그리고 'How vultures can help solve crimes' 라는 TED 강연을 들으면서 독수리의 사체 청소 행동이 범죄현장에 미치는 영향을 이해하는 시간도 가졌습니다. 이후 틈틈이 TED 강연을 통해 의학지식을 얻는 데 도움을 받을 수 있었고, 영어실력도 같이 향상될 수 있었습니다. 관심 분야가 비슷한 친구들과 의견을 나누고자 보건의료 분야에 관심이 많은 친구들과 함께 '나이팅게일'이라는 자율동아리를 직접 만든 후, 의생명 분야의 이슈와 윤리적 문제에 대한 토론, 연구동향 등 다양한 주제로 소통하며 상호작용을 통해 더욱 성장하는 즐거움을 느낄 수 있었고, 과학수사전문 검시관이라는 저의 진로에 확신을 가지게 되었습니다.

진로희망	동아리활동
과학수사연구원, 검시관	생명과학 분야의 최신 기사와 기술개발에 대한 자료를 정리해 의견을 나누고 유전자가위 기술 도입, 안락사 등의 생명윤리 주제에 대해 토론활동을 함.

📍 작업치료학과 자소서

지원 동기

의료기술의 발달로 인간의 기대수명은 100세를 넘어서고 있는 만큼, 건강한 삶에 대한 욕구가 그 어느 때보다 높은 만큼 저는 건강하게 오래살 수 있는 방법에 대해 관심을 가지게 되었습니다. 많은 정보 탐색을 하던 중 '건강한 삶'의 의미에 대해 어떻게 정의할 것인가라는 고민에 빠지게 되었고, 직업인 초청 특강을 통해 작업치료사분의 이야기를 들으며 질병이나 사고로 인해 후천적 장애를 가지게 된 사람들의 삶과 고통에 대해 접하게 되었습니다. 본인의 의지대로 움직여지지 않는 신체와 정신으로 인해 이를 지켜보는 가족까지 힘들어한다는 것을 보고 저는 이런 사람들이 자신의 삶을 살 수 있도록 옆에서 도와주고 싶다는 생각을 하게 되었고 작업치료사라는 직업을 희망하게 되었습니다. 이후 작업치료사로 활동하는 데 필요한 역량을 갖추고자 노력하였습니다. 우선 환자들의 상태를 살펴 문제점을 파악해 적절한 진단을 내려야 하므로 평소에도 자세히 '관찰'하고 '기억'하는 습관을 길렀습니다. 무심코 지나칠 수도 있는 반 친구의 기침소리를 듣고 감기 조심하라는 한마디를 건네고, 머리가 아프다는 친구에게 보건실에서 진통제를 받아다 전달해주는 등 주변에 주의를 기울이자 누군가의 불편함과 아픔이 보였고 살뜰하게 챙겨줄 수 있게 되었습니다. 덕분에 친구들과의 사이도 더 친밀해지고, 속 이야기를 나눌 정도로 신뢰도 쌓이게 되었습니다.

이를 통해 저는 사람과 사람 사이를 이어주는 신뢰의 첫걸음은 '관심'이라는 것을 깨닫게 되었습니다. 이러한 경험의 시간들을 바탕으로 눈에 보이는 신체적 불편과 더불어 보이지 않는 정신적 아픔까지 보듬어주고 치료해줘서 다시 세상 속으로 나아갈 수 있도록 가장 가까이에서 좋은 친구이자, 조력자가가 되어주는 작업치료사가 될 것을 목표로 삼게 되었습니다.

진로희망	진로활동
질병이나 후천적 장애를 가진 환자들을 일상으로 복귀할 수 있도록 돕는 작업치료사	직업인 초청 특강에서 작업치료사를 직접 만나 그 직업세계에 대한 적극적인 탐색의 기회를 가짐.

📋 면접 기출 질문

Q 작업치료사가 어떤 일을 하는지 구체적으로 알고 있나요?

Q 작업치료사가 되고 싶은 이유나 특별한 계기가 있나요?

Q 작업치료사에게 필요한 역량은 무엇이라 생각하고 본인의 어떤 점이 적합한가요?

의미있는 활동

저는 2학년 때 사회문제 탐구반 활동을 하며 세상을 비판적으로 바라보며 사회문제에 대해 토론하고 대안을 제시하는 활동을 통해 많은 것을 배울 수 있었습니다. 평소 관심이 있던 발달장애 아동의 치료와 재활부분에 대해 독서와 영상을 통해 정보를 습득해 가던 중, 코로나19로 인해 대면수업이 힘들어진 만큼, 발달장애 아동들의 비대면 수업 실태에 대해 궁금증이 생겨 조사해보았습니다.

보통의 가정에서도 처음 경험하는 온라인 수업으로 인해 혼란을 겪었던 만큼, 수업 진행에 물리적으로 큰 어려움이 있을 것을 쉽게 예상할 수 있었지만, 그 상황은 더 심각했습니다. 집중력이 좋지 않는데다 학습발달 수준에 맞게 개별화된 수업이 진행되지 않으니 수업의 효과는 제로에 수렴했으며 보호자와의 관계도 어그러지고 있다는 사실을 알게 되었습니다. 무엇보다도 자폐 등을 겪는 경우 지식을 학습하는 것보다는 사회관계 형성을 직접 체험하는 것이 더 중요한데 비대면으로 막히다 보니 꾸준한 노력으로 성과를 보이던 것이 오히려 후퇴하는 현상까지 발생하고 있었습니다.

이러한 상황들을 마주하며 저는 정책의 사각지대에 놓인 발달장애인들의 가족들을 위해 적극적인 정책과 지원의 필요성, 지속적인 관심과 배려가 필요하다는 것을 깨닫게 되었습니다. 한 아이를 키우기 위해서는 한 마을이 나서야 한다는 말이 있듯이, 그들도 우리의 국민이사 이웃이므로 사회적 책임을 통해 모두가 힘을 모아야 한다는 것을 되새길 수 있는 활동이었고, 작업치료사로 활동하며 보다 가까운 곳에서 발달장애 아동들의 위해 노력하고자 하는 다짐을 굳건히 하게 된 시간이었습니다.

동아리활동	진로활동
여러 가지 주제에 대해 깊게 사고하고 문제 지적 뿐만 아니라 대안까지 제시하려는 모습을 보임. 특히 관심 분야인 발달장애 아동의 치료와 재활 부분에 있어 적극적 탐구 의지를 가지고 발달장애아동 가족의 동반자살, 코로나19 비대면 수업의 현황 등을 주제로 탐구해 보고서를 작성함.	발달장애 아동 전문치료를 희망하며 꿈 발표시간에 발달장애의 뜻과 종류, 진단 및 치료에 대해 일목요연하게 정리해 발표하며 발달장애인 가족들의 어려움을 소개하고, 국가적 사회적 관심이 필요함을 주장함.

지원동기 및 학업계획

저는 고등학교 재학 중 정기적으로 동네 복지회관에서 봉사활동을 했습니다. 그곳에서 다양한 장애를 가진 분들을 뵙게 되었고, 그중에는 선천적 장애를 가진 분들도 있었지만, 후천적으로 사고나 뇌졸중 등을 통해 신체를 자유로이 움직이지 못하는 분들도 있었습니다. 특히, 후천적 장애를 갖게 되신 분들은 본인의 신체장애를 받아들이는 데까지 힘든 시간을 보냈기에 그분들을 대함에 있어 주의를 기울이라는 복지사님의 설명을 듣고 신중히 행동하고자 노력했습니다. 그리고 산업재해로 신체마비로 휠체어를 타신 분께서 "힘든 재활치료의 과정을 견디는 것은 다치기 전, 정상의 상태로 돌아가기 위함이 아니라 오늘 보다 내일, 내 의지대로 몸이 조금이나마 움직일 수 있게 되길 바래서"라며 재활로 힘들어하는 다른 분께 격려하시는 모습은 저에게 큰 울림으로 다가왔습니다. 이후 재활치료에 관심을 가지게 되었고, 정보를 탐색하던 중 작업치료사라는 직업을 알게 되어 목표로 삼게 되었습니다. 신체적, 정신적, 사회적 장애를 가진 분들께 일상생활 동작과 일 및 여가 등의 모든 작업을 수행하고 유지, 발전시킬 수 있는 치료를 직접 계획하고 도와준다는 점에서 제가 찾던 일이라는 생각이 들었고, 작업치료를 전문적으로 배워보고자 지원하게 되었습니다.

저는 대학에 진학하게 되면 미래의 작업치료사가 되기 위한 준비를 차근차근 해나갈 것입니다. 고등학교 때에는 말벗과 주변청소나 해드리는 봉사에 그쳤다면 앞으로는 학과에서 배운 작업치료학 지식을 가지고 장애인·노인·아동 등을 대상으로 봉사활동을 이어가고 싶습니다. 봉사활동을 하다 보면 학과에서 배운 지식을 직접 사용해보면서 실전 감각을 익힐 수 있을 것이고 봉사를 통해 느낀 뿌듯함으로 작업치료사가 되기 위한 동기부여도 될 것입니다. 또한 학기 중과 방학 중에 작업치료에 대한 공부를 꾸준히 하며 자격증 취득을 위해 노력할 것입니다. 그리고 만약 기회가 된다면 작업치료사가 되신 선배님이나 현장 업계 종사자를 만나 직업 인터뷰를 하고 작업치료사가 되기 위한 여러 가지 조언들을 들어보고 싶습니다. 열심히 공부하고 노력해 어엿한 작업치료사로 성장해 나갈 수 있는 발판을 마련할 기회가 생기길 희망합니다.

진로희망	봉사활동
작업치료사	구내 복지센터 도우미 활동 (2년간 24시간)

 물리치료학과 자소서

학업 경험

어렸을 때부터 자세가 좋지 않아 자주 허리가 아팠고 치료과정에서 물리치료의 광범위한 효과에 매력을 느낀 저는 관련 개념을 공부하며 물리치료사의 꿈을 키워왔습니다. 생명과학 1 수업 시간 신경계 질환과 이에 대한 치료방법으로 약물이 사용됨을 배우면서 처음에 단순히 약물만이 신경계 질환의 해결책이라고 생각했습니다. 그러던 중 궁금증을 해결하기 위해 대한 도수정형물리치료학회 초청 강연을 찾아 들으며 물리치료에서 느꼈던 여러 궁금증에 대한 답을 자료조사를 통해 찾고자 하였습니다. 이때 물리치료가 크게 신경계 물리치료와 근·골격계 물리치료로 나뉨을 알게 되면서 신경계 질환의 치료법으로 약물만을 생각했던 제 생각이 짧았음을 깨닫게 되었습니다.

이를 계기로 교과서를 통해 공부할 때 항상 교과서를 단순히 이해하고 받아들이는 것에서 나아가 호기심을 가지고 관련된 보조 내용을 스스로 찾아보거나 원래 알고 있던 내용을 활용해 교과서 내용을 보완하며 학습하려고 노력하였습니다. 특히 생명과학 1에서 교감신경을 활용한 체온 조절에 대한 공부를 할 때 이러한 태도가 도움이 되었습니다. 주변 환경의 온도가 떨어지면 교감신경에서 신경절 이후 뉴런의 축삭돌기 말단에서 분비되는 노르에피네프린의 작용으로 인해 혈관의 수축이 일어나 열의 발산을 줄이는 방식에 대해 공부할 때 물리치료의 일종인 한랭치료를 떠올렸습니다. 일부로 환자 몸의 온도를 낮추어 교감신경의 작용을 유도해 혈관수축을 일으키고 급성 염증을 감소시키는 한랭치료를 떠올리며 항상성 유지의 일종인 체온 조절의 한 작용을 공부하였고 이를 통해 쉽게 암기할 수 있었습니다. 이렇듯 물리치료와 관련된 내용을 공부하면서 교과서의 내용을 수동적으로 받아들이던 태도를 고쳐 나가려고 노력하게 되었고 다른 공부에도 열정을 다하려는 자세를 갖추게 되었습니다.

자율활동

대한도수정형물리치료학회 초청강연을 통해 '물리치료의 다양한 활용'에 대해 접하고, 강연 후 물리치료의 분류,
원리에 대해 궁금증이 생겨 이에 대해 조사함. 물리치료는 크게 신경계 물리치료와 근·골격계 물리치료로 나눠질 수 있음을 알게 되고 신경계 질병도 물리치료를 통해 도움을 받을 수 있어 흥미를 가지게 됨. 신경계 물리치료에 대한 자세한 조사를 통해 그에 해당하는 중추신경계 물리치료, PNF, 보행치료에 대한 보고서를 작성함.

생명과학1 세특

생명과학1 항상성과 몸의 조절 단원에서 신경계에 대해 배우던 도중 '신경계와 관련된 질환은 약물치료만 가능한 것일까?'라는 의문을 가지게 되었고 본인이 평소 관심 있었던 물리치료로 신경계 질환의 치료가 가능한지에 대해 조사함. 본인이 알고 있었던 근·골격계 물리치료뿐만 아니라 신경계 물리치료도 있음을 알게 되었고, 신경계 질환 중 대표적인 뇌졸중 환자들의 재활치료 등에 폭넓게 사용되고 있음을 알게 됨. 뇌졸중 재활치료의 방법 중 중추신경계 재활치료(NDT)와 일반매트, 보행치료(MAT, GAIT), 기능적 전기자극 (fes)에 대해 조사하여 친구들에게 발표함.

물리학1 세특

'일상에서 물리학의 원리 찾기' 활동에서 최근 본인이 흥미를 가지고 있는 물리치료에 사용되는 물리적인 기제들이 어떻게 사용되는지에 대해 알아봄. 물리치료는 다양한 물리적 기제를 이용하여 몸에 온열을 적용시키는 것이 궁극적인 목표임을 알고, 전기가 몸에 어떤 작용을 하고 효과를 발생시키는지에 대해 조사함. 전기자극을 통해 반복적인 근수축을 유발하여 근육 내 효소활성을 증진시켜 신경근을 자극하는 효과가 있음을 알게 되고 이에 대한 보고서를 작성함.

멘토멘티

생명과학I에 해당하는 내용인 교감신경을 통한 체온조절의 원리를 물리치료의 일종인 한랭치료를 활용해 멘티 학생에게 설명해주어 학습 효과를 도모함. 이후 멘티 학생과 함께 온열치료와 한랭치료의 차이를 주제로 심화 보고서를 작성하고 급우들에게 발표함.

💬 학부모 질문

Q 자소서를 작성할 때 '생명과학' 수업내용을 활용하는 부분이 있는데, 전공 관련 과목을 활용한 수업내용을 적는 것이 좋은가요?

A 학생부와 자소서의 내용은 기본적으로 학교생활을 바탕으로 작성됩니다. 특히 학교 수업의 내용은 다양한 활동의 동기가 될 수 있으므로 주의를 기울이는 것이 중요합니다. 학교 수업 내용은 활동에 대한 동기가 될 수 있을 뿐만 아니라 학교생활에 대한 성실성을 보여준다고 할 수 있습니다.

Q 학업경험과 느낀 점을 어떻게 기재하면 좋을까요?

A 학업경험은 단순한 공부방법을 적는 것은 아닙니다. 수업시간에서 배운 혈액형의 수혈관계를 배웠다면, 같은 혈액형은 다량 수혈이 가능한데, 다른 혈액형은 소량 수혈만 가능한 이유가 궁금하여 이를 조사하면서 응집원과 응집소에 대해 배운 점을 기재하는 것입니다. 이후 ABO식 응집원뿐만 아니라 Rh식 응집원까지 공부하면서 항체의 생성원리까지 공부하면서 헌혈의 중요성을 깨닫게 되었다고 적을 수 있습니다.

Q 자소서를 작성할 때 어떤 흐름으로 작성해야 하나요?

A 개인마다 풀어나가야 할 이야기가 다르므로 다양하게 작성할 수 있습니다. 하지만 단순히 이런 활동을 했다는 식으로 활동을 나열해서 쓰기보다는 그 활동이 자신에게 어떤 영향을 미쳤는지, 느낀 점과 변화된 점 등을 서술하는 것이 좋습니다.

 방사선학과 자소서

학업 경험

공부할 때 항상 그 내용에 대한 추가 자료를 찾아보며 심화 공부를 하는 습관을 길러 왔고 이런 공부 방식은 방사선에 대한 관심을 높여주었습니다. 지구과학I 시간에 방사성 동위원소에 대해 배우면서 처음에 방사선이 특수한 원리로 인해 새로 만들어진 존재라고 생각하였습니다. 이런 생각은 TED 강의를 활용한 심화 공부를 통해 잘못되었음을 깨닫게 되었습니다. 방사선에 대한 호기심으로 TED 강의를 찾아보았고 'Does the world need nuclear energy?' 영상을 보게 되었습니다. 강의를 통해 방사선은 특별한 것이 아니라 우리가 흔히 보는 빛에서 파장이 짧아 강한 에너지를 가진 것이 방사선임을 알게 되었고, 신기하다고 생각해 관련 이론을 교과서와 도서를 통해 조사해보았습니다. 에너지가 플랑크 상수와 진동수이 곱으로 표현되는 등의 파동과 관련된 수식들을 통해 파동의 성질을 방사선에 적용해보기도 하였습니다. 가시광선의 파장을 길게 하면 에너지가 더 낮아져, 적외선이나 라디오파가 된다는 것과 파장을 짧게 하면 자외선이나 엑스선, 감마선이 되는 것을 확인할 수 있었습니다.

방사선과에 진학하기로 결심한 후 과학사 에세이 쓰기 활동에서 병원에서 활용되는 X선과 CT 등 각종 기기들의 특성에 대해 에세이를 쓰기로 했습니다. 처음 저는 방사선을 사용하는 기기들은 하나의 원리에서 출발하여 비슷한 방식으로 작동한다고 생각했습니다. 하지만 X선 촬영장치에 대해 조사하며 저의 생각이 틀렸음을 알 수 있었습니다. X선 촬영장치는 방사성 물질이 들어있는 것이 아니라 전기를 이용하여 특정물질을 가속하여 X선을 발생시키는 장치였고, CT는 X선 발생장치에서 사용하는 X선과 원리는 같으나 순간적으로 여러 번 다양한 위치에서 촬영하여 몸속의 단면을 볼 수 있도록 한 것이라는 것을 알 수 있었습니다. 이렇게 다양한 기기들에 대해 조사하며 기존의 단점을 보완하면서도 정확도를 높이려는 노력을 깨달을 수 있었습니다.

논술 세특	독서
병원에서 엑스레이를 찍을 때 자주 드는 방사선이 무엇인지 그 종류에는 무엇이 있는지 또 방사선 측정 방법은 어떠한지 관련 자료를 수집하고 이를 바탕으로 간결하게 표현함.	퀴리부인이 들려주는 방사능 이야기(전완상) 질의응답으로 알아보는 방사선/방사능 이야기 (타다 준이치로)
과학 세특	진로활동
물리학 혁명 단원 중 전자기학 부분에 관심이 많아 패러데이의 전자기 유도법칙, 맥스웰의 전자기학 집대성, 전자기파의 발견 등에 대해 정리해보고 전자기학의 발달에 의해 탄생한 X-ray, CT, MRI 등의 첨단의료장비의 특징, 원리, 장단점 등을 추가 조사하였음.	진로탐색검사에서 희망하는 대학교 방사선학과의 다양한 논문, 연구자료 등을 조사해 단순히 X-ray, CT, MRI뿐만 아니라 방사선 계측, 자연방사선, 환경방사선, 핵공학 의료진단 분자 영상, 디지털 영상처리 등을 배운다는 것을 알게 돼 관련 개념을 정리해 보고서로 작성함.

의미 있는 활동

재난안전교육은 방사선 치료의 이면을 알게 해주어 방사선사가 가져야 할 책임감에 대해 깨닫게 해주었습니다. 재난안전교육에서 언급한 의료사고 중 방사선 치료와 부작용이 가장 눈에 띄었습니다. '방사선은 치료에 주로 쓰이는데 어떻게 의료사고가 발생할 수 있는 거지?'라는 의문점이 들어 먼저 방사선을 이용하여 치료할 때 우리 몸에서는 어떤 변화가 생기는지 조사해보기로 했습니다. 〈방사선으로 치료할 수 있는 7가지 암〉 도서를 읽으면서 방사선 치료가 어떤 효과가 있는지 그리고 부작용에 대하여 살펴볼 수 있었습니다.

이를 이해하기 위해서는 우선 방사선을 이용한 암 치료를 이해하기 전에 암이 발생하는 원리에 대한 이해가 필요하였습니다. 암은 기존의 세포에서 oncogene이나 p53 등의 유전자에 이상이 생겨 특정 신호를 무시하고 무작위적으로 분열하는 세포였습니다. 저는 암세포의 특성과 이전에 들었던 TED 강의인 'Radiation dangerous'을 활용해 방사선 치료의 부작용을 예측해보았습니다. 여기서 초점을 두어야 할 부분이 기존의 세포였고 암세포 주변에는 정상세포가 존재한다는 것이라고 생각하였고, TED 강의를 통해 방사선이 세포를 죽일 수 있음을 떠올렸습니다. 이를 바탕으로 방사선 치료의 부작용은 방사선이 암세포뿐만 아니라 자칫 정상세포도 죽일 수 있음을 추측할 수 있었고, 도서를 읽으면서 답을 찾아 나갔습니다.

이후 부작용을 고려한 여러 치료방법에 대해 조사해보았고 '고선량의 방사선'을 이용하여 암세포를 없애는 치료법과, 암을 칼로 도려내는 절제술을 시행한 후 암세포가 다시 퍼지는 것을 대비하여 비교적 '저선량'으로 장기간 투여하는 방법으로 나눌 수 있음을 알게 되었습니다.

방사선 치료라고 하면 그냥 특정 부위에 방사선을 조사하는 줄로만 알았으나, 부작용 방지를 위한 다양한 기술과 과정이 존재한다는 것을 확인할 수 있습니다. 이런 활동을 통해 방사선 치료에도 부작용이 있음을 깨닫고 앞으로 방사선사가 되기 위해 가져야 할 무거운 책임감도 있음을 알게 해주었습니다.

자율활동	독서
재난 안전교육을 받고 다양한 의료사고 중 방사선 치료의 부작용에 대해 조사함. 방사선 치료의 효과는 일정 기간이 지나야 효과가 나타나기 때문에 치료가 종료된 후 암세포가 계속해서 죽어가는 과정에서 건강한 세포 역시 손상될 수 있음을 발표함.	방사선 방사능 이야기(타다 준이치로) 방사선으로 치료할 수 있는 7가지 암(임채홍)
진로활동	**탐구보고서**
진로활동 발표 시간에 TED 강의 'Radiation dangerous(방사능 위험)'을 시청하고 방사능이 무엇인지 정의하고 우리에게 미치는 영향에 대해 탐구함. '방사선이 인체에 위험하다' 친구들과의 대화에서 어떤 부분에서 위험한지 방지할 수 있는 요소는 없는지 조사하여 전리 방사선의 개념을 이해하여 어떻게 방사선이 인체에 영향을 미치는지에 대한 탐구를 진행함.	방사선/방사능 관련 보고서를 정리함. 소량의 방사선에 노출되면 어떠한 현상이 일어나는지에 대한 호기심을 가지고 이와 관련된 내용을 조사함. 암의 증가가 방사선을 받은 양에 비례한다고 간주하고, 그러한 사람들을 위한 안전조치 방법 평가법인 문턱 없는 선형모델(LNT)에 대해 설명하고 방사선의 양에 따른 암 발생률의 상관관계에 대해 알기 쉽게 설명함.

원자력발전소와 방사선사에 대해 관심을 갖게 되면서 관련 내용을 공부하면 할수록 방사선과 방사능 이 둘을 명확하게 구분할 수 있어야만 다른 개념들을 이해할 수 있다는 것을 깨달았습니다. 처음에는 이 개념의 차이를 이해하는 것이 어려웠습니다. 그래서 이 둘을 불에 빗대어 상상해보기로 했습니다. 즉 방사능은 어떠한 빛을 낼 수 있는 능력, 즉 전등불이나 불씨라고 상상하고 방사선은 그 전등불이 나 불씨에서 발생하는 빛 그 자체라고 생각하자 이해가 편했습니다. 이렇게 방사선을 낼 수 있는 능력 을 가진 물질을 방사성물질, 방사선을 항상 내는 물질로 구성된 폐기물을 방사성폐기물이라고 하는 것으로 개념을 명확히 이해할 수 있었습니다.

그러는 과정에서 병원에서 진료를 받을 때 X선이 우리의 몸에 미치는 방사선의 양은 얼마 정도일까? 궁금해졌습니다. X선 사진을 찍을 때 우리 몸에서 받는 방사선은 아주 미량이며 우리가 평소에 맞는 '자연방사선'에 비해서 높지 않다는 것을 알게 되었습니다. 여기서 또 질문이 생겼습니다. X선에서 방 출되는 방사선이 자연방사선보다 적다고 하였는데 그 기준이 되는 '자연방사선'은 무엇이고 '자연'이 아니라면 다른 방사선은 무엇이 있는 걸까? 공부를 하면 할수록 꼬리를 무는 질문이 생겨났고 생각 한 것처럼 쉽지 않다는 걸 느꼈지만 확실히 조사해 개념을 명확히 익히고 싶었습니다.

조사를 통해 알게 된 자연방사선은 어디서 발생했느냐에 따른 차이였습니다. 즉 자연방사선은 자연 상태에서 햇빛, 공기 등 평소에 사람이 살아가면서 맞을 수밖에 없는 수준의 방사선으로 방사선이 무 조건적으로 위험하고 인공적인 것이라 생각했는데 이렇게 우리가 살아가면서 자연스럽게 맞이하게 되는 것임을 알고 방사선의 위험에 대해 다시 한번 생각해 볼 수 있었습니다.

지구과학1 세특

방사성 동위원소에 대한 내용을 배우면서 방사 선에 관심을 가지고 이에 대해 조사 후 발표함. 방사선과 방사능의 개념의 차이를 전등불에 빗 대는 등 참신한 비유법을 사용함.

물리학 1 세특

수업 중 전자기파 내용에 관심을 가지고 그중 X 선 관련 내용을 조사. X선 사진을 찍을 때 신 체가 받는 방사선이 자연방사선보다 미량임을 깨닫고 급우들에게 이를 소개함.

동아리 활동

매달 정기적으로 진행하는 발표 시간에 자연방 사선에 대한 내용을 주제로 동아리 부원들을 대 상으로 논리정연하게 설명함. 평소에 자연스럽 게 접하게 되는 방사선도 존재한다는 것을 깨닫 게 되면서 부원들과 함께 방사선의 위험성에 대 해 다시 한번 생각해보는 시간을 가짐.

독서

방사선 방사능 이야기(타다 준이치로)

부록

전문간호사

💬 전문간호사란?

2000년부터 시행된 전문간호사(Advanced Practice Nurse, APN)는 보건복지부장관이 인증하는 전문간호사 자격을 갖고 해당 분야에 대한 높은 수준의 지식과 기술을 가지고 의료기관이나 지역사회 내에서 간호대상자(개인, 가족, 지역사회)에게 상급 수준의 전문가적 간호를 자율적으로 제공한다. 또한 환자, 가족, 일반간호사, 간호학생, 타 보건의료 인력 등을 교육하고 보수교육이나 실무교육 프로그램 개발 등에 참여한다. 현재 의료법에서 인정하고 있는 전문간호사 분야는 보건, 마취, 가정, 정신, 감염관리, 산업, 응급, 노인, 중환자, 호스피스, 종양, 임상, 아동으로 총 13개이다.

💬 전문간호사가 되는 방법은?

전문간호사 교육과정은 보건복지부장관이 지정하는 전문간호사 교육기관(대학원 수준)에서 2년 이상 실시하며, 10년 이내에 해당 분야에서 3년 이상 간호사로 근무한 경험이 있어야 교육과정을 신청할 수 있다. 보건복지부장관이 지정하는 교육기관에서 해당 전문간호사 교육과정을 이수하거나 외국전문간호사의 경우 심사를 통과하면 자격시험에 응시할 수 있다. 1차시험(필기)과 2차시험(실기)에서 각각 총점의 60퍼센트 이상을 득점해야 한다.

분야	2019년
가정전문간호사	6,537명
감염관리전문간호사	403명
노인전문간호사	2,361명
마취전문간호사	640명
보건전문간호사	2,052명
산업전문간호사	160명
아동전문간호사	109명
응급전문간호사	315명
임상전문간호사	302명
정신전문간호사	604명
종양전문간호사	930명
중환자전문간호사	723명
호스피스전문간호사	582명
계	15,718명

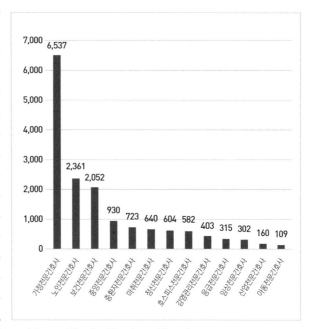

출처 : 한국간호교육평가원, 2019 Korean Advanced Practice Nurs Annual Report

💬 전문간호사의 종류

이름	하는 일
가정전문간호사	가정간호사는 1990년 의료법 시행규칙에 의해 만들어졌으며 환자가 있는 가정에 방문하여 조사 및 심사를 통해 가정간호 계획을 수립하고 간호서비스를 제공한다. 병원, 보건소, 장기요양기관, 건강보험공단 등 지역사회와 재가서비스 분야에서 중추적인 역할을 하고 있다. 특히, 의료기관 가정간호사업은 병원 퇴원환자를 포함해 거동이 불편한 만성질환자 및 노인, 장애인의 가정을 방문하여 전문적인 의료서비스를 제공한다.
감염관리전문간호사	병원 내 감염을 예방하고 관리하기 위해 감염 여부를 조사하고 예방계획을 수립·실시하며 감염관리 규정, 지침, 정책 등을 마련한다. 감염 유행 시, 직원의 감염원 노출 시, 병원 환경관리 시 역학조사를 실시한다. 감염유행의 원인을 파악하고 감염 예방조치를 실시, 관리대책, 감염관리 규정·지침·정책 등을 마련한다.

노인전문간호사	노인전문병원, 의료복지기관, 요양원 등에서 노인의 건강관리와 병세 호전을 위해 간호계획을 수립하고 각종 프로그램을 진행하며 노인을 간호한다. 노인의 건강관리 및 병세 호전을 위한 각종 재활치료 및 치료프로그램을 진행하거나 노인들의 유연한 진행을 돕는다. 노인의 응급처치 및 건강관리, 질병예방 등을 담당한다.
마취전문간호사	마취 시행에 필요한 장비와 물품을 준비해 환자에게 마취를 시행, 비정상적인 환자의 반응에 대처하고 마취 회복 시 위험 증상을 관찰하고 예방한다. 환자의 상태를 분석하여 간호 진단을 내린다. 마취 간호 진단에 근거하여 응급 상황을 고려한 마취 계획을 수립하고 마취를 준비한다. 환자의 반응에 대처하며 적절한 마취간호를 제공한다.
보건전문간호사	보건전문간호사는 지역사회 주민과 기관을 대상으로 질병예방, 보건교육, 건강증진을 위한 사업을 계획하고 실시하며 평가한다. 안전관리, 사고관리, 감염관리, 환경관리 등 보건 대상자에게 영향을 미치는 환경적 건강 문제를 확인하고 해결 방안을 모색한다. 개인, 가족, 지역사회 대상자의 질병예방, 보건교육 사업 및 증진 사업 계획 등을 수립한다.
산업전문간호사	산업전문간호사는 사업장 건강관리실에서 근무하며, 근로자의 건강관리와 보건교육, 작업환경 및 위생 관리, 사업장 안전보건 체계 수립 등을 담당한다. 근로자와 가장 가까운 곳에서 근로자의 건강을 돌보며 근로자 건강증진에 핵심적인 역할을 수행한다.
응급전문간호사	응급환자를 대상으로 환자의 상태에 따라 응급시술 및 처치를 시행한다.
정신전문간호사	여러 가지 방법을 활용하여 정신 간호 대상자의 스트레스를 완화시키고 관리하며 약물 및 심리치료법을 이용하여 환자를 간호한다.
종양전문간호사	암 예방 및 관리 정책 관련 교육을 진행한다. 암환자에게 필요한 상담과 교육을 담당하며 간호가 필요한 환자에게 간호서비스를 제공한다.
중환자전문간호사	중환자를 대상으로 간호를 제공하고 신체검진 및 진단 결과를 해석하여 적절한 간호계획을 수립하고 간호를 수행한다.
호스피스전문간호사	임종을 앞둔 말기 환자의 삶의 질을 향상시키기 위해 신체적, 정서적 안정을 도모하고 통증조절 및 증상완화를 위한 간호를 진행한다.
아동전문간호사	유아, 아동, 청소년에 이르기까지 의료서비스에 대한 거부감을 없애고 최상의 진료를 받을 수 있도록 한다.
임상전문간호사	환자에게서 나타나는 신체 및 정신적인 증상과 환자가 경험하고 있는 질환에 대한 과거 및 현재 관리와 질병 과정 및 합병증과 관련된 임상증상을 수집한다. 임상 문제와 관련하여 신체검진을 진행하며 검사 결과를 해석하고 지속적으로 주시하며 임상적 문제를 판단한다. 임상 증상을 관리하고 치료에 참여하며 약물요법을 적용시킨다.

출처 : 대한간호협회(http://www.koreanurse.or.kr/)

학과별 면접
기출문제

💬 간호학과

평가항목	1	2	3	4	5
인체 염증반응의 진행과정에 대해서 설명해보세요.					
백신의 원리에 대하여 설명해보세요.					
바이러스와 세균에 대하여 설명하고, 둘의 공통점을 설명해보세요.					
최근 의료 분야에서 관심을 가지고 있는 부분과 그 이유를 말해보세요.					
좋은 간호사가 되기 위해서는 전문 분야의 지식도 중요하지만, 그 외에도 꼭 필요한 것이 있다면 무엇이라고 생각합니까?					
졸업 후 간호사가 되면 의료기관에서 하고 싶은 근무 파트는 어디고, 그 이유는 무엇입니까?					
간호사 생활을 하면서 예상되는 윤리적 문제는 어떠한 것이 있으며, 그때 어떻게 대처하겠습니까?					
최근 간호간병서비스 제도가 확대되면서 간병 문화가 변화하고 있습니다. 보호자 또는 간병인이 간병하는 대신 간호사가 직접 간호하는 변화에 대한 의견은 무엇입니까?					
누군가를 도와준 경험이 있습니까? 어떤 상황이었으며, 위 경험이 앞으로의 자신에게 어떤 영향을 줄 것이라고 생각합니까?					
의료 혜택의 불평등 현상을 어떤 방법으로 해결할 수 있습니까?					
생명 복제의 윤리적 쟁섬 중 반대 입장에 대해 설명해보세요.					
본 대학이 타 간호대학과 차별화되는 점을 3가지 이상 말해보세요.					
간호직은 감정노동자이기도 한데, 감정노동의 정의는 무엇이며 관련 문제를 해결하기 위해 어떻게 해야 합니까?					

평가항목	1	2	3	4	5
간호사로서 필요한 자질과 덕목이 무엇이라고 생각합니까?					
학교에서 선생님과 마찰이 생겼을 때 이를 해결하기 위해 어떤 의사 소통 자세를 취할 것입니까?					
본인이 생각하는 간호사는 어떤 사람입니까?					
바이러스를 두 종류로 나누는 것을 알고 있습니까?					
나이팅게일 외에 간호사로서 위인에 대하여 알고 있는 사람이 있습니까?					

💬 임상병리학과

평가항목	1	2	3	4	5
임상병리사가 되기 위해 필요한 능력이나 덕목 중, 본인이 가장 중요하게 생각하는 것은 무엇입니까?					
임상병리학과는 어떤 학과이며 이 학교에 진학한 후의 계획은 무엇입니까?					
임상병리학과에 들어오기 위해 재학생활 중 노력한 점이나 관련된 활동이 있습니까?					
좋아하는 과목이 ○○인데 임상병리학과에 지원하게 된 이유는?					
임상병리학과와 어울리는 자신의 장점은 무엇입니까?					
임상병리학을 지원하는 데 가장 영향력을 미친 주변인물이 있습니까?					
임상병리사에 관심을 갖게 된 계기는 무엇입니까?					
생명과학과 화학을 어디까지 공부했습니까?					

💬 물리치료학과

평가항목	1	2	3	4	5
물리치료의 여러 분야 중 어떤 분야에 관심이 있습니까?					
여러 학교 중 우리 학교의 물리치료학과에 지원한 이유가 무엇입니까?					

평가항목	1	2	3	4	5
물리치료사가 적성에 맞다면 어떤 점이 가장 적성에 맞았다고 생각합니까?					
간호사와 물리치료사의 차이점이 무엇이라고 생각합니까?					
물리치료에 대한 지식은 어떻게 습득했습니까?					
물리치료사가 된다면 미래에 하고 싶은 일은 무엇입니까?					

💬 작업치료학과

평가항목	1	2	3	4	5
작업치료 전공자는 어떤 자질과 소양이 필요하다고 생각합니까?					
교과목 중 작업치료와 관련된 과목은 무엇이며 그 과목을 공부한 방법은 무엇입니까?					
작업치료를 한 문장으로 표현한다면 무엇입니까?					
10년 후 자신은 어느 분야에서 일할 것 같습니까?					
힘든 상황에 처한 사람에게 도움을 준 경험이 있습니까?					
보건인으로서 작업치료사는 어떠한 생각을 지니고 있어야 한다고 생각합니까?					
4차산업혁명 속 작업치료사의 역할은 무엇이라고 생각합니까?					
가장 좋아하는 원소와 그 성질은 무엇인가요?					

💬 방사선학과

평가항목	1	2	3	4	5
교내 활동 중 방사선학과와 관련하여 한 활동이 있습니까?					
방사선에 관심을 가지게 된 이유는 무엇입니까?					
방사선이 무엇이라고 생각합니까?					

방사선은 꼭 의료 분야뿐만 아니라 다양한 방면에서 사용되는데, 졸업 후 어느 쪽으로 가고 싶습니까?					
방사선사가 되려면 어떻게 해야 합니까?					
방사선학과에 진학하기 위해 했던 고등학교 활동 중 기억에 남는 활동은 무엇입니까?					
대학에 진학한 후 전염병이 다시 발생하게 된다면 어떤 독창적인 활동을 할 수 있습니까?					
MRI가 무엇의 약자인지 알고 있습니까?					
방사선 치료기계의 이름을 알고 있습니까?					
인공지능이 미래에 미칠 영향에 대해 어떻게 생각합니까?					

나만의 학생부에서
면접문제 뽑아보기

자소서 기반 면접문제

학업역량

Q 고등학교에서 배운 교과목 중 가장 흥미 있었던 교과목과 공부하기 어려웠던 교과목은 무엇이었는지, 그 이유와 함께 설명해주세요.

Q 고등학교 생활을 하면서 애증의 과목이 수학이라고 하였는데, 그 과목을 위해 한 노력과 느낀 점은 무엇인지 설명해주세요.

Q 교과 외 활동 중 가장 의미를 부여하고 수행한 활동은 무엇이며, 그렇게 의미를 부여한 이유를 설명해주세요.

전공적합성

Q 00학과는 00과목이 중요한데, 이 과목의 성적 향상을 위해서 어떤 노력을 했나요?

Q 공동교육과정으로 과학과제탐구(또는 생명과학 실험 등)을 선택하여 수업을 들은 이유에 대해 설명해주세요.

Q ○○대학교 ○○학과에서 학생을 뽑아야 하는 이유기 무엇인지 실명해주세요.

Q 현재 우리나라 의료산업의 가장 큰 이슈가 무엇이라고 생각하나요?

발전가능성

Q 진로를 결정하는 데 큰 영향을 준 책(또는 롤모델)이 있다면 설명해주세요.

Q 자신의 진로에 관심을 가지고 수행한 활동은 무엇이며, 경험하고 난 후 자신에게 생긴 변화에 대해 자세히 설명해주세요.

Q 4차 산업 혁명과 관련해 본인의 직업이 사회에 어떤 기여를 할 수 있을 것이라고 생각하나요?

인성

Q 조별 과제에서 과제에 참여하지 않는 조원이 있을 때 어떻게 할 것인가요?

Q 보건인으로서 가장 필요한 소양(또는 직무윤리)은 무엇이라고 생각하는지 설명해주세요.

Q 동아리 활동 중 힘들었던 활동과, 그것을 극복하기 위해 어떻게 했는지 설명해주세요.

Q 동아리 부장으로서, 동아리 부장이 되고 싶어 하는 후배들에게 무슨 말을 해줄 것인가요?

💬 학업에 기울인 노력과 학습경험

Q 고등학교에서 배운 과학 중 가장 기억에 남는 내용이 무엇인가요?

Q 3학년 때 성적이 많이 올랐는데 자신만의 공부 방법이 있나요?

Q 고등학교 공부 중 어려운 점이 있을 때는 어떻게 해결했나요?

Q 과학이 자신의 전공에 어떤 도움을 줄 수 있는지 설명해주세요.

공통문항	학생부 기록사례	소재 확장 및 연계
학습경험		

💬 **지원학과와 관련된 의미 있는 교내 활동**

Q 교육봉사 활동을 하게된 계기와, 하면서 겪은 어려움과 느낀 점을 이야기해주세요.

Q 간호동아리 활동으로 보건 포스터를 만들었다고 했는데 포스터의 주제가 무엇이었나요?

Q 지속가능개발목표 중 건강한 삶 보장 및 복지증진에 관한 목표를 언급했는데 이 목표 말고 다른 목표가 기억나면 말해주세요.

Q 중국어 시간에 중국의 의료서비스와 한국의 의료서비스를 비교해 발표했는데 무슨 내용이었나요?

Q 수학 수행평가에서 응급의료체계를 분석한 경험이 있는데, 자세히 이야기해주세요.

공통문항	학생부 기록사례	소재 확장 및 연계
의미 있는 활동		

💬 **해당 전공(학부, 학과)에 대한 지원동기 및 진로계획**

Q ○○과에 지원한 이후 구체적인 학업계획이 있나요?

Q 진로 희망이 바뀐 것처럼 학과에 와서 자신과 맞지 않는다고 생각하면 진로를 또 바꿀 수도 있나요?

Q 봉사 시간이 타 지원자들보다 우수한데 봉사를 하면서 얻은 것은 무엇인가요?

Q 다른 학교에도 00학과가 있는데 왜 우리 학교에 지원하게 되었나요?

공통문항	학생부 기록사례	소재 확장 및 연계
지원동기		

학생부 기반 면접문제

공통문항	관련 질문	예상 문항
진로 동기	• ○○이 무엇을 하는 직업인가요? 그 직업에 대해 알게 된 경로는? • 3년 동안 꿈이 ○○인데, 그 꿈을 가지게 된 계기는 무엇인가요? • ○○이라는 직입을 위해 노력한 것은 무엇입니까? • ○○이라는 직업인의 자질은 무엇이 있는가? • 지원자가 꿈꾸는 직업에서 존경하는 사람은 누구인가?	

	• 교내 심폐소생술대회에서 1등을 하고, 효과적인 심폐소생술에 대한 논문을 작성했는데 어떻게 실시해야 가장 효과적인가요? • 반장으로 활동하며 친구들과의 갈등, 힘들었던 점을 극복했던 경험은? • 반장이 된 이유가 무엇인가? • 의미 있게 한 학교활동에 대해 말해 주세요.	
창의적 체험활동	• 동아리에서 ○○에 관해 연구했네요. 기억나는 이론이 있나요? • 동아리 기장으로 활동했는데, 어떻게 뽑혔나요? • 동아리를 창설했던데, 그 과정에서 어려웠던 점은 무엇인가요? • 동아리에서 실험을 했는데, 어떤 과정으로 실험했나요? • 생물학습 동아리에서 비타민C의 항산화효과에 대한 실험을 하였다고 했는데, 이러한 실험을 하게 된 동기와 실험방법을 설명해주세요. • 발효식품과 유산균을 주제로 연구활동을 하였는데 주제선정 이유와 준비하면서 배운 점은 무엇인가요?	
	• 자신의 진로를 바탕으로 한 발표대회에 나갔다고 했는데, 무슨 내용으로 발표를 하였나요? • 지원학과에 관심을 갖게 된 계기(책, 사람, 기사 등)가 있다면, 소개해 볼까요? • 지원학과에 입학하기 위해 준비한 가장 대표적인 노력이 있다면, 하나만 소개해 볼까요?	

공통문항	관련 질문	예상 문항
교과 세특	• 기하와 벡터 실생활의 예를 하나만 들어보세요. • 2학년 미적분Ⅰ 세특내용에 모둠대표로 논리적인 수학적 기호를 자신만의 언어로 수학화하여 친구들에게 설명하였다고 했는데, 설명한 내용 중 기억나는 수학적 기호를 설명해주세요.	

	• 화학과목에서 어느 파트가 흥미 있었나요? • 실험을 좋아한다 했는데 화학실험, 생명실험 과목의 성적이 낮은데, 이유는 무엇인가요? • 과제연구 과목에서 탐구활동에서 맡은 역할과 실험 과정에 대해 설명해주세요. • 생명과학II를 이수하지 않았는데, 생명과학과 진학을 위해 정규교과 이외에 어떤 노력을 기울였는지요?	
	• 과제연구 과목에서 탐구활동에서 맡은 역할과 실험 과정에 대해 설명해주세요. • ○○탐구보고서를 작성했는데, 이 보고서의 내용과 결론을 간단하게 설명해주세요. • 본인의 과제탐구 활동의 구군별 불평등 상황을 장하준 교수의 나쁜 사마리아인과 연결시켜 설명할 수 있나요?	
독서	• ○○의 저자는 무엇을 알려주려고 책을 썼다고 생각하는가? • 3년 동안 읽었던 책 중 가장 인상 깊었던 책은 무엇인가? • ○○학과 지원 시 가장 영향을 준 책을 소개해주세요. • 전공과 관련된 책 중에서 가장 기억나는 책이 있다면? • 독서활동에서 〈영화 속의 바이오테크놀러지〉를 읽었는데 내용과 느낀 점에 대해서 설명해주세요. • 〈요리로 만나는 과학 교과서〉를 읽었는데, 책의 사례를 들어 교과 시간에 배운 과학 개념에 대해 설명해주세요.	

면접 전날
정리할 사항

- 통학방법 : 지원대학까지 통학 방법 및 소요시간 등을 대략 알아 둘 것
- 가치관 형성에 도움을 준 독서(책제목, 저자, 독후감)
- 학과를 결정하는 데 도움을 준 독서(책제목, 저자, 독후감)
- 특기, 자격증에 대하여
- 생활신조, 좌우명
- 존경하는 인물 또는 롤모델
- 최근의 관심사에 대해서 정치, 경제, 사회문제(최근 10대 뉴스 정리)
- 오늘자 신문 중 전공과 관련된 이슈 정리
- 지역과 고등학교 생활 소개
- 고등학교 시절 가장 기억에 남는 추억
- 잘하는 교과목, 부진한 과목
- 지망 대학에 대해서
  - 교육이념, 건학정신, 교육방침,
  - 지원 동기(이 학과를 선택한 이유는 무엇인가?)
  - 이 대학에서 무엇을 하고 싶은가?(학업계획)
  - 졸업 후 진로에 대해서(희망, 포부)(진로계획)